実情の民法学

実情の民法学

民法雑記帳正続新選

末弘厳太郎

書肆心水

目次

第Ⅰ部（民法雑記帳）

第Ⅱ部（続民法雑記帳）

第Ⅲ部（附録）

実情の民法学

——民法雑記帳正続新選

凡例

一、本書は末弘厳太郎著『民法雑記帳』（一九四〇年、日本評論社刊行）『続民法雑記帳』（一九四九年、日本評論社刊行）が収録する各篇から選んで合冊としたものである。

一、『法律時報』に「民法雑記帳」として連載されたもののうち『民法雑記帳』に収録されたものを第Ⅰ部とし、『続民法雑記帳』に収録されたものを第Ⅱ部とした。第Ⅲ部は二書それぞれの附録として収録されたものである。

一、本書では左記のように表記の現代化をはかっている。その処理は（引用文が一字一句正確な引用でないこともあり）引用文でもおこなった。

一、新字体漢字（標準字体）で表記した（「欠缺」を除く）。「聯／亙／劃／廿」のそれぞれは、現在一般に使われる同義の「連／亘／画／二十」におきかえた。

一、現代仮名遣いで表記した。

一、送り仮名を現代的に加減調整した。

一、鉤括弧の用法は現在一般の慣例によって整理した。

一、句読点を（相互に）加減調整したところがある。

一、踊り字は「々」のみを使用し、その用法は現代の慣例の範囲にとどめた。

一、片仮名語は現在最も一般的な表記におきかえたものがある。

一、同一語の表記揺れを統一的に整理したものがある。

一、片仮名書きの引用文は平仮名書きにおきかえ、引用文冒頭の一字に「▽」のルビを記してそれと示した。

一、文中の参照指示の内『民法雑記帳』と『続民法雑記帳』相互に関するものは本書内での参照指示に書きかえた。

一、〔　〕は書肆心水による注記である。

民法雑記帳　はしがき

『法律時報』に書き続けて来た「民法雑記帳」が大分たまった。人の勧めにより一本にまとめて出版することとした。

「民法雑記帳」はもともと特に論文を書くと言うような重苦しい気持を離れて、唯平素自分の疑問としている事柄を疑問のまま研究題目として同学の士の前に提供して置きたいと言う考えから、思い当るままに兼々ノートして置いた事柄を順序もなく拾って書き綴ったものに過ぎない。従って中には論旨の十分徹底していないものもあり、重複しているものもあり、彼此比較して見ると多少の矛盾をさえ感ずるようなものすらあるが、すべてを原文のまま再録することとした。論ずる所多くは甚だ未熟、同学の士の叱正を期待する素よりであるが、もしも私が疑問としている所を同じく疑問と感ぜられて教えを垂れて下さる方があればこれに越した幸いはないと考えている。

附録として掲げた四の短文は雑記帳と前後して別の場所に書いたものの中論旨の多少これと関連するものを択び出したものである。〔附録部分は第Ⅲ部として収録〕

昭和十五年〔1940〕二月四日　　著　者

昭和十五年〔1940〕にこの本を出版してからこの方引続き『法律時報』に書いて来た「民法雑記帳」が一冊の本になる程にたまったので、初めはこの本に載せた分をも合せて序列を新たにし、全体を二巻にして出版したいと考えたのであるが、後に至り幸いこの本の紙型が戦災を免れていることが発見されたので、予定を変えてこの本の分は元のまま重版することとした。新たな分は別にまとめて近く「続民法雑記帳」の名で出版する予定である。

昭和二十三年〔1948〕四月二十八日

続民法雑記帳　はしがき

昭和十五年〔1940〕に『民法雑記帳』を公にしてからこの方、引続き終戦間際まで『法律時報』誌上に同じ題で毎月書き続けて来たものをまとめたのがこの本である。

前の「はしがき」にも書いたように、もともと民法関係の諸問題について平素自ら疑問としてノートして置いた事柄を順序もなく拾って書き綴ったものに過ぎないから、今改めて読み直して見ると中には論旨の説いてなお足らずと思われるものも少なくない。重複して同じことを説いているものもあれば、時には多少矛盾しているとさえ考えられるものもあるが、大体においてすべてを原文のまま再録することとした。

終戦この方関係法令の改正されたものも少なくない。中には主題とした事柄それ自身が廃止されたものもある。しかし、私がもともとこれ等の諸論で問題にしているのは、物事の考え方それ自身であって、現行法の解釈そのものではないから、関係法令の改廃如何は深く問題とするに足りない。既に改廃されている法令もすべてもとのまま掲げて議論の材料にしているから、予めその点を御承知の上お読みを願いたい。

なお附録として掲げたものの中、「法律と慣習」は、戦時中日本諸学振興会の招きに応じて行った公開講演の原稿に多少の手を入れたものであり、「立法学に関する多少の考察」は終戦後政府の委嘱を受けて労働組合法案の立案に参画していた当時『法学協会雑誌』の需めに応じて書いたものである。いずれも「雑記帳」の諸文と相俟って、私の法学者としての物の考え方を明らかにするのに多少とも役立つと考えて、ここに収録

した次第である。〔附録部分は第Ⅲ部として収録〕

私は、本書の末尾に掲げた論文〔「立法学に関する多少の考察」〕を昭和二十一年〔1946〕正月の『法学協会雑誌』に発表したのを最後として、その年の三月に大学を去ると共に、労働委員会の実務にたずさわることになった関係から、以後はほとんど純学術的な文章をゆっくり考えながら書く時間をもたないようになった。これは一生を法学の研究に捧げて来た私にとって誠に淋しいことであるが、同時に過去三年間の労働委員会における仕事も学者としての私にとって決して無駄な体験でなかったことを心から喜んでいる。この委員会における活々した仕事を通して、私は一面永年に亘ってとって来た法社会学的の立場に自己批判を加える多くの機会を与えられたと同時に、他面自分の立場の正しさに関する信念をいよいよ固めることができた。そうした関係から今改めて本書に再録した文章を読み返して見ると、一面自ら反省させられるところが少なくないと同時に、そこに展開されている私の考え方を新たに再び学界の批判にさらして見たいという勇気を感ずるのである。

昭和二十三年〔1948〕十二月二十五日

末弘厳太郎

第Ⅰ部

（民法雑記帳）

民法の独自性

民法は一般に私法的普通法だと言われている。民法的法律関係の単位者たる「人」は法律上の標準人であり、彼等相互の間に結成される「法律関係」が最も標準的な合理的な法律関係だと考えられている。そうして「商人」は「人」の中特に商的なものであり、商法は商人の行為又は「人」が特に商的に行為する場合に関する特別法であると考えるのが従来一般の考え方である。

ところが現在の私法原理を心静かに省察して見ると、かくの如き原理をそのまま当てはめて差支ない標準人は商人であって、商人こそそのまま民法上の「人」として取扱われる資格をもつもののように思われる。商人及びその商的行為は私法原理に依って割り切れる。これに反して非商人たる一般人は「人」として取扱わるべく余りにも多種多様である。従って民法こそ反ってその多種多様性に応じて特別法的原理を多分に具備する必要があるように思われる。

資本主義はすべての人をして商人たらしめる傾向をもつ。従って資本主義的私法の下においては、商人こそ反って標準人であって、さればこそ民法が漸次「商化」するのである。

マルクスは資本主義社会における標準人の性格に付いて「諸商品は自身で市場へ出かけ且つ自身で自分を交換することは出来ない。だから吾々は彼等の保護者を、商品所有者を、見付けねばならぬ。諸商品は物であり、且つそれ故に人間に対して無抵抗である。もしもそれが従順でなければ、人間は強力を用いることが出来る。言い換えればそれを摑むことが出来る」との説明を与えているが、パシュカーニスはこれに法学的説明を与えて「資本主義社会は先ず第一に商品所有者の社会である。この事は生産過程における人の社会的関係がここでは労働の生産物の中に物質的なる形態を獲得し価値として互に関係し合うことを意味する。商品――これは有要なる本質の具体的なる多様がその中において、一定の比例で他の商品と交換せられる手段たる・価値の抽象的性質のただ簡易なる物質的な外被となる所の・対象である。この本質は人の意思からは全く独立してその背後に存在する自然法則によって物自体として存在するものである」と言っている。しかしてこの「人の意思からは全く独立してその背後に存在する自然法則によって物自体として存在するもの」、それこそは資本主義的私法の想定する「人」に外ならないのである。この故に資本主義社会では有償的行為のみが合理的であって、義理人情その他寛容的なものはすべて不合理として排斥される。

ところが実際社会における――商人にあらざる――普通人は「商品所有者」としての性格の外にもっと複雑な「人間」としての性格をもっている。彼等は商品所有者としての「人」である以上にもっと複雑な性格をもっている。

さればこそ権利濫用の法理・公序良俗の原理・信義誠実の原則等が民法の世界において特にその価値を発揮するのであって、これこそ資本主義原理に反抗して人々の人間的要求を認容せんとする民法的原理に外ならないのであると私は考える。この原理を学理的に組み立てる仕事こそ今後の民法学者に課せられた重いそして興味ある責務なのではあるまいか。

かつて「民法の独自性」と言う標題の下に、現在の民法及び民法学がその基礎的概念と認めている「人格」に付いて私の平素抱懐している疑いの一部を述べて置いた。ところがその後当時私が同文に依って言わんと欲していた趣旨が読者に依って十分に理解されなかったらしい事実を発見したので、ここに重ねて同じ問題を取扱って置きたい。

従来の通説に依ると、民法は一般私法である。商法が商人もしくは商取引に関する特別私法であるのに対して、民法は一般人の一般私生活に関する一般私法であると考えられている。即ち民法のいわゆる「人」が一般私法関係の単位者であって、商人は「人」プラスαであると考えられている。しかるに実際上いつの間にか「人」と「商人」とが置き換えられて段々に「商人」的なものが一般私法の標準人として考えられ、その結果従来商人にのみ妥当すと考えられた私法原理が段々に普通の「人」一般に適用されるようになる傾向がある。学者の「民法の商化」と称する現象が即ちそれである。しかしてこの事は資本主義社会においてはすべての人が段々に商人化し、商人的に振舞うことが人として合理的に振舞う所以であると考えられるようになる傾向に対応するものである。ところが実際の人間社会を事実に付いて観察すると、なるほど人間が一般に段々商人化する傾向はこれを否定し得ない。従って従来商人社会にのみ妥当すと考えられた私法原理を押し拡げて一般人にもこれを適用する必要が漸次増大する傾向は確かにこれを認めなければならないけれども、しかも商人ならざる一般人は結局かくして商化した私法原理をそのまま受け容るるに適しない人間性をもっており、従って民法が「商化」すればする程商人ならざる一般人は彼等の性格に適合するように私法原理が修正されることを要求するようになると言う傾向を看逃し難い。

即ち民法の商化と言う現象は資本主義社会においては一般人が段々に商人化する傾向があると言う事実に基礎を置く法律変化の傾向を現わすものに外ならないのであって、しかも現実においては一般人は法学者が普通に考える程一般に商人化しない。従って商化した私法原理をそのまま適用されるに適しない性格を多分にもっている。従って民法が商化すればする程一般非商人は彼等に適用せらるべき私法原理に「人間」的モディフィケーションの加えられることを要求するに至り、かくして事を極端に考えると民法が段々に商化すると結局商法が一般私法になって民法が反って到底商人になり切れない一般普通人のための特別私法になるのではあるまいかと言う疑いを私は抱いているのである。現在でも公序良俗、権利濫用の法理、信義誠実の原則等の修正原理が商法におけるより遥かに多く民法において必要とせらるるのは、現在の民法原理すら既に余りに商化し過ぎており、従って一般普通人はその適用に堪えないと言う事実を物語るものではないかと考えられるのである。

商法の適用に堪えることが出来ない商人はよろしく商人をやめるがいい。商人をやめてもなお活きる道があある。民事訴訟法の適用に堪えない弁護士はよろしく弁護士をやめるがよろしい。弁護士をやめても別に活きる道はいくらでもある。ところが民法の適用に堪え得ない人間は人間をやめる訳にゆかない。人間をやめることは死ぬことである。如何に民法が商化するのが当然であるとしてもそれがために人間を殺す訳にゆかない。さればこそ権利濫用や信義誠実の原則が商法や民事訴訟法におけるより民法において遥かに意義をもつと私は言うのである。

無論民法が如何に商化する傾向があるとしても身分法がその傾向の外に立つことは言うまでもない。又物権法は財に関する一般私法であって、財に一定の法的定型を与えることを目的とする法律に外ならないから、それが民法商法の別なく同様に妥当するのは当然である。これに反して民法総則中法律行為に関する規定及び財産的取引に関する債権法の規定は、その内容が商化すればする程、反って商人にのみ妥当するものとなり、一般普通人のためには反って或る修正原理を必要とするようになる。ところが現在ではその修正原理がどうも目の子算的にしか適用されず、商化された民法に民法的な独自な修正を加える原理とその適用とが未だ全く科学的に整備されていない。

予防法学としての民法学

一

予め法の何たるかを明らかにして争いを事前に防ぐことが法学の大理想でなければならないことは今更言うまでもない。ところが在来の民法学は争いの存在を前提としつつそれに適正な法的解決を与えることを主たる目的としており、予防的方面は第二次的にしか考えないのが今まで一般の傾向である。

この事は、現在の民法を構成している法規の多数が裁判規範であることと密接に関係している。民法法規の多数が直接社会に構成的作用を与えることを目的とせずして、社会関係の構成はむしろこれを自然に放任しつつ、単にその間に発生すべき争いを裁断する規準を用意すると言う考えで作られている以上、これを材料とする民法学が対訟法学的になるのは当然であるけれども、裁判規範たる法規にも間接的には社会構成の作用あること、及び、民法法規の中にも裁判規範たると同時に直接社会構成の作用を目的とするもの又は主として社会構成的作用を目的とするものが多々あることを考えに入れて見ると、在来の民法学が主として対訟法学的であって、予防的方面を看却していることは確かに甚しい欠点であると言うことが出来る。

二

民法的法規の中でも、物権法及び身分法上の諸法規は社会構成的作用の顕著な法規である。債権法の諸法規は自由に放任せられたる社会関係を前提としつつその間に発生すべき争いを裁断する規準として用意されているのに反し、物権法は現実の物権関係をすべて民法の用意した形式に従って構成せしめることを理想としており〔一七五条参照〕、身分法もまた現実の身分関係をすべて民法の規定する形式に従って構成せしめることを理想としている。しかしてその関係の現実的存在を明確ならしむる道具として前者のためには登記、後者のためには戸籍の制度が用意されている。現実の物権関係を登記簿に記入せしめ、現実の身分関係を戸籍簿に記入せしむるに依ってこれを明確ならしめ、以て争いの発生を事前に予防すべき用意がなされているのである。

従って、学者がこの種の法規を解釈法学的に取扱うに当っては、その法源として単に判例に注目するのみならず、司法当局に依って与えられた指令通牒回答等行政的の解釈ないし取扱例にも注意する必要がある。法曹会決議の如き半官的解釈さえ軽視することが許されないのである。この種の法規においては行政的解釈が登記簿ないし戸籍簿の実際的構成を支配する。これに依り法律関係の記帳が正確になることに依って、法的安全が確保され、争いの発生が予防されるのである。この故にこの種法規の研究においては、学者も従来よりは一層行政的解釈例の重要性に留意すべきであって、判例の研究のみを以て足れりとすべきではない。

裁判所が裁判を与えるに当っても、行政的解釈例の如きは理論上何等の法源的価値がないなどと軽く考えて、登記簿ないし戸籍簿を通して確立されている現実的秩序を濫りに破壊するが如き態度をとるべきではない。無論制度上裁判所には独自の解釈権能があるけれども、その解釈に当ってはそれに依って与えられる裁判がかくして一応確立されている現実的秩序の上に如何なる影響を及ぼすかを十分に考慮する必要がある。

この事は素より当然、今更言うを要せざる事柄のようであるが、今までのように対訟法学的にのみ民法を考えるとかくこの種の考慮が怠られ易いから、特に注意を促す次第である。

かつて大審院が工場法の解釈に当って内務省社会局年来の解釈例と矛盾した判決を与えたため無用に実際上の不都合を生ぜしめたことがあるが〔昭和七・三・三一民一判決『民集』一一巻五六五頁〕、かくの如きは工場法その他労働法上の法規が一般に裁判規範たるよりはむしろ主として社会構成的作用を目指す法規であり、従って物権法身分法におけると同じくここでも実際上は行政的解釈例ないし取扱例が法源として重要性をもつことを忘れた不当の態度であると私は考えている。

ただし裁判所をしてかかる過誤に陥らしめるについては、従来対訟法学的にのみ事を考え勝ちであった学者の法源論にも責任があるし、又行政官庁の解釈がややともするとその場その場の特殊事情に捉われ過ぎて慎重な一般的考慮を忘れることになり易い欠点があることも同時に一の原因として考えることが出来る。予防法学的見地から考えると、なお大いに研究を要する重要問題がこの間に伏在していることを指摘せざるを得ないのである。

三

債権法、殊に契約法の如き主として裁判規範たることを使命とする法規に関しても、予防法学的見地から見ると大いに考えねばならないことが非常に多い。

先ず第一に、現在我国では証拠法の価値が非常に軽く見られているけれども、予防法学的に考えると法定証拠主義的の考え方を加味して事前に争いを予防する方法をもっと完全にする必要がある。事を合理主義的に簡短に考えると、法定証拠主義の価値を軽視する弊に陥り易い。法定証拠主義に依って許さるべき証拠を限定することが如何にも不合理であるように考えられるけれども、予防的見地よりすれば証拠の限定に依って証拠の自然的保全を計り、引いては契約の定型化を計り、これに依り法律関係を明確ならしむるに依って争いを予防することの価値を重視せざるを得ないのである。

次に又法的実践においても現在では、弁護士の対訟的作用が公証人の予防的作用に比べて遥かに重く視られている傾向があるけれども、弁護士の仕事に付いてすら吾々は今後益々それが予防的方面に向けられることを希望するし、実際にもまたその傾向があるように見受けられる。殊に吾々が最も望むのは、公証人の予防的職能が今より一層重要視せられ、大いにこれを利用して現実的法的安全を樹立するような各種制度の改革が行われることである。

従来でも学者はしばしば法的安全を口にするけれども、対訟法学的考え方に依って作られる法的安全は抽象的であり観念的であるに過ぎない。それの現実社会に及ぼす効果は間接的に過ぎない。今後吾々の目指すべきは予防法学的見地よりする具体的現実的の法的安全を樹立することであって、吾々は民法学者の注意が今後一層この方面に向けられることを希望してやまないものである。

行政的解釈の法源性

一

改正前の工場法施行令においては、工業主の支給すべき扶助料の金額を規定するに付き、賃金日額を基準として賃金何日分以上を支給すべしと言うような規定をしていた。しかして当時内務省社会局では、この賃金何日分以上なる文句を解して、法定の何日分までは法律上の義務としてこれを支給すべきも、それ「以上」は工業主において道義上なるべく支給して欲しいと言う訓示的意味である、即ち工業主に対し特に恩恵としてその支給をなすべきことを勧告するの趣旨であると解していた。この解釈の当否に付いては初めから疑義を挟む余地が大いにあったと私は考えるのであるが、ともかくこの解釈が社会局の有権的解釈として永く工場法施行当局の間に行われていたことは事実である。

ところが昭和七年〔1932〕に至って大審院は突然この点に関して全く異なりたる解釈を与え、工場法施行令第八条は「賃金三百六十日分以上の遺族扶助料を支給すべし」と規定しているが「三百六十日以上幾日分の金額を支給すべきやは各場合における諸般の事情に依り判断すべきものなれば」原裁判所が原判示の如き事情を斟酌して「遺族扶助料として四百五十日分金七百五十六円を被上告人に支給すべきものと判断したるは不法に非ず」と判示した〔昭和七・三・三一民一判決『民集』一一巻五六五頁〕。この解釈によると、法定の何日分は支給せらるべき扶助金額の最少限度を示すものに過ぎず、それ以上は「各場合における諸般の事情に依り」実害の最大限度まで支給せねばならぬと言うのであるが、これは明らかに扶助制度の根本精神を無視した不当の解釈である。工場法が民法の規定する不法行為の一般原則を離れて、故意過失の有無に関係なく又損害実額の如何を問わず、一定の事故に対して一定の基準化された扶助金額を支給すべきこととしているのは、これに依って一面扶助義務の有無及び内容を明確にしてその履行に関しなるべく争いを残さざらしめんとするものであり、他面においては工業主に無過失責任を課する代わりにその責任額を法定化してなるべく経営上予知し得べきものたらしめんとしているのである。従ってもしも大審院の言うように、事情の如何に依っては法定日分以上いかほどでも要求し得るものだとすれば、扶助制度の精神は根本的に否定されることとなるのである。

そこでこの判決に接した社会局はやむを得ず工場法施行令の改正を企て、その結果現在のように扶助金額の規定中から全く「以上」の文字が取除かれることとなったのであるが、この事件に接して吾々の気付いたことは、先ず第一に行政官庁の解釈は下級官庁に対して法律上正規の拘束力をもち、従って民間の関係業者にとっても事実上極めて強い強制力をもつものなるにかかわらず、裁判所に対して制度上全く無力であり、それがため裁判所が行政官庁多年の慣行的解釈を無視した判決を与えると、その解釈の上に築かれた多年の慣行も一挙に覆されることになると言うことであり、次に考えさせられたのは裁判所はかくの如く行政的解釈を無視するに付いて無制限に自由であろうか、又自由であって差支ないものであろうか、もし差支があるとすればその限度は何所に置かるべきかと言うことである。

事変この方行政のあらゆる部門に統制的傾向が強く現われつつある。それがため在来の形式的法律主義の思想よりすれば甚だ法的安全を害するの虞れありと考えられる程行政的裁量の余地を広く残している法令が数多く制定された。しかしてその運用の公正を期するがため主務官庁においては多数の通牒を下級官庁に発し、これに依って行政の実際が組織され又動いている実情であるが、もしも上述の通りこれ等の通牒に現れた行政的解釈が裁判所に対しては全く無力なものであるとすると、今後に問題の起る余地が大いにある。私はその将来を憂うるが故にここにその対策に関して多少の意見を述べて置きたいのである。

二

そこで先ず第一に注意すべきは、従来司法省当局が登記戸籍その他に関し指令通牒回答の形で与えていた行政的解釈が裁判所において如何に取扱われていたかと言うことである。

ここでもこれ等の行政的解釈が法律上下級官庁を拘束しそれによって実際上法的秩序を組織するに役立っていることは疑いなき事実であるが、裁判所は法律上全然かくの如き解釈に拘束されない。裁判所は行政的解釈を与えたものが司法省当局なると否とに関係なく全く自由に解釈するの権限を有する。この点形式法上の理論として疑いを容るべき余地は全く存在しないのである。

しかし、従来裁判の実際を見ると、上述の昭和七年〔1932〕の大審院判決が社会局多年の解釈を無視した程露骨に司法省当局の行政的解釈を否定した例はほとんど全く見当らない。制度的に言えば、行政的解釈はたとえ司法省当局に依って与えられたものといえども裁判所を拘束する力なきことは素より言うまでもない。それにもかかわらず、それが事実上裁判所に依って尊重されているのは何故であるか。この点に関しては司法省と裁判所との間に人的な密接の関係があり、法律の解釈等に関しても自ら両者の間に諒解が成り立ち易いことが事実上この種の結果を惹き起す原因であると言うような常識的な解答も一応成り立ち得るけれども、私はこの点をもう一層深く理論的に掘り下げて合理的な原理を見出す必要があるように考えるのである。

元来判例が何故に法源性を有するかの問題でさえも、その根拠を制定法に求むる限り解決は全く不可能である。それにもかかわらず、今日学者の多数が判例の法源性を肯定するのみならず、大審院自らもまたしばしば「云々は当院多年の判例とする所なり」と言うような理由附けに依って裁判を与えているのは、法的安全確保のためになるべく先例を尊重することが望ましい、必要やむを得ざる理由なき限り無闇に先例を無視するが如き態度をとることは司法政策的に考えて望ましくないと言う司法制度に関する根本的原理が人々に依って暗々の裡に諒解されているからである。形式法的に言えば、裁判所は裁判上法律の解釈に関して独立自由の権限をもつ。それにもかかわらず、裁判所が判例を尊重するのは一国司法全体の分担者としてその政治的責務を自覚するからに外ならないのである。

この理を推して考えると、裁判所が行政的解釈中特に司法省当局のそれを尊重すべき所以もこれを合理的に理解し得るように私は考える。元来法律的に考えれば、司法省と裁判所とは全く独立した官庁であって、前者が後者に命令するの権限なきは素より言うまでもない。しかし事を政治的に考える限り司法省と裁判所とは国家司法機能の分担者として互に不可分的関係に立つ一体者である。従って両者の行動の間には事物の性質上必然に密接なる有機的関係あるを必要とし、特別絶対の必要なきにかかわらず裁判所が独立の権限あることを名として濫りに司法省当局の解釈を無視するが如きは司法政策上許し得ざるものと考えざるを得ない。さもないと、法的安全と国民の司法に対する信頼とは無用に傷つけられて司法の威信は全く地に墜つるであろう。

三

かくの如くに考えると、司法省以外の官庁の行政的解釈に対しても裁判所は全然無関心であってはならない。同じく国家機関として広義の行政を分担するものである限り、その中一者が従来如何に解釈し来たれるかを全然度外に置いて他の一者が自由の解釈を行うのは不当である。無論形式法的に言えば、行政官庁の行政的解釈は全く裁判所を拘束するの力なきこと素より言うを俟たない。しかし、従来行政官庁のとり来たれる解釈の下に何等の不都合なしに行政が円満に行われているような場合に、裁判所が特別の必要もなしに強いて異をたてその解釈を否定するが如きは政治上不当であるのみならず実質法的にも不法であると言わねばならない。

従来学者は法源の問題を三権分立論に捉われて形式法的にのみ考える傾向がある。それがため学説の法源性を認め得ざるは勿論、判例の法源性についてさえ十分の説明を与え得ない状況に在る。これに反し、法的安全を基調とする司法政策的考慮を加味して事を考えさえすれば、行政的解釈の法源性に関してさえ合理的に事を考えることが出来る。凡そ解釈法学上の法源論はすべて法政策的の問題であることを看逃してはならぬと言う私の持論を重ねてここに強調して置きたい。

日本民法学の課題

一

数年この方日本法学・日本民法学などと法学の部門においても独自の日本的なる学を樹立すべきことを提唱するものが少なくない。しかしどう言うものか法学界は一般に黙殺的態度を以てこれに臨み、今までの所批判もほとんど加えられず、これに関する論争も全く聴かれない有様である。

しかしドイツにはドイツ法学あり、英国には英法学あり、同じく英法の流れを汲む北米合衆国にさえも英国のそれとは趣を異にしたアメリカ法学があることを考え合わせると、日本にも日本らしい独自の法学があってもいい訳である。「科学に国境なし」などと空嘯いて実は模倣以外に何等なす所を知らざるが如きは決して我国法学者の名誉を高揚する所以ではない。むしろ進んでこの問題を検討し、真に日本法学と称するに足るべきものは如何なる条件の下に成り立ち得るかを科学的に考究することこそ吾々に課せられた重要な仕事であると言わねばならない。

以下問題を民法学に限りつつこの点に付いて平素考えていることの一端を述べて見たい。但し雑記帳の性質上記述は結局素描的のものに終わる。それ以上のことは近く別の機会にこれを詳論したいと考えている。

二

日本民法学をして真に日本的ならしめる学的特徴を何所に求むべきかを考えるに付いては、先ず第一に法律理念の問題と法律技術の問題とを分けて考える必要がある。

しかるに従来我国の日本法学を口にする学者の自ら称して日本的と称する所のものはほとんどすべて法律理念にのみ関しており、法律技術の問題をほとんど考慮に入れていない。その上彼等の称して日本的なりと言っている理念そのものも特に法律理念と名付けるには余りにも甚だ素朴的であって何等法学的彫琢が加えられていないのが通例である。例えば、彼等はややともすると肇国の精神を高調したり、忠孝の道を説いてこれを日本民法学の指導原理とすべきであると言うようなことを主張するけれども、その理念として主張する所には直にこれを実定法上の指導原理として実際的に利用し得るだけの法学的洗錬ないし構成が施されていないのが通例である。

中には多少その主張に法学的粉飾を施して「公益は私益に先立つべし」とか「権利本位より義務本位へ」と言うようなテーマを日本的の名の下に主張しているものもあるけれども、前者は要するにナチ・ドイツの亜流に過ぎず、後者は又フランス風の社会連帯論を継受するものに過ぎない。かくの如きは日本的の仮面にかくれてひたすら模倣を事とする以外の何物でもない。

又或る者は現在の私法学を貫いているゲゼルシャフト的原理をゲマインシャフト的原理を以て置き換えてはどうかと言うようなことを主張するが、これもその置き換えるに付いての方法及び置き換え得べき限度等に関する科学的考察を欠いている限り、学問上の議論としてはほとんど何等の価値なしと言わねばならない。恐らくは身分法上の諸関係・小作入会等農林関係の諸問題等々もしもゲマインシャフト的法律原理が科学的に構成されれば今より遥かに適切に規律し得べきものが多々あるであろうと私は考えているのであるが、今までの所この種の論をなしている人々からはほとんどかくの如き科学的構成を教えられていない。

三

しからば次に法律技術に関して日本的なるものとは何か。

この点に付いて吾々の先ず考えねばならないのは技術の普遍性ないし世界的性質と言うことである。技術は元来文化目的を達する手段に過ぎないから、技術そのものは性質上世界的ないし普遍的であって、技術それ自身に日本的たると否との別はない。唯技術の中に日本的事実を捕捉するに適するものと否との区別があり得るだけのことである。

この点に関して吾々が先ず第一に注目すべきは法律技術の中に極めて普遍的性質をもつものの存在することである。例えば、一定の法律技術は独り具体的の一時代一社会の事象を法律的に捕捉し処理するに適するのみならず、他の一切の時代他の一切の社会の事象を捕捉するにも適することがあり得る。いわゆる学説学理が国境を無視し時代を超越して多くの国々において法源的権威を示すのは実にその学説学理の名で呼ばれている技術が普遍的性質をもっていることの現われに外ならない〔『牧野教授還暦祝賀法理論集』及び本書二七一頁以下に掲げた私の「法源としての学説」参照〕。

従って日本的なるものに捉わるるの余りかくの如き普遍的性質を有する法律技術を無批判に排斥せんとするが如きは、決して科学的に正しい態度と称し得ざること勿論であるが、同時にかかる普遍的性質を有する法律技術のみを唯一の正しい法律技術と考えたり、もしくは或る一国に行わるる法律技術を無批判に模倣するを以て満足し、自国社会に特異なる社会事象を最も適当に捕捉し得べき法律技術を案出し得ざるが如きはその国の法学者として最も恥ずべき事と言わねばならない。

しかるに現在我国の民法学が実際上使用している技術は今なおほとんどすべてドイツ私法学、殊に第十九世紀のパンデクテン法学の流れを汲むものに止っている。そうしてそのために我国社会の事象にして何かもっと他の適当なる技術を以てすればよりよく捕捉し処理し得べしと思われるものまでが、パンデクテン的技術に捉われた技術的貧困のために極めて不適当にしか捕捉されず、もしくは全く法律的捕捉の外に置かれているのが実際の状況である。

元来自己の技術の貧困を自覚せずして、ややともすれば自己の技術のみを以てしては到底捕捉し得ない一切のものを不合理なりとして科学的考察の外に置こうとするのは学者の通弊であって、民法学に関しても吾々は実際上この弊害の実在を否定し得ないのである。

理想的に考えると、吾々はもっと自由自在な豊富な法律技術をもたねばならない。技術の貧困のために事を適当に捕捉し得ざるが如きは法学者の恥である。技術を豊富ならしめるためには一面において比較法学ないし法史学的研究に依って技術に関する智識を今古東西に亘って求める必要があると同時に、日本社会の特質を具体的事実に付いて科学的に考究してこれを法律的に捕捉するに適する独自の技術を創案する必要がある。

しかるに、我国現在の民法学を見ると、一方において日本民法学の独自性を高調する人々も実際には極めて狭隘な技術的智識を有するに過ぎずして、徒に唯素朴な国民道徳的理念をそのまま法学的彫琢を加うることなしに法律世界に持ち込もうとしているに過ぎず、他方において日本民法学を主張する人々を冷笑的に眺めているに過ぎない多数の学者は自己の技術的貧困のためにそれ自ら捕捉せねばならないものを捕捉し得ない立場に追い込まれているにもかかわらず、自らは自己の技術的貧困に気付かずして独善的に自己陶酔の夢を享楽している有様である。

四

真に日本民法学と称するに足るべきものを樹立するためには、一面において法学的に洗錬された日本的法律理念を確立しつつ、他面において我国社会の現実をそのまま法律的に捕捉し得べき豊富な法律技術を用意する必要がある。しかるに、我国現在の実情においては一面においてドイツ・パンデクテン風の法律技術が依然として大勢を制しており、他面においてはほとんど何等法学的に洗錬されていない素朴な国民道徳的理念をそのまま法学の世界に持ち込もうとするような極めて非科学的な風潮が御時勢を背景として力を得ようとしている。こんなことでは凡そ日本民法学と称するに値するものは永久に樹立される見込がない、と言うのが私の現在抱いている極めて悲観的な意見である。

技術の貧困

一

法律家は複雑多岐な形で発生する社会事象をとかく既成の原理ないし概念の中に押し込みたがるものである。無理にも押込んで形の上だけ解決がつけばそれで満足する傾向に陥り易いものである。

しかし、かくの如き方法では到底実質的に正しい法律的解決には到達し得ない。既成の原理ないし概念にはそれぞれその妥当し得べき限界がある。従って実質的にその限界内に入り得る事柄は能くこれを処理し得るけれども、その限界を超えた領域に対しては適用力をもたない。無理にその領域にまで適用を推し広めれば不当の結果に陥るべきは当然である。

この故に、既成の原理ないし概念を以て処理し得ない事柄に当面した場合に、吾々の執るべき態度は、先ず第一に当該の原理ないし概念を再検討してその適用力の範囲を明確にすることであり、その結果もし当該の事柄がその範囲内に入り得ないことが発見されたならば、新たにその事柄を処理するに適する原理ないし概念を創造することでなければならない。

例えば、以前には、我国の民法学者は一般に人的集団に関する事柄を処理する法的技術としては社団法人及び組合の二種類を知るに過ぎなかったから、人的集団にして社団法人にあらざるものはすべて組合に外ならずと独断し、当該集団の性質を実質的に検討することなしに、すべてこれに組合に関する民法の規定を適用せんとする有様であった。ところが、それでは本来社団的にして組合的ならざる集団を無理に組合原理の下に押し込むこととなるから自然不当の結果に陥るべきは当然である。そこでその後人々は追々とこの事に気付いて新たに人格なき社団なる概念を利用するに至り、これに依ってようやく人的集団の問題を事物の性質に適するよう適当に処理し得る端緒が開かれたのである。

　しかるに、法条と判例との研究にのみ没頭して、法的処理の対象たる事物を法律社会学的に討究することを怠り勝ちな法学者は、社団と組合との概念的差異に気付きながら、更に進んで社団そのものの本質、殊に法学的見地より見たその特質を究明することを怠り、それがため今なお人格なき社団に関する諸問題を処理するに適する法的原理に関してほとんどまとまった研究を見出し得ない状態に在る。

二

　私はかつて家団に関する二、三の小論を発表したことがあるが、これ等の著作の根底に横たわる学的意図は、現に吾々のすべてが日常その中に生活している家庭そのものを社会関係構成の単位者として認識しつつ、それが社会関係に入り込む形態に法的構成を与えんとするに在った。夫婦を中心として形成されている社会多数の家庭は明らかに一種の人的集団である。しかるに、この事実をそのまま如実に捉えることを忘れた現行民法は、この集団現象を集団現象として捉えることなしに、わずかに夫婦財産制の規定中に夫対妻の個人的関係として規定しているに過ぎない。従ってその規定も団体法的に処理せらるべき事柄を個人法的に処理せんとする立前の下に作られており、その結果例えば「日常の家事に付きては妻は夫の代理人と看做す」と言う如き極めて滑稽な規定が置かれているのである。しかして学者も多くこの種規定の末に捉われて、夫婦を中心とする家族協同体をそのまま捉えてその本質に適する団体法的処理の方法を考慮することなく、依然個人法的原理のみを以て事を処理せんとしているのが現在学界の実情である。

一方において日本独自の法制並びに法学を求めている司法当局者は、他方において長年懸案となっている親族法改正事業が当面の問題に付いてこの種の不合理を残しつつ進もうとしていることに対して如何なる見解をもっているのであろうか。夫婦を中心とする家族協同体をそのまま協同体として認識しつつその本質を捉えて団体法的にその取扱をなさねばならぬことそれ自身は事物本質の要求であって、必ずしも日本独自の要請とは言い難い。しかしいやしくも日本独自の法制樹立を標榜する以上、夫婦の財産関係を個人対立の関係として個人法的に処理しているに過ぎない現行民法の態度は少なくとも司法当局者の今日軽々に看過し得べからざる事柄であると私は確信するのである。

私は前項において「日本民法学の課題」を論ずるに当り、我国現在の学者実際家の通弊たる技術の貧困を指摘したが、今ここに論じている問題を軽く看過せんとするが如き態度も実は技術の貧困に由来しているのではないかと私は考えるのである。即ち夫婦共同生活の関係を個人法的原理を以て適当に律し得べからざるは今日何人も容易に理解し得る所であるが、さてそれを団体法的に処理するとしてその処理を如何にすべきか、その点に関して適当な技術的考案を見出し得ない所に、現在人々が問題の根本的解決を躊躇している原因があるのだと私は考えるのである。

三

船員法第二十八条に「相▽続その他包括承継の場合を除くの外船舶所有者の変更ありたるときは海員の雇入契約は終了す」「▽前項の場合においては雇入契約終了の時より海員と新所有者との間に従前の雇入契約と同一条件の雇入契約存するものと看做す。この場合においては海員は第二十六条第一項ないし第三項の規定に従い雇入契約を終了せしむることを得《う》」との規定がある。この規定の実質的意味は船舶所有者が変更しても海員の労働関係は直に消滅することなく、従前の船舶所有者の代わりに新所有者が当事者となって関係がそのまま継続するを原則とするも、当事者希望するにおいては予告解約をなし得ると言う趣旨である。しかるに、法律がこの意味をそのまま率直に規定することなく、一面において「船舶所有者の変更ありたるときは海員の雇入契約は終了す」と言いつつ、他面において「前項の場合において雇入契約終了の時より海員と新所有者との間に従前の雇入契約と同一条件の雇入契約存するものと看做す」云々なる規定を設けている所以のものは、船舶所有者変更の場合に旧所有者と海員との間に存する労働関係が所有者の変更に因って法律上当然に新所有者との間に移転する所以を理論的に説明し理解する法的技術を欠いているからであると私は思う。

在来の民法的理論によれば、旧所有者と海員との間の労働関係は彼等の相互に締結した契約に因って成立した個人法的債務関係であるから、船舶所有者の変更に因って旧所有者の地位が法律上当然に新所有者に移転することは理論上どうしても考え得ない訳である。仮に旧新所有者の間に移転に関する明示もしくは暗黙の合意があるとしても、海員の承諾なき限り債務関係の移転は理論上全くこれを考え得ない訳である。それにもかかわらず、事物の性質はその当然移転を絶対に要求しているから、法律は窮余一面において在来の契約終了すと規定すると同時に、他面「海員と新所有者との間に従前の雇入契約と同一条件の雇入契約存するものと看做す」なる規定を設けて、わずかに事の辻褄を合わせているのである。

しからば、この間の関係をそのまま捉えてそのまま規定することは不可能であろうか。否、元来労働法上の労働関係は個人としての雇主と個人としての労働者との間の個人法的債務関係と見るよりは、むしろ個々の労働者が当該企業において持っている地位と考えらるべきものであり、彼等と企業主との間に発生する権利義務は彼等と企業主との間に締結せらるる契約直接の効果として発生するものではなく、彼等が雇入契約に因って当該企業における労働者たる地位を取得した結果、その地位に関し当該企業の内部的規則に依って定められている所が自動的に発動して彼等に所定の権利を得しめ義務を負わしめることとなるに過ぎないのである。かくの如くに考えると、企業主と個々の労働者との関係は個人法的の債務関係ではないから、企業の同一性が保たれている以上企業の所有者の変更は直に労働者の地位に影響を与えないのがむしろ当然であって、在来労働者が旧企業主に対してもっていた権利義務はすべて当然に新企業主との間に移転すべきが当然である。即ち労働法上の労働関係の特質を如実に捉えてその本質を理解し、これをそのまま法的に処理する原理と技術とを案出しさえすれば、右に掲げたような廻りくどい規定は全く無用となるのである。

幸い船員法の立案者は技術の貧困にもかかわらず、事物の本質から来る要求を無視することなく、擬制を技術としてわずかにその要求に適合する解決に到達しているが、世上にはこれと反対に技術の貧困のために事物の本質から来る要求までをも蹂躙している例が非常に多いのではあるまいか。私はこの事を大いに憂慮しているのである。

目的ある権利と目的なき権利

権利はすべて目的をもつ。権利はすべて一定の目的を達する手段として認められる。従ってその行使もその目的の範囲内においてのみ許さるべきである。外観上権利行使の形をとる行為といえども、その権利の目的範囲を逸脱するものは違法である。これが今日普通に行われている権利濫用の理論である。

ところが各種の権利を個々的に観察すると、その中に自ら比較的目的の明瞭なものとしからざるものとの区別があることに気付く。例えば民法が戸主権の内容として規定する諸種の権利義務、婚姻の効果として夫婦の取得する権利義務等は前者の例であって、ここでは根底に先ず「家」があり夫婦関係がある。法律の規定する上記の権利義務はこれ等根底の関係を保持する手段として認められているのであって、関係の内容がそれ等の権利義務に依って全部的に構成し尽されているのではない。換言すればそれ等権利義務の総和がそのまま関係の内容をなすのではなくして、個々の権利義務は単に関係保持の目的のため法律的に規定するを必要ないし適当と考えられるもののみが特に権利義務として規定されているに過ぎないのである。

これに反して例えば所有権は特にこれと言う具体的目的のために認められた権利ではなくして、先ず第一段においては無目的の権利である。無論すべての権利は窮局において無目的ではあり得ない。所有権もまた勿論目的をもつ。しかしこれを上記親族法上の諸権利に比べると、直接の目的関係をもっていない。近頃では、例えば「所有権は義務付ける」Eigentum verpflichtet と言うようなことを言って、所有権の赤裸々な没目的な作用を極力緩和せんとする主張が相当力強く法律家の間に行われているけれども、これに依って達成し得べきものは高々緩和的制限に過ぎずして、「義務を尽す手段としての権利」にまで所有権を変質せしめることは出来ない。

賃貸借・雇傭等に基づく権利にしても、現行民法の考えに依ると、先ず根底に地主小作人の関係、大家店子の関係、雇主雇人の関係等の関係ありとし、これを保持する手段として諸種の権利を認めているのではない。これ等の契約に依って、権利義務を内容とする法律関係が成り立つ。賃貸人賃借人の関係、使用者被用者の関係は即ちかくの如き法律関係であって、その内容は権利義務を以て全部的に構成されている。実際社会における実在の地主小作人の関係等は必ずしもすべてかくの如きものだとは考えられない。しかし民法はかくの如き実情の顧慮の上に規定を設けているのではなく、初めから権利義務を内容とする法律関係としてこれを規定しているに過ぎない。無論民法も地主小作人の関係等の内容がかくの如き権利義務のみを以て尽きねばならぬものと考えている訳ではない。しかし権利義務以外の部分はこれを情誼道徳に任すと言う考えをとっているので、これを一先ず法律と切り離して考えているのである。この点は無論民法の改正に関して今後大いに考慮せらるべき重要な事柄ではあるが、少なくとも現行民法の考え方は右に述べた通りである。従ってここでも権利は第一段において無目的である。

以上に述べたような区別は権利濫用理論の適用上重要な価値をもつ。即ち第一の権利においては権利の奉仕する目的が明確であるから、一定の行為がその目的範囲を逸脱するや否やを制定することが比較的容易なるに反し、第二のものにおいては困難であるから、前者においては権利濫用の成立を認めることが比較的容易なるに反し、後者においては甚だ困難である。大審院の判例においても、親族法上の権利に付いては民法施行後間もなく既に権利濫用の法理を適用しているのを見出す。例えば戸主の居所指定権に付いては明治三十四年〔1901〕既に三の判決があって、▽「戸主がこれを行うには相当の理由あることを要するものにして絶対無限に行使すべきものに非ず」と言うような趣旨が述べられている。その後財産法的関係に付いても権利濫用を認めた判例が多少はあるけれども、その中例えば相隣関係に関するものの如き事案を精細に観察すると権利濫用理論以上の何物かを以てするにあらざれば適当に解決し得ない場合が無理に権利濫用を以て論ぜられているのではないかと考えられる場合が少なくないように思われる。

一

現在の法律学は、「人」と言う平等者を構成単位とする法的社会を想定し、その人と人との間に権利並びに義務を内容とする法律関係が成り立つと言う考えを基礎として組み立てられている。ところが実在社会の構成単位は「人」のみではない。法律上「人」と認められざるものも実際上社会の構成単位をなし、従って社会関係の当事者となっている。しかるに法律家は従来かくの如き社会的現実の前に目を閉じて、「人」のない所に社会なく、権利義務のない所に社会関係なしと考え、「人」にあらざる者の社会関係を法的に規律する道を知らず、強いてその規律を求められれば直に人格概念を借り用いようとする。人格概念を使わなければ何事も理解することが出来ず、又反対に社会関係の実相を極めずとも人格概念を使って事が形式的に片付けばそれで法律的解決が付いたように思う。しかしてこの傾向はローマ法系統の法律学において最も甚しい。近時我国の状況は多少改善されて来たけれども、依然としてローマ法的な人格本位の考え方の制する所となっている。

人格概念の利用に依って適当に処理し得べき事柄は無論その利用に依って処理するがいい。しかし人格概念に捉わるるの余り実際的必要を感ずるにもかかわらず事物の性質に適合した法的処理をなし得ざるが如きは非常な誤りであって、私は今なお民法学上その種の過誤がかなり数多く存在するのを非常に遺憾とする。以下二、三の例を挙げて私見を述べよう。

二

同一所有者に属する二個の土地相互の間に地役の関係が成り立つことは可能であるか。この問いに対する答えは一般的に「否」である。民法上地役権は「▽設定行為を以て定めたる目的に従い他人の土地を自己の土地の便益に供する権利」である〔二八〇条〕、甲乙二地の所有者が同一人なる場合には契約たる設定行為の成立が不可能である〔自己契約の不能〕、要役地承役地が同一人に帰属すれば混同〔一七九条〕に依って地役権の消滅を来たす、これがこの答えの根拠であって、今日我国の学者は例外なくこの考えを支持している。

ところが、地役権は元来或る土地が他の或る土地の便益に供せらるる関係に立つ点にその本質的特色を有する権利であって、各都度の要役地及び承役地所有者は偶々所有者たるがため便益を受くる権利を有し、便宜を供すべき義務を負担するに過ぎない。即ち実質的に言うと土地と土地との間に要役承役の関係が存在するのであって、人と人との対人的権利義務関係たることをその本質としないのである。従って必要あらば、同一人の所有に属する二の土地相互の間にも地役関係を成立せしめ得べく、地役関係に立つ二の土地が同一人の所有に帰しても地役権はそれがため消滅せざるものとするのが、最も地役権の本質に適する取扱である。

しかるに、人格概念に捉われた在来の民法学はこの本質に適合した法的取扱を与えることを躊躇する。惟《おも》うに人格のない所に権利義務の存在することを考え得ない人々は、土地と土地との間に権利義務的の関係が成立することを不可能なりとするのである。かつてドイツ普通法上の論争として、地役権の主体は各都度の要役地所有者なりや又は要役地そのものなりやが問題になったことがあった。しかして当時後説を主張した人々は要役地そのものを法人なりとする考えに依って自説に理論的構成を与え、これに依って地役権が土地と土地との関係であることを説明せんとしたのである。この考えは結局、土地それ自身を法人なりと考えることの理論的無理のため及びローマ法に依ると地役権もまた混同に因って消滅したと言う法律解釈論が勝ちを占めたため、終に通説をなすに至らなかったけれども、今から考えると要役地を法人視せんとするが如き――理論的にはかなり無理だと考えられるような――構成を用いてまでも、地役権を土地と土地との関係として理解しようと努力した学者が当時既に存在したことは極めて面白いことで、この事は一面地役権が性質上土地と土地との関係として理解せらるるを要するものであることを物語るものであると同時に、他面かくの如き必要に迫られても容易に人格概念の利用を断念し得ない程在来の法律学が一般的に人格概念に捉われていたことを曝露するものである。要役地を法人と考える。それは今日から考えると実に奇抜な思い付きである。しかし人格なき所に権利の存在を考え得なかった当時の人々は、かくの如き無理な方法を用いてまでも、地役権を土地と土地との関係として理解しようと試み、これに依って地役権が混同に因って消滅せざる所以を説明主張しようとしたのである。当時の論争に付いてはWindscheid, Pandekten Bd. I, § 57, Anm. 10参照。

かくの如き伝統をもつドイツにおいても、大審院は終に一九三三年十一月十四日の決定を以て同一人に属する土地相互の間に地役権の成立し得べきことを認むるに至った。この事を最近気仙沼区裁判所の大竹判事が法曹会誌上に紹介報道している〔第一三巻第二号〕。しかしてその判旨は、地役権成立の要件として二個の異なる土地の存在は必要であるけれども、両土地の所有者が別異であることは必要でない、しかして所有者を同じゅうする二個の土地の間に地役権を設けるためにはこれを目的とする所有者の一方的意思表示及び登記を以て足ると言うのであって、その理由の一節において「土地の目的自身はその所有者その人の目的を凌駕す。されば要役地及び承役地が偶然同一所有者に属する場合に、この偶然なる状態が双方土地間の法律上の関係の相当なる整理を妨ぐるは法律の精神および目的に適合せざるべし」〔大竹判事の訳に依る〕と言っているのは非常に面白いと思う。しかして事のここに至った実質的原因は実際の経済的必要にあるのであって、例えば建築用地の分譲に際し予め分譲地の一部に地役権の設定を許すことが分譲遂行上便宜である場合が少なくない。又抵当に差入るべき土地のため予め地役権の設定を許してその土地の担保価値を保持もしくは騰貴せしめ、これに依って抵当差入に便宜を与える必要を感ずる場合も少なくない。これ等の実際的必要に応ずるため同国大審院は多年の伝統を破って所有者地役権（Eigentümer-grunddienstbarkeit）を認めたのである。

我国でも同様の必要は従来実際上しばしば感ぜられた。唯学説が厳として確立しているため、人々はその必要を感じつつもその実現を計ることを躊躇していたに過ぎない。今日学説が改められるならば、恐らくは実際的需要に対して満足を与える効能が少なくないであろう。

現行法上最大の障害と考えられる民法第二百八十条の文字から来る支障でさえも、手形における当事者の意義を思い合わせて考えさえすれば、容易にこれを克服することが出来るであろう。そこではなるほど「他人の土地」「自己の土地」と言うような文字を使っている。けれどもこれは要するに通常普通の場合を標準としてなされた立言に外ならないのであって、これだけから我民法が所有者地役権を絶対に排斥する考えをとっていると論断するのは早計である。地役権は実質的には土地と土地との関係であると言うその本質に気付きさえすれば、その関係における当事者は手形における当事者と同様形式的意義を有するに過ぎざるものなることを理解し得ると思う。具体的には同一人である人が、要役地の所有者であると同時に、承役地の所有者であることを認めても、地役権の本質上何等の不合理もないことを理解し得ると思う。

不動産登記法第二十六条にいわゆる「登記権利者」及び「登記義務者」も要するに形式的意義を有するに過ぎざるものと解し得るのであって、実体法上所有者地役権の可能が論証されさえすれば、登記法上の問題は、容易に解決し得る。即ち要役地の所有者と承役地の所有者とが同一であっても、登記法的にはこれを異別の人として考えても何等不合理でないと私は考える。

三

民法第九百八十五条に依って家督相続人に選定せらるる者は相続開始当時既に生まれたるか又は少なくとも胎児たるものなることを要すると言うのが従来の通説である。大審院もつとにこの見解に従った判決を与えている［大七・四・一九民一『民録』七三五頁以下］。この説の表面上の理由は右判決も明言している通り「民法第九六四条に依れば、家督相続は同条に掲げたる事由の生ずると同時に開始すべきものなれば、相続人たるべき者又は相続人に選定せらるべき者の適格はこの時を標準としてこれを定むべきものとす」と言うにあるけれども、ここにもまた人格概念中毒の痕跡あるを看逃し得ない。

事を実質的に考えると、選定相続人に付いては選定当時を標準としてその当時最も家督相続人たるに適するものを選定することを許すのが選定制度の精神に鑑みて最も望ましい訳である。例えば相続開始当時には第九百八十五条第一項の規定に相当する者が存在せずとも選定当時それが存在するに至れば、第二項規定の者に先立ってそれを選定すべきが当然であると私は思う。法定相続人の場合ならば、相続人相互間の公平問題を考えるのも一理あるが、選定相続人の場合にはそれを考える必要はない。

ところが人格概念に捉われて形式論理的に事を考えると、かくの如く相続開始当時には未だ生まれもせず又胎児でもないものの選定を許すと、結局前戸主が戸主の地位を去った時から被選定者が戸主の地位に就く時までの間に空隙が出来る。被選定者の戸主たる地位はいくらこれを遡及せしめても精々彼が懐胎された時までしか遡及せしめ得ない。その結果前戸主がその地位を去った時点と新戸主の地位が法律上遡及し得る時点との間に戸主権及び相続財産が法律上主体なき状態に陥る間隙が出来る。しかしてそれは人格概念に捉われ、従って主体なき権利の存在を認めることを欲しない法学者にとっては到底承認し難い結果である。

ところが実質的には、前戸主がその地位を去ってから新戸主がその地位に就くまでの間戸主権の行使を如何にすべきか及び相続財産の管理を如何にすべきかのみが問題なのであって、その点さえ適当に処理されれば事はそれで足りるのである。理論的に考えると戸主権及び相続財産が主体のない状態に陥ることがあっても、その間権利及び財産の管理が事実上適当に行われさえすれば実際的には何等の不都合が起らないのであって、あとには唯その状態を如何に法律的に構成すべきかの技術的問題が残るだけのことである。率直にその間権利が主体なき状態にあったのだと説明するのも一法であろうし、又その間は第千五十一条の規定する法人がその主体であったと説明するのも一法であろう。要するに、法律技術的説明はどうにでもつく。技術的困難のためにもしくは理論の辻褄を合わせるだけの目的のために、問題の実質的取扱を枉《ま》げようとするのは本末顚倒である。

四

人格概念に捉われさえしなければ楽に説明の付く事柄を、人格概念に捉われるため旨く説明することが出来ずにいると思われる場合の例として、も一つ次の例を与えよう。

民法第七百二十二条第二項の規定する過失相殺の原則の適用に関して、従来の通説は被害者が責任無能力者なるときはその過失を斟酌すべきでないのみならず、監督義務者の過失もまたこれを斟酌すべからずと説いている。その理由は同規定は「▽被害者に過失ありたるとき」云々と規定している。しかして被害者は責任無能力者自身であって、監督義務者にあらず、と言うに在る。

ところが実質的に事を考えると、父母その他監督義務者は明らかに被害者である。例えば子供が自動車に轢かれた場合に父母がどうして被害者でないと言えるであろう。右過失相殺の規定は要するに「被害者側にも過失あらば」と言う程の意味に過ぎないのであって、たとえ轢かれた子供は無能力者であっても、その子供を不用意に危険な場所に放置した親に過失があると考えられるならば、それを斟酌すべきが当然であると私は思う。しかるに、人格概念に捉われた法律家はこの場合の被害者は轢かれた子供その人に限ると考えたがるのである。

こう言う法律家は、例えば或る人が猫を籠に容れたまま道路に放置して用足しをしている間にその猫が自動車に轢かれたような場合には、訳もなく猫の所有者の過失を斟酌すべきことを認めるであろう。しからば幼児を籠に容れて道路に放置したため同じような事件が起った場合にも考え方は同じでなければならない訳である。しかるに法律家は猫は物であり飼主の所有物であるが、幼児は人格者であり親の所有物にあらずと考えて、親を被害者なりと考えることに躊躇するのである。

法人学説について

一

詳しく説かれている或る学説の趣旨を簡短に解説紹介するのは非常にむつかしい仕事である。仮に解説者自らは原著を正しく理解しているとしても、その文字に依って解説している所のみを通して原著の言わんとしている所を正しく理解することは多くの場合に甚だ困難であるか、もしくは不可能であって、しばしば反って甚しい誤解を惹起し易い。しかるに偉大なる学説は従来しばしば原著に付いて読まるることなく、単に解説書を通してのみ広く読まれる傾向があり、その結果原著の味わい――それが実を言うと後学者にとっては最も貴重な教育的価値をもっている――が全く度外視されて、原著中に使われている文字もしくは論理のみが形式的に伝えられ、かくして甚しい誤解が一般に流布する処が非常に多い。

二

サヴィニーの法人学説は法人擬制説の典型的なものだとして一般に伝えられ、そうして批評されている。その所説は確かに擬制説の名にふさわしいものであって、法律上の人格を自然人本位に考えている結果一面において「すべての権利はすべての人間に内在する倫理的自由のために存在する。従って法律上の人 Person もしくは権利主体の原始的概念と人間 Mensch の概念とは一致する」と言っているにもかかわらず、他面法人に付いては法人格を与えられる社会的実体と法人とを「一致する」ものと考えず、法人は畢竟かくの如き社会的実体が私法的財産法的関係においてその関係の当事者たり得べき資格を――その限りにおいてのみ――擬人的に構成するための法律的思想的存在に過ぎないと説いている点において、確かに擬制説と名付けらるるに適する特色をもっている。

しかし従来しばしば我国の学者に依って説かれているように「自然人以外に権利義務の主体となり得るものは法律の力によって自然人に擬えられたものに限る」と言うようなことは如何なる場所においても決して言っていないのであって、法人格附けらるるものが社会的実体として前法的に存在する事実を最も明瞭に認め、それが私法的財産法的関係以外においても社会的、従って法律的意味をもつことを十分に認めつつ、その私法的財産法的関係のみをその他の関係と引き離して取扱うために法人格概念を構成し、これに依ってそれ等の社会的実体と自然人とを私法的財産法的に相関係せしめることを法律上可能ないし容易ならしめようと考えているのである。そうしてかくの如く私法的財産法的関係とその他の関係とを引き離して取扱う理由は、それを引き離して取扱わないために生ずべき混乱を防ごうとする法律技術的考慮に存するのであって、要するにサヴィニーに依ると人間以外の社会的実体の各種の社会的作用中私法的財産法的部分のみを法律的統一的に把持するためその作用をまとめる拠点として法人格概念が利用されているに過ぎないのである。

例えば、サヴィニーの主著System des heutigen römischen Rechts, Bd. II S. 239 には Indem nun hier das Wesen der juristischen Personen ausschliessend in die privatrechtliche Eigenschaft der Vermögensfähigkeit gesetzt wird, soll damit keineswegs behauptet werden, dass an den wirklich vorhandenen juristischen Personen nur allein diese Eigenschaft zu finden oder doch von Wichtigkeit wäre. Im Gegenteil setzt sie stets irgend einen von ihr verschiedenen selbständigen Zweck voraus, der eben durch die Vermögensfähigkeit gefördert werden soll, und der an sich oft ungleich wichtiger ist als diese. Nur für das System des Privatrechts sind sie durchaus Nichts als vermögensfähige Subjekte, und jede andere Seite ihres Wesens liegt völlig ausser dessen Grenzen と言う一節があるのであって、吾々はこれを読んだだけでもサヴィニーの本意が自然人以外には法律的意義をもつ社会的実体が存在しないと言うようなことを言おうとしているのではなくして、かくの如き社会的実体の財産法的関係を法律的に捉える法律的技術としてのみ法人格を擬人的に存在すと説いているに過ぎないことを容易に理解し得るのである。

三

この故に、サヴィニーは国家の法人格についても、それを財産法的関係のみに関する法律技術的のものに過ぎずと考えているのであって、今日多くの人々が考えているように、国家は国民全体に依って構成せらるる社団であると言うような意味において国家を法人であると言っているのではなくして、国家は国家としてその独自の存在と作用とを有することを認めつつ、その財産法的関係のみを法律的に把持する技術として国庫 fiscus なる概念が必要であることを主張しているに過ぎないのである〔前掲書二四五頁参照〕。

四

もしもサヴィニーが自然人についても、そのいわゆる人格は要するに人間の私法的財産法的関係を法律的に把持するための技術的存在に過ぎずと説いたとすれば、かれの法人論は理論的にも一貫した立派なものであると考え得るのであるが、実際上かれは自然人に関する限り社会的実体としての人間と法律上の人格とを同一視するにもかかわらず、法人に関する限り法人格を認めらるる社会的実体と法人格とを引き離して考え、法人格は要するにかくの如き社会的実体の私法的財産法的関係を法律的に把持するための技術的思想的仮設物に過ぎずと考えている所に、かれの所説の理論的不徹底が存在する訳である。しかし彼は決して——従来多数の人々が誤解しているように——自然人以外には社会関係の当事者たるべきものが実在しない、法人はすべて法律上の仮設物に過ぎないと言うようなことを言っているのではない。その意味において彼の説いている所は今なお大いに傾聴に値すべき一面を十分にもっていると私は考えている。

私法学説としての国家法人説

憲法学説として機関説を排撃すると、私法上の学説としても国家法人説を排斥せねばならないように考える人が少なくない。そうして我国法制全体の仕組から考えて国家法人説を排斥する訳にゆかないから、憲法上でも国家法人説、従って機関説を排斥する訳にゆかぬと言うような考えが法学者や官吏の間に相当力強く残っているらしく想像される。ところが吾々の考えに依ると、憲法学説としての機関説と私法学説としての国家法人説とは理論的に全然無関係であって、私法上国家法人説をとるが故に憲法上機関説をとらねばならないと言うような理論的関係もなければ、憲法上機関説を排撃するが故に民法上も国家法人説をとり得ないと言うような理論的関係は全然存在しないのである。

憲法において問題となるのは国家の内部的組織である。内部的組織の問題として事を考えれば、国家を法人と考えて統治権はその法人たる国家に属するものとなし、元首は国家最高の機関として国家に属する統治権を行使するものに外ならずと解するか、又は統治権は元首に属するものとなし、元首は自ら統治権の主体として自己固有の権利を行使するものに外ならずと解するかは、実際上並びに理論上極めて重要な事柄であって、その何れを正当とするかは各国の憲法――更にその根本を成す国体――を考えるに依ってのみこれを決定することが出来る。甲の国に付いて第一の見解が正当と考えらるるの故を以て、乙の国についても同様の見解をとらねばならない理由もなければ、又反対に乙の国について第二の見解をとることが正当と考えらるるの故を以て甲の国に付いても同様の見解をとらねばならないと言う理論的必要も存在しない。各国はそれぞれその国の内部的組織を定める独自の力を有すべきは勿論であって、解釈者は唯その定められたる所を定められたるままに理解してその国の内部的組織を説明すればいいのであり、又かく説明するの外とるべき途はないのである。甲国の内部的組織を説明するに適する学説が、理論上当然に乙国その他一切の国家に当てはまらねばならない理由は少しも存在しない。

これに反して、国家が私法の舞台に登場する場合には、個々の国家の内部的組織は度外視されねばならない。私法においては私法関係の当事者のすべてが同格の単位者たるべきことが要求される。自然人に付いて考えても、各人の能力は事実上千差万別であるにもかかわらず、法律はすべてを「人」として同一に取扱うのである。同様に法人に付いても各法人の内部的組織は千差万別であるにもかかわらず、私法関係の当事者としてはすべてを同じ単位者として取扱わねばならないのである。この故に、私法関係においては国家も——その内部的組織如何に関係なく——一の「人」として登場すべきが当然であって、ここでは日本国も他のあらゆる国家も同格者として取扱われるのである。その際国家を法人として取扱わねばならないのは全く私法の技術的仕組に基づく理論的必要に基づくのであって、これと国家の内部的組織の問題とは全然無関係である。

歴史的に考えても、私法上の人格者としての国家即ち国庫 fiscus は国家目的に捧げられたる財産即ち財団として観念されたのであって、近代私法学者の間には国庫を国民の集団としての社団と考える見解が相当広く行われているけれども、沿革的には財団説がむしろ有力であったのである。即ち公法学説としての国家法人説と私法学説としての国家法人説とは全然理論的基礎を異にするのであって、仮に公法学説として国家法人説を採るとしても私法上国家を国民の集団としての社団法人と解する必要は少しもないのである。

近代法学は一般に憲法・行政法・国際法及び私法の諸関係に同様に妥当すべき理論として国民を構成分子とする社団即ち国家なりとする考えを採ろうとする傾向を示しているけれども、吾々の考えでは憲法上の国家と私法上の国家とを理論上全然異別のものとして考えることが出来る。国際法上の国家・行政法上の国家も理論上憲法上の国家と全然異別のものとして観念することが出来るのである。

三の団体型

一

民法は法人格付けられ得べき団体の型として社団及び財団なる二種の団体型を想定している。従って民法に依って法人を設立するためには社団法人にするか財団法人にするかの外なく、その上いずれにするにしてもそれぞれに付いて定められた法定の型に従わなければならない。

ところが民法によって法人にすることを離れて、現実社会に存在する団体を事実について観察すると、そこには民法の想定する社団の型に相当するもの、財団の型に相当するものの外に、なおその他の型の団体の数多く存在することを見出し得る。しかしてこれ等の諸団体を型的に区別して、その各々の特質を明らかにすることは、やがてこれ等諸団体の内部的構造を明らかにする所以であるのみならず、その対外関係を法的に捉える方法を研究するためにも必要である。

私はかつてこの種団体の一である「家団」について多少の研究を発表したことがあるが（『民法雑考』所載「私法関係の当事者としての家団」）、そこで試みたものは主として私法関係当事者としての家団即ち家団の対外関係を法的に構成して、従来の通説的方法では適当に解決し得なかった諸問題に向って新しい解決の方法を開示することであった。今ここでは更に一歩を進めてその他の団体型と比較しつつ家団その他これと同型に属する団体の性質を説明してその内部構造の特質を明らかにして見たいと思う。

二

先ず第一に吾々は、団体型の一として民法の想定した組合の特質を究明して、それとしばしば混同せらるる人格なき社団との差別を明らかにして置きたい。この事はやがて家団の類を組合的即ち契約的の考え方で説明しようとする考え方の発生を予防することに役立つと思うからである。

組合は契約に基づく債権債務の関係に依って組み立てられた仮の団体である。団体とは言うものの、本体はむしろ個々の組合員であって、組合はむしろ彼等がその個人的目的を達する手段として組成された共力方法に過ぎない。彼等はいずれも一人一人では達成し得ない目的を他人との共力に依って達成しようと考えている。しかし共力は畢竟個人目的のための手段に外ならない。社団においては一定の目的と一定の組織とをもった団体が本位的存在であって、個々の社員は団体目的に奉仕すべき第二次的の存在に過ぎない。数人相寄って社団を設立する場合においても彼等は各自を本位としつつ共同目的達成のために彼等相互の間に債権債務の関係を作ろうとしているのではなくして、一定の目的と組織とをもった独立の団体を作ろうとしているのである。かくして団体が出来れば、彼等設立者等も自らその社員となり、従って規約によって一定の権利を得、義務を負担するに至るけれども、これ等の権利義務は設立者相互の契約的債権債務にあらずして、規約に基づく団体的権利義務である。これに反して組合の場合各組合員の取得する債権債務は直接組合契約の効果であって、組合目的を達する手段として組合員を相互に拘束することがこれ等債権債務の使命である。

なお民法は組合目的を保護するために各組合員に対する組合的拘束を単に債務的のものとするに止むることなく、例えば各組合員の持分に対して物権的制限を加えているけれども〔六七六条〕、しかも各組合員はそれぞれ組合財産の上に個人的持分をもっている。組合それ自身が独自的存在を有するのではないから、組合それ自身は財産をもたない。組合財産は「総組合員の共有に属」〔六六八条〕し、従って各組合員はそれぞれ組合財産に付き個人的持分を有する。無論組合が存続する限り、彼等の持分は組合目的に依って制限を受けることと上述の通りであるが〔六七六条〕脱退する場合には「その出資の種類如何を問わず金銭を以て」その払戻を受けることが出来る〔六八一条〕。

これに反し、社団の財産は社団それ自身の財産であるから、各社員はその上に定款に基づく団体的権利をもつけれども個人的持分をもたない。彼等が社団財産上にもつ権利は彼等の社員たる資格と終始するのであって、その資格の喪失は同時に社団財産に対する権利の喪失を意味する。無論社員資格の譲渡が許される社団においては社員資格の譲渡によって社団財産上の権利も移転されるけれども、社員資格の移転に伴って社員の社団的権利義務が移転するのは当然であって、この事と組合員が組合財産上にもつ個人的持分を他人に譲渡して組合を脱退することとを同一視してはならない。社員は社団財産上に個人的持分を有せず、従ってそれを譲渡することもあり得ず、又脱退に際してこれが払戻を受けるようなことも事物の性質上あり得ないのである。

世上には今なお組合と人格なき社団の区別を明らかにせずして、或いは法人ならざる団体はすべて組合であると考えたり、又或いは組合契約と合同行為たる社団設立行為とを混同しているものが少なくないけれども、吾々は一定の団体が法人格を有するや否やを考える前に団体それ自身が組合なりや社団なりやを考える必要がある。本質的に社団であるものは、それが人格を有すると否とにかかわらず社団であって、人格なきの故を以てこれと組合とを混同すべからざること素より当然である。

ドイツ民法では人格なき社団に組合に関する規定を適用する旨を規定しているけれども〔五四条〕、これは同法における組合に関する規定が吾民法のそれに比べて遥かに組合の団体性を強く認めていることと関連した便宜的の実定法的態度に外ならないのであって、このことのために組合と社団との本質的差異を看逃してはならない。理論的には勿論実際的見地から考えても同法のこの態度には批判を加うべき余地が大いに存在するのである。

三

社団と組合との区別を明らかにした吾々は、更に進んで組合と正反対の側に立って社団を挟みながらこれと区別せらるべき性質をもつ家団その他これと類似する団体の特質を究明せねばならない。

組合は個人の集合に過ぎない。そこには個我の共力的集合があるのみであって、団体として独自的存在をもつ「我」の存在を認め得ない。これに反して社団はそれ自身独自の存在をもつ「我」であって、単なる個人の共力関係ではない。

しかし更にこれを家団その他これに類する団体に比べて見ると、二者の間に自ら互に混同すべからざる本質的差異あることを見出す。社団は組合と異なって独自の存在をもつ団体であるけれども、畢竟はこれを構成する社員等の打算的考慮に基づくいわゆるゲゼルシャフト的の団体に外ならない。そこに吾々は「我」の存在を認め得るけれども、その「我」は「集合我」に外ならない。組合の如く単なる「我」の集合ではなくして独自的「我」の存在を認め得る。しかしその「我」は畢竟「集合我」的のものに過ぎずして、家団その他これに類する団体がテンニースのいわゆる「本質意思」Wesenwille に基づく団結であり、筧博士のいわゆる「普遍我」であるのとは全く異なっている。

家団その他類似の団体は、利害打算の考慮に基づくゲゼルシャフト的団体とは異なって、人々の本質意思に基づく遥かに自然的なゲマインシャフト的性質を有する団体である。その発生は自然発生的であって、法律行為的ではない。夫婦関係を中心とする共同生活でさえも、婚姻それ自身が合意的結合なるの故を以て、これを組合的に考え得ないのは勿論、利害打算的の考慮に基づく「集合我」的のものと考えることは出来ない。婚姻それ自身は合意的結合であるが、婚姻を中心として成り立つ共同生活関係は単なる契約的結合でないのは勿論、ゲゼルシャフト的原理の支配すべき集合我的のものでもない。ここでは夫婦相互はもとよりこれを中心として共同生活を営む人々も、個人法的な契約によってこれに参加しているのではないのは勿論、社団に加入するが如く、Kürwille〔選択意志〕に基いてこれに参加しているのでもない。従って吾々がこの種団体の内部構造を法的に捕捉解釈するに当っても、契約原理はもとより社団法的原理に捉われてはならないのであって、民法第七百九十三条以下の夫婦財産関係に関する規定の如きこの理を逸して、事を個人法的にのみ見ようとしている最適例である。

夫婦を中心とする家団の関係の中に特に個々人の希望によって個人法的結合関係が組み入れられることはこれを許し得るが、この場合においてさえその関係は人団法的原理の適用を免れることは出来ない。民法は主として取引の安全を保護せんとする財産法的見地から夫婦財産制のことを考え又規定しているけれども、それがため内部関係の事柄までをも個人的財産法的に考えるのは甚だしい誤りであって、家団内部の諸関係の如きは主としてゲマインシャフト的原理によってこれを考えねばならないのである。

民法は夫婦を中心とする家団の財産は夫婦のいずれか一方の所有に属すると言う立前で法定財産制の規定を設けているけれども、実際的には夫婦いずれの個人的所有にも属せざる家団財産が存在するのであるから、法律的にもまたそれをそのまま認めねばならない。それが偶々夫婦いずれかの個人的名義になっているとしても、吾々はその各義の末に捉わるることなしに事の実質を洞察せねばならない。

私はかつて前掲の論文において家団を論ずるに際して、入会団体の関係またゲマインシャフト的のものなることを主張したが、今日では独り入会団体に限らず、広く従来何と言うことなしにゲゼルシャフト的に、従って社団的に考えられ取扱われていた諸団体の中から、特にゲマインシャフト的原理の支配する団体を抽出してこれに持殊の考察を加える必要を痛感している。

仮にこの種の団体を「人団」と名付けて特にその特殊性を強調する所以である。

無償契約雑考

一

有償契約に関しては民法第五百五十九条に「本節の規定は売買以外の有償契約にこれを準用す。但その契約の性質がこれを許さざるときはこの限りに在らず」なる通則的規定がある。これに反し無償契約に付いては何等の通則的規定も設けられていない。しかし各種の無償契約に関する規定を比較研究して見るとそこに自ら或る程度まで通則的な原理の存在することを見出すことが出来る。

先ず第一に、無償契約のすべてに付いて問題となるのは、具体的事例について或る約束が果して法律的拘束力を有する契約なりや又は単なる紳士協約的な約束に過ぎざるかを如何にして識別すべきか、その識別の標準如何である。有償契約におけると異なって、人々が無償的に或る約束をする場合には、一面において法律的に拘束力ある債務を負担する意思を有する場合あること勿論であるが、他面においてその約束をもっと軽い意味に考えて、一応約束をするが後々都合が悪くなれば自由に取消し得るものと考えているような場合もあり、又約束はするが裁判所にまで訴え得ると言う程重い約束をする意思をもたないような場合もしばしばあり得る。かくの如き実際上の区別を無視していやしくも約束をした以上常に必ず法律的拘束力を認むべしと言うような議論は、無償的約束の実情に適しない机上の空論である。

　ところが具体的事実に付いて当事者の意思が事実果していずれであるかを判定することは実際上非常に困難であるから、法律はそれに備えるため一定の判定規準を設けて置く必要がある。現に民法は贈与に関して「書面に依らざる贈与は各当事者これを取消すことを得《う》。但履行の終わりたる部分に付きてはこの限りに在らず」なる規定を設けて、書面に依りたりや否やなる形式的規準に依って贈与意思の軽重を判定せんとしている。なお民法が使用貸借を要物契約としているのも同様の趣旨に基づくものと考えることが出来る。即ち単に無償で物を貸してやると約束したに過ぎないような場合には、後にその履行を請求されても拒絶し得るが、単に約束したのみならず目的物の引渡までをもしてしまった場合には法律的に拘束力ある約束がなされたものと見るべきであると言うのが使用貸借を要約契約ならしめた理由であると私は考える。

　かくの如くに考えて見ると、使用貸借の予約もしくは諾成的使用貸借が法律上拘束力を有するがためには、贈与におけると同様貸主の約束が書面に依ってなされたることを要するものと解すべく、単なる口約束の如きは「各当事者これを取消すことを得」るものと解すべきであると思う。しかしてこの理は消費貸借の予約又は諾成的消費貸借にも当てはまるものと考えられる。今日多数の学者は民法が消費貸借を要物契約としていることに特別の意味を認めず、諾成的消費貸借もまたすべて有効なりと説いているが、以上に説いた所から推して考えると、無利息で金を貸してやる約束即ち無償の消費貸借予約もしくは諾成的消費貸借は書面に依らざる限りこれを取消し得べく、書面に依って約束された場合に限り法律的拘束力あるものと解すべきもののように考えられるのである。

要するに、世上実際に行われている約束を事実について観察して見ると、当事者がそれを重く考えている場合もあり軽く考えている場合もある。しかし約束が有償的である以上、約束の上に何等か別段の意思が現われていない限り、約束は約束として常に法律的に拘束力ある債務を発生せしむるものと解すべく、これに反して無償であれば書面に依らざる限り結局の拘束力なきものと解するのが、民法のこの問題のために与えた判定規準であると私は考えるのである。

二

次に贈与者及び使用貸主の担保責任を規定する第五百五十一条及び第五百九十六条の規定は、売主の担保責任を規定する第五百六十条以下の諸規定に対比して無償契約の特色を示すものである。なお消費貸借に関する第五百九十条の規定も同様の趣旨を規定したものであって、すべて無償契約にあっては出捐者に悪意なき限り担保の責任なしとする原則が一般的に言い現わされているのである。

なお「賃貸人は賃貸物の使用及び収益に必要なる修繕をなす義務を負う」とする第六百六条の規定が使用貸借に準用されていないこと、「無報酬にて寄託を受けたる者は受寄物の保管に付き自己の財産におけると同一の注意をなす責に任ず」と規定して無償受寄者に「善良なる管理者の注意」［四〇〇条］義務を免除している第六百五十九条の規定もやや同様の趣旨に基づくものと考えることが出来る。

もっとも委任においてはその有償なると否とにかかわらず「善良なる管理者の注意」が要求されているが［六四四条］、これは委任の特質に基づくのであって、契約の有償無償とは関係のない事柄である。たとえ無償にせよ他人から事務の処理を委託された以上、「善良なる管理者の注意」を施さねばならぬ、と言うのが委任の特色である。

三

「▽定期の給付を目的とする贈与は贈与者又は受贈者の死亡に因りてその効力を失う」と規定している第五百五十二条の規定も無償契約の特質を現わしたもの、これをその他の無償契約にも類推し得るものと思う。無償で定期の給付をすると言う約束は原則として個人専属的性質を有するものと考えねばならない。別段の意思表示があれば格別、さもない限り贈与者ないし受贈者の個人的特色が契約の要素をなすものと考えねばならないから、この規定が設けられているのである。従って使用貸借においても貸主ないし借主が死亡すれば、別段の意思表示なき限り、契約はそれに依って効力を失うものと解するのが事物の性質に適した考え方であって、特別の規定はなくとも、贈与に関する第五百五十二条の規定は使用貸借その他すべての無償契約に類推し得べき原理を含むものと解すべきであると私は考えている。

四

電車・汽車・郵便・自動販売器等の利用関係を契約的原理に依って法律的に捕捉せんとするのが今でもなお通説的な考え方であるが、この通説的な考え方をもつ人々は例えば丸ビルのエレベーターに乗った場合に果して事をいかように考えているのであろうか。私の考えでは、電車・汽車・郵便等の利用はすべて公的施設の利用であって、その際料金を支払うのは施設利用の条件として施設者の側で一方的に定めた義務を履行するだけのことである。利用するや否やは公衆各自の自由であるが、利用する以上所定の条件を充たさねばならない。その条件を充たすために所定の料金が支払われるのであって、利用者各自が先ず契約をなしたる上それから生ずる債務の履行として料金を支払うのではない。

かくの如くに考えると、使用の条件として料金を要求する電車等の利用と料金を要求しないエレベーターの利用との間にも本質的には何等の区別がないことを発見し得ると思う。それにもかかわらず、有料の場合には何となく契約らしいものがあるように考え、これに反して無料の場合には公的施設の単純な使用があるに過ぎないように考えるのは、有償性と法律的拘束力との間に何か関係があるように考えたがる気持が一般人の心の中に潜んでいることを物語るものであって、民法が書面に依らざる贈与を取消し得べきものとしている根拠はこの辺に存在しているのである。有料の渡船に乗ると如何にも契約を締結したように思う人間が、無料の渡船に乗ったのでは同じような気持にならない、そこに無償契約の問題を合理的に考える契機を見出し得ることは甚だ興味のあることと言わねばならない。

委任雑考

一

民法は如何なる特徴をもつ契約典型として委任を考えているか。この問題を考える手引きとして特に注意すべきは、「受任者は特約あるに非ざれば委任者に対して報酬を請求することを得ず」とする第六百四十八条第一項の規定、「受任者は――たとえ無償委任の場合といえども〔引用者挿入句〕――委任の本旨に従い善良なる管理者の注意を以て委任事務を処理する義務を負う」とする第六百四十四条の規定及び「委任は各当事者において何時にても――特に理由を示さずして――これを解除することを得《う》」とする第六百五十一条第一項の規定である。

これ等の規定は互に相連関するものであって、委任が委任者の受任者に対する「信頼」なる精神的因子を中核とする契約なることを示すものである。信頼、従って敬意を表してしかるべくお願いすると言う趣旨を中心とする契約なるが故に無償が原則でなければならない。従って受任者としてはたとえ無償の場合といえども寄託［第六五九条］におけると異なって善良なる管理者の注意を払わねばならぬ。又当事者いずれも特に理由を示すことを要せず何時にても勝手に契約を解除し得るのもこの契約が精神的因子を中核としていることに基いているのである。

しかしてこの事は世上の習俗においても、例えば委任者は受任者に対して「先生」なる敬称を使う例が多いとか、報酬を赤裸々に報酬と言わずに或いは「御礼」と称して謝意を表徴する贈与なるが如き形をとり、或いは「御車代」と称して実費支弁なるが如き形を整え、これに依ってなるべく直接に対価的性質を現わすような言葉を使わないようにしているのと対応するものである。

かくの如く委任は信頼・依頼・尊敬・好意等を内容とする精神的因子を中核とする契約であるから、これを抜かして考えると委任の本質を把捉し得ず、従ってこの契約と雇傭との区別を明確にすることも出来ない。学者は一般に雇傭は単なる労働力供給の契約であるのに反して、委任は事務の処理を委託する契約であると言うて、一応形式的に両者の区別を立てているけれども、雇傭の場合でも実際上被用者に相当広い裁量を許して適宜事務を処理せしめる場合が少なくないことを考えると、かくの如き有形的標準のみを以てしては到底十分に両者を区別することは出来ない。どうしても上述の如き精神的因子を考えに入れなければ委任の特色を捉えることは出来ないと私は考えるのである。

二

「受▽任者は特約あるに非ざれば委任者に対して報酬を請求することを得ず」と言う規定は、「商▽人がその営業の範囲内において他人のために或る行為をなしたるときは——特約なしといえども〔引用者挿入句〕——相当の報酬を請求することを得《う》」とする商法第二百七十四条の規定と好箇の対照をなすものであって、商人にとっては無償は不合理である。いやしくもその営業に関して他人のために何事かをしてやれば必ずこれに対して相当の報酬を受けることが商人的理性の要求する所であるのに反し、商人にあらざる一般人にとっては、例えば雇傭における如く特に初めから自己の労働力を商品として他人に売るが如き場合を除く外、他人のために何事かをしてやったからと言うて一々それに対して報酬を貰えるものと予期することがむしろ間違いであって、別に報酬の特約をすることは妨げないとしても、特約なき限り報酬は貰えないものと思うのが人間普通の考えでなければならない。この吾々お互の心の奥底に潜んでいる武士らしい、もしくは紳士らしい気持がこの規定の中に現われているのだと私は考えている。世が末になるとすべての人間が段々町人根性になり下がると言われている。事実又遺憾ながらそう言う傾向がないでもないが、さらばと言うてそうした町人的理性のみを以てしては到底割り切れない何物かが今日はもとより今後といえども永く吾々すべての人間の気持の中に残り続くであろうことは、これまた何人も自ら反省して到底全的に否定し得ない所であろう。しかして委任を原則として無償なりとする民法の規定は実にこの人間共通の気持に根拠を置くものであると私は考えている。

無論委任が法律的には無償である場合においても、報酬的贈与の形で謝礼をすることは実際上むしろ非常に多い例であろう。ただしこの場合にはその贈与物が対価的な有形物と見られずに、無形の謝意を託する有形の表徴物と考えられているのであって、法律的には有償的な対価関係は成り立っていないが、習俗的に見れば好意に報ゆるに好意を以てする一種の報償的行為が行われたものと考えられるのである。他人が親切に事をしてくれた場合に少なくとも言葉を以て謝意を表するのは一般の習俗であり又習俗規範の要求する所である。従って、習俗規範的な観点から見ると、委任といえども決して無償を本質とすべきものではなく、唯報償が専ら精神的であって、たとえ物質的報酬が給付される場合においてもそれは精神的な謝意の表徴物に過ぎずして物質それ自身が受任者の労務に対する対価と考えられない所に委任の特色があると考えらるべきである。

ところが法律上においては、その報償を有価物の形でしかも権利として請求し得る場合のみが有償委任として考えられ、しかしてかかる権利は特約ある場合にのみ認められるのであるから、それ以外の場合にはたとえ事実上謝礼の授与があっても法律上委任とは別個の契約たる報酬的贈与が行われたに過ぎずと考えるのであり、いわんや唯言語的謝意が表されるに過ぎないような場合には純粋な無償委任が存するに過ぎずと考えるのである。

即ち習俗規範的に見ると、すべての委任はむしろ有償的である、但しその報償は常に精神的であって、たとえ有価物が給付される場合でもそれは単に精神的謝意を表徴する有形物に過ぎずと考えられねばならぬ所に、委任の本質的特徴があるのであって、この見方に依ると委任の中に特に有償的なものと無償的なものとの区別を立てる必要もなければ、立てることも出来ないのである。

三

かくの如くに考えると、法律的に見ても有償委任と無償委任とは決して截然一線を以て区分せらるべき二個の別物ではない。有償委任から報酬的贈与附の無償委任へ、更にそれから純粋な無償委任への移り代わりは単に色合が濃度的に段々と変化するような程度的変化であり、従って有償委任それ自身の中にさえ極めて有償ないし双務契約的色彩の濃厚なものから、たとえ報酬の約束はあったとしてもその履行を裁判所に訴えてまでも請求することは許し難いと考えられる場合に至るまで濃度の違う色々のものがあることを見出し得る。この最後の場合を法律的に見ると報酬請求権はあっても単なる自然債務的の権利に過ぎずして訴権なき場合に相当するのであるが、かかる事例は実際上にもまた存在するのである。例えば、英国においては弁護士は依頼人に対して報酬を訴求し得ないことになっているとのことであるが、これは恐らく同国においては弁護士が社会上極めて名誉ある地位として考えられている事実を反映するものに外ならないのであろう。現在の所我国には法律規範として同様の原則なきこと勿論であるが、弁護士仲間の習俗規範としては恐らく依頼人に特別の背徳的行為ある等特殊の事情なき限り無闇に依頼人を訴えることはむしろいわゆる弁護士道徳上遠慮せらるべきことと考えられているのではあるまいか。果してしかりとせば、裁判所が国家法的の立場から裁判する場合においても、弁護士道徳なる習俗規範の要求を顧慮することが法律的にもまた望ましいと考えられる場合が相当あり得るであろうことを私は考えるのである。

要するに、委任が法律上無償を原則とすると言うことの意味を以上のように考えると、委任に関する色々の問題が従来通説の説く所に比べて遥かに容易且つ適当に処理される見込みがあると言うのが私の考えである。

信託法外の信託

一

直接信託法の適用を受ける信託以外にも信託的な関係は実際上数多く存在している。しかるにそれ等の関係を処理すべき信託法理に付いて我国では従来学者の研究も少なく、判例においても譲渡担保に関するものを除く外信託法理を応用している例は全く見当らない有様である。ところが実際社会には信託法理を利用するに依ってのみ適当に処理せらるべしと考えられる事柄が少なくない。しかもそれがなされずに、他の不適当な方法で処理されているために事物の性質に即しない不適当な結果に到達していると思われる場合が少なくないのである。

我国では学者も裁判官も大陸法系の考え方に慣らされているため、初めから英米法流の信託法理を使いさえすれば容易に適当な法的解決に到達し得べき事柄までをも大陸法流の考え方で取扱おうとする傾向があるけれども、元来信託法理に依って処理せらるるに適する信託的な諸関係を事物の性質に即して適当に処理せんがためには是非共信託法理を応用する必要がある。

二

例えば、入会関係の中には実際上色々の形態があるが、その一として入会権それ自身は入会団体としての部落民総体に属するにかかわらず、土地は部落民中数人の者の共有名義で登記されている場合がある。

この種の入会関係は、これを形式的に観察すると毛上のみが入会権者総体の総有に属し地盤は他人の所有に属しているいわゆる「共有の性質を有せざる入会権」〔民法二九四条〕の一種に属するように考えられるのであるが、実を言うとこの場合の共有名義人は入会権者総体のために信託的に地盤の共有名義人となっているに過ぎないのであって、実質的に土地所有権を共有しているのではない。この場合入会地の所有権は実質的には入会団体たる部落民総体の所有に属しているのであるが、入会団体はそれ自身法人格を有せず、従ってその名義で土地所有権の登記をなし得ないから、便宜部落民の中から主立った者を選んでその共有名義としたに過ぎないのである。従って彼等の共有は全く信託的のものたるに過ぎないのであって、権利の実質は入会団体に属しているのである。

ところが現在登記法はこの種の信託関係を登記することを許していないから、登記簿面には共有名義人の権利が何等の制限を附せずに記載されている。それがため初め登記した時から長い年月が経過すると自然当初の信託目的が忘れられて、共有名義人ないしその相続人等と入会権者との間に争いを生ずることさえあるのであるが、この種の争いを適当に裁断するためには是非共これ等の場合における共有名義が入会団体のためにする信託的のものに過ぎないことに注意する必要があるのであって、その注意を怠ると事物の性質に即しない飛んでもない結果に陥ることとなるのである。

三

共有名義人等は受託者として信託的に入会地の所有者となっているに過ぎない。権利の実質はむしろ入会団体に属しているのであるから、共有名義人が登記面を利用して土地所有権を第三者に売却するようなことをすると、それは明らかに信託違反となる訳であるが、その信託違反は如何なる効果を生ずるか。

この問いに対して考えられる答えは次の三種である。

その一は信託目的に依って受託者の受ける制限を単に債務的のものと考え、従って信託違反は債務不履行として損害賠償義務を発生せしめるけれども、違反行為としてなされた土地の処分それ自身はなお有効なりとする考え方である。

その二は信託目的に依って受託者の受ける制限を物権的なりとする考え方であって、これに依ると受託者が信託目的に反して土地を処分することそれ自身が法律上不可能なのであるから、処分行為は無効として取扱われねばならない。

その三は第二と同様の考えに従いつつ、同時に取引の安全を顧慮し、処分行為の相手方が悪意なるときは無効とすべきも、善意なるときは有効とすべしとする考え方である。

広く一般的に言えば信託目的に依る制限が債務的であるかどうかは個々の場合における信託関係創設行為の趣旨に依って定まるのであって一概にいずれとも言うことを得ないが、当面の問題となれるが如き信託はいわゆる受動的信託 passive trust であって、共有名義人は全くの名義人に過ぎない。自らその権利を処分すべき何等の権利をも有せず、従って信託目的に反する処分行為は無効なりと考えざるを得ないのである。のみならず、我現行法は入会権については登記を必要とせず、登記なしにもこれを第三者に対抗し得べきものとしているから、右共有名義の信託目的に出《い》ずることもまた登記を要せずしてこれを第三者に対抗し得るものと解すべく、従って共有名義人が登記面を利用し信託目的に反して権利を処分した場合には広く何人に対する関係においてもこれを無効とし、その無効は善意無過失の第三者にも対抗し得るものと解せねばならない、と私は考えるのである。

取引の安全を顧慮すると、善意無過失の第三者には対抗し得ざるものと解すべきが当然のようにも考えられるけれども、現行法は入会権に関しては広く登記を要せずしてこれを第三者に対抗し得べきものとする立場をとっているのであるから、少なくとも入会に関する限りは信託違反の処分行為は善意無過失の第三者に対する関係においてもなお無効と解せざるを得ないのである。

これに反し、普通の人格なき社団に属する財産の信託的所有名義人たる者が信託目的に違反してその権利を処分したような場合には、その処分行為は原則としては無効なるも、例えば処分行為の相手方が信託目的に依る制限を知らず且つ知らざるに付き過失なき場合には、なおこれを有効と解せざるを得ないであろう。さもないと隠れたる信託目的のために取引の安全が不当に害されることとなるからである。

四

公募寄附金の法律的性質の如きも信託法理に依ると極めて妥当に説明することが出来る。公募寄附金は一種の目的財産である。一定の目的のために醵出された無主の財産である。それを世話人ないし発起人が信託的権利者となって、或いは銀行に預金する等適当なる管理行為を行い、又或いは寄附目的に従ってそれを処分するのであって、事の実質は正に信託である。

ところが現在我国ではこの種の信託の取扱に関して学説判例上何等確定した法理が存在しないから、例えば信託的権利者たる世話人等が信託目的に違反して権利を処分した場合に、法律上如何なる効果を生ぜしむべきかに付き相当むつかしい色々の問題が起り得る。

例えば、世話人等が寄附金を横領私用したるときは「自己の占有する他人の物を横領したる者」として横領罪の成立を認めることに付いては何人も異論がないと思うが、かくして信託目的に違反してなされた処分行為の効力如何、有効なりとすれば必然債務不履行に因る損害賠償の問題が起るが、その賠償請求権は何人がこれを行使するのか、又もし無効なりとすれば、その無効を主張して処分財産を取戻す権利は何人に属するのか、更に又一定の目的のために寄附金を公募した所、後に至ってその目的の達成が不能になったような場合に世話人として執るべき処置如何等の諸問題に至ると、従来我国の民法学が持ち合わせている法律原理のみを以てしては到底満足な解決を与え得ないのである。

　これ等はいずれも今後学者並びに裁判所が信託法理を借りて解決の道を見出してゆかねばならない難問であるが、例えば最後の寄附目的の達成が不能となった場合の処置如何に付いては、我国でも英米における信託法理の例に倣って、民法第七十二条が解散法人の残余財産の処分に付いて「その法人の目的に類似せる目的のためにその財産を処分することを得《う》」と規定しているのと同様の原理をこの場合にも認むべきが当然であるように私は考えている。

五

なお、民法第九百八十七条の規定する「系譜、祭具及び墳墓の所有権」の如きも実質的には「家」それ自身の財産であって、各都度の戸主は単に信託的にその権利主体たるに過ぎないと解してこそ同条の趣旨を明らかにすることが出来る。これ等の物は「家」のものであって戸主の個人財産ではないから「家督相続の特権に属」して、戸主これを遺贈の目的となすを得ず、又これ等の物は遺留分の算定から除外されることとなっているのである〔民法一一三二条三項〕。

　元来「家」のものであるから、家が偶々構成者を失って廃絶家となっても観念的存在としての家が存続する限りこれ等の物もまたその「家」のものとして存続し、その間親族なり寺院なりがその物を保管していれば、彼等が将来その家が再興されて戸主が出来るまで信託的にその所有権を保有するものと解すべきであると私は思う。

無過失賠償責任と責任分散制度

不法行為制度は加害者に制裁を加えるよりはむしろ、被害者に救済を与えることを主たる目的とするものである。ところが現在の不法行為制度においては、被害者の救済を加害者個人の責任としているため、如何に被害者救済の必要があるとしても、同時に加害者の立場をも考慮に加えざるを得ない。その結果現在では過失主義を不法行為法上の原則とし、これに依って被害者救済の必要と加害者の立場を考慮することから生ずる要求との調和を計ることとしているが、現在社会の実情は過失主義のみを以て一貫するを許さず、加害者の過失の有無にかかわらず被害者に救済を与えねばならぬと考えられる場合が数多く発生する。

加害者対被害者の個人的関係に依って事を解決せんとする現在の不法行為制度に依ると、この種の場合には或る程度まで加害者の立場を無視して加害者に賠償責任を課するの外解決方法がない訳であるが、加害者の立場から言うとこの種の解決方法は甚だ迷惑であって、必然他に適当な逃げ道を作ることが要求されるに至るのである。

この逃げ道として考えられる方法はほぼ二である。その一は加害者の責任を責任保険的方法に依って多数加害者全体の間に分散する方法であって、その中に更に加害者相互間に直接相互保険的制度を作る方法と加害者をして強制的に営利的責任保険に加入せしめる方法とを分けて考えることが出来る。現行の労働者災害扶助責任保険法は前者の例であり、現在諸外国において行われている自動車運転者に責任保険加入を強制する制度は後者の例である。

その二は被害者救済に要する費用を生産費の一部として消費者その他公衆の間に分散転嫁する方法であって、例えば鉱害賠償の如きはこの方法に依ってのみ解決することが出来る。鉱業は必然に他人に一定の損害を与える、さらばと言って鉱業を禁ずる訳にはゆかない。鉱業を許すことに依って得られる利益が大きいから、その結果必然他人に多少の損害を加えることがあるとしても、その損害を賠償することを条件として鉱業を行うこと、従って他人に損害を加えることを許されなければならない。かくして鉱業権者に無過失賠償責任を負担せしめれば、彼等はその負担に要する費用を生産費の中に加えて、自ら、これを消費者の間に分散転嫁することが出来る訳である。

被害者対加害者の個人的問題としてのみ事を考えると、無過失賠償制度には実施上多くの困難が伴うけれども、保険その他の方法に依って責任を分散することを考えさえすれば、その種の困難を解決することは決して不可能ではない。要するに、不法行為法を社会化し、個人的責任の制度の代わりに、社会的責任分散の制度を設けることが問題を解決する唯一の方策である。

無過失賠償責任の問題を解決するためにも、今では既にその責任に根拠付けをする理論的の仕事よりは、むしろ責任分散の技術を考案して無過失賠償制度の実施を可能ならしむべき条件を作ることの方がより大切であるように考えられる。例えば、自動車その他交通機関より生ずる損害を救済するため無過失賠償制度を作る必要は現在非常に大きいのであるが、この制度を実施するために是非共同時に作る必要があるのは責任分散の制度であることを忘れてはならない。

不法行為としての殺人に関する梅博士の所説

一

不法行為としての殺人の法律的効果に関しては研究を要すべきことが非常に多いが、ここにはその中殺人の結果殺された人本人に付いて先ず生命権侵害を原因とする損害賠償請求権が発生した後これが相続に因って相続人に移転すると考える現在学説判例を通じて通説をなしている考え方に対して私が抱いている疑いの一端を述べる。

現在の通説に依ると、民法第七百十一条の規定する父母・配偶者及び子の慰藉料請求権の外に、殺された人本人に付いて生命権侵害に因る賠償請求権が発生し、しかる後これが相続人に移転するものと考えられている。ところが生命権侵害の瞬間には殺された人本人の人格も消滅せざるを得ないから、生命権侵害の結果賠償請求権が発生するとしても、その発生する瞬間には既にその帰属すべき人格が存在しない訳で、賠償請求権が殺された人本人に付いて発生することは理論上不可能ではないかと言う疑いが起る。そうして通説を奉ずる諸学者及び判決がこの理論的困難を切り抜けるために各種の技巧的説明を試みていることは周知の事実である。しかし私の考えでは、大体そう言うむつかしい技巧を用いなければ説明出来ないような結果を認めようとしていることそれ自身に間違いがあるのではあるまいか、元来民法が認めようとしなかったことを解釈上無理に認めようとすればこそ無理な技巧的説明が必要になるのではあるまいか、と言う疑いを起さざるを得ないのである。

二

翻って民法起草者の一人である梅博士のこの点に関する所説を尋ねると、『民法要義』第七百十一条の解説として「人は自己の生命に付き権利を有するはもとよりなりといえども、他人の故意又は過失に因りその生命を殞したるときはその者は死亡せるを以て敢えて加害者に対して損害の賠償を求むること能わず、しかも相続人は被相続人の生命に付き権利を有する者に非ざるが故に死亡者に代わりて損害の賠償を請求することを得ず、故にこの場合においては一切賠償の責を負わざるが如し。しかりといえども被害者の死亡は往々にして父母、配偶者、子等に対し有形又は無形の損害を加うることあり、例えばこれ等の者が死亡者より扶養を受けし場合においてはその死亡に因りて扶養を受くることを得ざるに至り財産上莫大の損害を被ることあり、この場合において加害者に対しその損害を賠償せしむることを得るはほとんど言うを俟たざる所なり。唯父母、配偶者及び子はかくの如き財産上の損害を受くることなきもなお加害者に対し損害賠償を請求することを得ずんばあるべからず。何となればこれ等の者は被害者の死亡に因り大いに悲哀に沈むべきを以てその悲哀より生ずる損害もまた加害者これを賠償せざることを得ず」云々なる記述のあるのを見出す。

これに依ると、先ず第一に殺された人本人は生命権侵害を原因として損害賠償請求権を取得しない。その代わり殺害に因って「父母、配偶者、子等」が直接被った「有形又は無形の損害」の賠償はこれを請求し得る。「例えば」これ等の者が「死亡者より扶養を受けし場合においてはその死亡に因りて扶養を受くることを得ざるに至り財産上莫大の損害を被ること」があるから加害者に対してその賠償を請求し得る。なおその外「父母、配偶者及び子」は慰藉金として無形の損害の賠償を請求し得ると言うのであるが、現在通説は何故にこの所説を素直に受け入れることが出来ないのであろうか。

通説は、先ず第一に生命それ自身を有価物と考え、従って生命権侵害の結果として生命の換価額の賠償を請求する権利が発生すべきであると考えているのである。第二には又第七百十一条に依って賠償を受け得るのは「被害者の父母、配偶者及び子」に限るから、被害者に父母も配偶者も又子もない場合には、何人も――例えば父母配偶者子以外の相続人があっても――損害賠償を請求し得ないことになって、結果が不都合であると考えているのである。

しかしよく考えて見ると、生命を有価物と考えてその換価額の賠償請求を認めようとする考え方が果してそれ程当然にして又健全な考え方であろうか。それのみではない、この考え方のために上記の如き下らない説明技巧に腐心したり、その他生命の評価方法に苦心するが如き、どうも余り賢明な考え方ではないように思われてならないのである。

なお又梅博士の説明に依ると、第七百十一条が積極的に規定しているのは「被害者の父母、配偶者及び子」の慰藉金請求権であって、「父母、配偶者、子等」が殺人のため被った「有形」の損害即ち財産的損害の賠償は別に考えられる、扶養喪失に因る損害はその一例――「例えば」の文字に注意せよ――に外ならないのであって、その外殺人「に因りて生じたる損害」の賠償はすべて直接第七百九条に依ってこれを請求し得ると考えられているらしいのであるが、考えて見ると、殺人を原因とする損害賠償の内容はこれで充分なのではあるまいか。法文の用語を見ても、例えばドイツ民法第八百二十三条第一項は権利を侵害された人と、因って賠償請求権を取得する人とを同一なりと解すべき立言をしている――"dem anderen"――に反し、我が第七百九条に依ると権利を侵害された人それ自身が賠償請求権者であるとは書かれていない。例えば殺人「に因りて生じたる損害」――殺人と相当因果関係に立つ損害――は直接他人に付いて生じたものでもこれを請求し得るとの解釈を許すべき根拠は十分に存在するのである。

三

上述の考え方に依ると、先ず第一に殺された人に依って従来扶養されていた人々は扶養喪失に因る損害の賠償を請求し得る。しかのみならず民法上の扶養権利者のみならず、すべて事実上扶養を受けていた人々は――「被害者の父母、配偶者及び子」でなくとも――賠償請求をなし得べき理を認め得るようにも考えられる。「父母、配偶者及び子」以外の相続人に付いて賠償請求権を認め得るは勿論、内縁の妻にも賠償請求権を認め得べき理論的根拠が与えられる。

第二に、右の外殺人と相当因果関係に立つ損害はすべて被害者においてこれを請求し得る。例えば治療費、葬式費用その他殺人なかりせば生ぜざるべかりし損害はすべてその損害を受けた者から直接加害者に対して請求し得る。

かくの如くに考えれば、従来論議の対象になっていた理論的困難も根本的に解消するし、因って発生する実際の結果も穏当であると思う。学者が先入主に捉われることをやめて、も一度素直に法文を読み直し、又梅博士の解説している所を冷静に考えて欲しい。かくすることに依って従来多数の学者に依って行われた技巧的説明のすべてが自ら根本的に解消し、しかも実際上大体穏当と考え得る結果に到達する見込が充分にあると考えられるのである。

この問題に付いては、なお別に理論的にも又比較法学的にも考えられ又書かるべきことが沢山あるが、ここには唯梅博士の所説を想い起して、議論をも一度正道に復して欲しいと言う希望を述べるに止める。

四

因みに、この問題に付いて史的考察を加えた結果ほぼ上記梅博士の所説と同様の結論に到達したものに栗生武夫氏「遺族損害賠償請求権分解の傾向」〔『法学論叢』二〇巻一一五七頁以下〕なる有益な論文がある。氏がその末尾において主張している通り「『死者自身、死に基づく利益喪失に対し損害賠償請求権を取得し、直ちにこれを相続さす』というような奇異な論理を行う前に、遺族自身の被害をもっと精密に分解する必要がある」のではあるまいかと私も考えている。

被害者としての家団

一般世人の常識上極めて当然なことが法律家にとって仲々困難な問題を提供している場合がしばしばある。老母が電車から降りる際に車掌の過失によって怪我をしたとすれば、その子が治療に手を尽すべきは人情上素より当然であるし、かくして治療に要した費用の賠償を当該車掌ないし電車会社に対して請求し得べしと考えるのも吾々の常識上極めて当然のことである。しかるに、この常識上極めて当然のことを不思議にも法律家は理論的に旨く説明出来ずにいる。この奇怪な現象を吾々はどう考えたらいいのであろうか。

ここに例示した事件について大審院はかつて「そもそも母たり家族たる者が不慮の事故に因りて負傷したるがため、子として戸主としてその治療費を支弁したりとせんに、誰かこれを以て俗にいわゆる余計な御世話と視るものあらんや。子として戸主として当然の措置なり責務なりと認めて疑わざるは吾邦人の自得自解する常識に外ならず、不慮の事故無かりせばなさで済むべかりし出捐を余儀なくせられしに就て、これ取りも直さず測らざる損害に非ずして何ぞや。その不慮の事故なるものが或る人の責に帰すべきにおいてこれに対し直接に損害賠償請求権を有するはほとんど自明の理、又何の議論を要せんや。もし因果関係の存することは則ち命を領するも、その責を惹くべく余りに不充分なる（いわゆる相当ならざる）因果関係たるをいかんせんと云わば、そはいささか吾邦人の常識を心得せざるに庶幾し」なる理由を以て、子より直接加害者に対して治療費用の賠償を請求し得べき所以を力説しているが、世人は恐らくこの常識上極めて簡単な事柄を説明するために何故にこれ程あくどい長広舌を必要とするのか、その理由を解するに苦しむと想像されるのである。しかし学者はこの大審院の説明を理論的に曖昧なりとし、判決所論の如き結論を導き出すために、「我が民法上如何なる理論を構成すべきかは必ずしも容易な問題ではない」と言い、その理論構成に色々と苦心をしている実情である〔『判例民事法』昭和十二年度二二頁有泉氏評釈参照〕。

しからば何故にそれ程問題がむつかしいのか。それは、従来の通説が権利侵害を受けた者と損害賠償を請求する者とは同一人ならざるべからずとの独断を堅持しているからである。それがため当面の事件においても、車掌の過失に因って何等か子自身の権利が侵害されたと言う事実があるのでなければ、理論上子に賠償請求権を認め得ないこととなると考えられているのであって、現に本件に対する第二審判決が「▽扶養義務者が他人の不法行為に因り身体上の傷害を受けたる扶養権利者のためこれに要する治療費その他の費用を支出したりとするもこれを以て直に自己の財産的権利が侵害せられたりとなすを得ず」と言っているのもその例である。

この故に、当面の問題を解決するためには、子に何等か侵害せられたる権利あることを論証するか、又は頭から右の独断を否定して賠償請求権者必ずしも自ら権利を侵害された者たるを要しないと言う理論を立てるの外ない訳であって、現に上記大審院判決が「▽第七百九条にいわゆる権利とは利益と云うが如くこれを広義に解するの必要あるは多言を俟」たないと言う理由により子が治療費を負担して財産上の損害を蒙ったことそれ自身が権利侵害を受けたことに外ならないと言う趣旨の説明を与えているのは、外形上第一の途をとるが如くに見せかけつつ、実質的には第二の途をとっているものと言うことが出来る。

　そこでその位ならば一層頭から明らかに右の独断を否定する第二の道をとる方がいいと言う考えが生まれるのは当然で、有泉氏が上記評釈において、現在のように「権利侵害」の概念を「違法性」の概念を以て置き換えることが広く認められるようになった以上、「違法なる行為」の相手方と侵害せられたる利益の帰属者即ち損害を蒙れる者とは必ずしも同一人たるを要せず、その行為と損害との間に因果関係がありさえすれば足りる、即ち「一の違法な行為があれば、その違法性の根拠がたとえ一特定人の権利の侵害にあっても、行為者はその違法な行為と相当の因果関係に立つすべての損害を賠償すべきであり」、因って生じた損害の負担者がその特定人自身であるか又はそれ以外のものであるかは関係しないと主張しているのは正にこの論をなすものに外ならないのである。

　現在のように「権利侵害」の概念が、現に大審院自らも「▽第百九条にいわゆる権利とはなお利益と云うが如くこれを広義に解するの必要」ありと言っているように、違法行為による加害もしくは被害と言う程の意義に解されるようになって見れば、議論がこの有泉氏の主張する所まで伸びてゆくべきは当然であって、私も無論これに賛意を表したいのであるが、そうなると今度は因果関係の概念が重要性を帯びて新たに厳格なる検討を要するものとなるのを看逃し難いのである。

　現在のように、法律上の因果関係が自然科学上のそれと全く別物であってむしろ逆に責任帰属の関係即ち一定の損害を何人の責に帰せしむるを法律上正当とすべきかと言う問題として観念せらるべきであると言う考え方が一般的になっていることを考え合わせると、一面において権利侵害の概念を理論的につきくずしてゆとりのあるものにした関係上、今度は因果関係の概念を十分に検討してその範囲を明瞭にしないと法的安全の見地より見て不都合が起るように考えられるのである。既に有泉氏がこの点について、「これは社会常識に俟つべき問題であって法律上の権利義務関係の存在は重要な factor ではあるが不可欠な要素ではない。例えばAが負傷した場合にBの看護治療が必然であればBの出費とAの負傷と間に相当の因果関係あり」と言っているのも、抽象的の理論としては無論これを是認し得るが、さてその応用として、「必ずしもBが扶養の義務を負うことを要しない、従ってAがBの扶養義務なき親族、或いは徒弟、同居人等の場合でもよく、BがAに対して求償権を有するか否かもBの請求権成立の要件ではない。更にBが医者で、Aがその目の前で重傷した場合のBの出費も同様に相当の因果関係ありと解することが出来よう」と主張している所を読むと、その主張する因果関係の範囲が余りに広過ぎるのではあるまいか。しかりとせばそれを一定の所で打切る規準を何所に求むべきかと言う疑念の生まれて来るのを禁じ得ない。

　そこで問題を一般化せずに、現に大審院で問題となった当面の具体的事件に限局して考えると、私の脳裡には自然に「被害者としての家団」と言う考えが浮び上がって来るのであって、家団概念の応用に依ってこの種の場合における相当因果関係の範囲は最も適正にこれを限定し得るように思われるのである。一般社会見解上同一の家団に属すと考えられるもの相互間においては、その一人の被害は他のすべての家団員、否、家団そのものの被害である。家団員相互間に法律上の親族関係ないし扶養義務なき場合といえども、事実同一家団に属するの故を以て彼等は共同の利害を有し相互扶助の義理を感じている訳であるから、相当因果関係の範囲を画定するに付いてもこの点を考慮するに依って極めて適当な客観的規準を見出し得るように思われるのである。

　石田文次郎氏は上記大審院判決に関連して、団体主義の立場から子をも直接の被害者と見得べしとなし、「団体主義の法制において、団員の被害は同時に団体自体の被害と考えられていたことは歴史上明らかである。行為の違法性の決定について個人本位を棄てた以上、被害者の決定についてもまた個人本位の思想を棄てねばならぬ」〔『法学論叢』三七巻一号一九四頁〕と説いて、やや類似の考えを漏らしておられるけれども、「行為の違法性の決定について個人本位を棄て」個人本位的に権利侵害と考えられたものを社会本位の考えから客観的な違法性に転化して考えるようになったことと「被害者の決定について個人本位の思想を棄てる」こととは論理的に何等の関連もないと私は考える。いわゆる被害者の決定について個人本位の思想を棄てるためには、飽くまでも現実の社会事実として家団の存在を認識し、それを不法行為の被害者として実定法上に取り上げることが、社会の実情に照し又不法行為法の使命に鑑みて望ましい、否、必要であると言うことを立証せねばならぬ。それをせずに「行為の違法性の決定について個人本位を棄てた」と言う判例学説の新しい傾向から直に如上の結論に到達せんとするのは論理の飛躍であり独断であると思う。

　私はかつて家団が実在の社会構成者であり、従って社会関係の当事者であると言う認識の下に、家団の法律関係を明らかにする目的を以て「私法関係の当事者としての家団」なる小論を発表したことがある〔『民法雑考』三七頁以下〕。その中で「不法行為の当事者としての家団」についても一応の意見を発表しているが、「不法行為の被害者としての家団」についてはなお研究を要すべき点が多いために意見の発表を差し控えている訳である。被害者としての家団の問題を全体的に論ずるためには、唯漠然家団の存在を主張し、従って家団が損害を被るの事実を論証しただけでは足りないのであって、家団員の被りたる損害中家団員個人の損害と見るべきものと家団そのものの損害と見るべきものとを分別する規準如何、何人が家団の代表者として法律上請求権を行使し得るものとすべきか等技術的に考慮を要すべき幾多の困難な問題が存在するのである。
それがため本文でも全面的にこの問題の論究に入ることを避けて、少なくとも当面の事件に関する限り、有泉氏のいわゆる相当因果関係の画定に付き家団の思想を応用するに依って適正なる結論に到達し得るのではないかと言う一応の考えを述べるに止めている次第である。

同時存在の原則に対する疑い

一

現在学者は一般に相続法上の動かすべからざる原理として同時存在の原則なるものが我民法上にも行われていると信じているように思われる。同時存在の原則とは、相続人は相続開始の瞬間に生存せるか又は少なくとも胎児たることを要すとする原則であって、これに依ると相続開始の当時既に死亡せる者は勿論、未だ胎児たらざるものには相続人たる資格なしと言うのである。

ところが私にはこの原則が我相続法上決して絶対的の原則であるとは考えられないのである。

この原則が確かに当てはまると思われるのは、民法第九百七十条所定の法定相続人である。ここでは相続開始当時「被相続人の家族たる直系卑属」のみが相続人たる資格をもつ。従って相続開始前既に死亡した者が相続人たり得ないのは勿論、未だ胎児となっていない者も相続人たり得ざること明らかである。

次に、指定相続人に付いては、既に死亡したる者を相続人に指定し得ざることは明らかであるが、指定後指定相続人が死亡した場合に指定が法律上当然に失効するや否やに付いては一応考慮を必要とする。しかし戸籍法第百三十六条が「指定家督相続人が死亡したるときは指定者はその事実を知りたる日より十日内にその旨を届出《い》ずることを要す」と規定していること及び民法第千九十六条が「遺贈は遺言者の死亡前に受遺者が死亡したるときはその効力を生ぜず」と規定していることから推して考えても失効説が正しいように思われる。

なお戸籍法第百三十三条が「家督相続人指定の届書には指定せられたる者の氏名及び本籍を記載することを要す」と規定していることから考えると、胎児を指定することも許されないように思われるが、この点には民法第九百六十八条の解釈に関連して多少の疑義が残されていると思う。即ち戸籍法第百三十三条は既に出生せる人を指定する普通の場合を前提として立言されているだけのことであって、胎児の指定を許さずとする積極的の意味までをも含むものにあらずとする解釈の成り立つ余地は十分に残されているのである。「将来誰々が生むことあるべき子を家督相続人に指定す」と言うように、未だ懐胎もされていない者の指定を許すと、相続関係が永く不定の状態に置かれることとなって実際的にも不都合であるが、既に胎児となっているものであれば、その出生時も予定されるから、これを家督相続人に指定することを許しても何等不都合がないように思われるのである。

二

以上に述べた通り同時存在の原則がそのまま完全に当てはまるのは法定相続である。これに反し第九百八十二条及び第九百八十五条の選定相続人に関しては容易く同理を認め得ないように私は考える。

この場合でも相続開始当時既に死亡したる者を家督相続人に選定し得ざるは勿論であろう。しかし当時未だ出生せざる者、更に進んでは未だ胎児になっていない者を選定し得べきかの問題に至ると疑義を挟む余地が大いにある。民法第九百六十八条の存在する関係上、相続開始当時胎児となっている者は選定し得るも、未だ胎児にもなっていない者は選定し得ないと言うのが恐らく現在多数学者間の通説であろうと考えられる。現に大正七年〔1918〕四月十九日の大審院判決〔『民録』七三五頁〕は「民法第九百八十五条にいわゆる被相続人の親族は相続開始当時生存し又は懐胎せられたる親族を指称し、その後に懐胎せられて出生したる親族を包含せざるものと解するを相当とす」と言っている。

しかし、家督相続人の選定殊に第九百八十五条に依る相続人の選定においては、相続開始後相当長時間経過したる後、選定権者が万般の事情から考えて最も家督相続人たるに適すると考えるものを選定するのであるから、相続開始当時未だ懐胎されおらざりし者といえども選定当時既に出生しもしくは少なくとも懐胎されいるにおいては、これを選定するにおいて何等の妨げがないように私は考えるのである。

選定せらるる者相互の利害を考えるとかくの如き者の選定を許すことは他の者の利益を害すること明らかであり、従ってかかる選定を許すべきではないと言う考えも成り立ち得るが、家督相続の性質を本として考えると、選定せらるる者相互の利害関係よりはむしろ家の利益を重く見るべきであり、従って相続開始後懐胎せられたる者といえどもそれを家督相続人に選定することが最も家の利益に適すと考えられる場合には勿論これを選定して差支ないと私は考えるのである。

殊に第九百八十五条第一項に依って選定せらるべき者としてわずかに相続開始後懐胎されて出生したる親族一人あるに過ぎざる場合に、彼を相続開始後懐胎されたるの故に被選資格なしとし、彼を差し置いて同条第二項に依って他人を選定するが如きは、家督相続の性質に鑑み最も不合理なりと私は信ずるのである。

同時存在の原則の裏には一の理論的ドグマが伏在している。即ち相続開始当時未だ出生せず、もしくは胎児にもなっていない者を相続人たらしめると、被相続人の人格終止点と相続人の人格開始点との間に空隙が出来、その結果その間は相続財産を帰属せしむべき権利主体なき状態を認めざるを得ないこととなると言うのである。

なるほど第九百六十八条第一項に依る溯及効は懐胎の時点以前までこれを及ぼし得ないこと勿論であるから、例えば親族会が相続開始後に懐胎されたものを第九百八十五条に依って家督相続人に選定すると、彼の相続人たる資格の開始点と相続開始との間に権利主体なき状態を生ずることは明らかである。しかし理論的にかかる空隙を生ずることは実際的には何等の不都合を生じないのである。けだし相続開始後相続人選定までの間は事実初めから権利主体がない。それを「相続人あること分明ならざるときは相続財産はこれを法人とす」〔一〇五一条〕との規定に基づいて法律上権利主体ありとして取扱われているだけのことであり、そうしてもしもその間相続財産に付き管理人なきがため実際上不都合を生ずる虞れありとすれば、第千五十二条に依って管理人を置く途が開かれているのである。従って、相続開始後懐胎された者を家督相続人に選定すると不都合を生ずると言っても、そのいわゆる不都合は単なる観念的のものに過ぎずして実際的のものではない。もしも何等か実際上不都合ありとせば、それは相続人選定前実際の必要あるにもかかわらず管理人を置かざりしために起る不都合であって、必要に応じて管理人を置いていさえすれば実際には何等の不都合も発生しないのである。

要するに、相続開始後懐胎された者を家督相続人に選定しても実際的には何等の不都合をも生ずることなく、従って同時存在の原則を選定相続の場合にまで推し及ぼすべき根拠は甚だ薄弱であると言わねばならない。論者のいわゆる理論的不都合は余りにも観念的である。

第Ⅱ部

（続民法雑記帳）

民法学と民事政策

一

刑事に刑事政策があると同じように、民事に付いても民事政策があっていいはずである、否、あるべきであると私は考えている。

しかるに、従来の民法学は、争いの存在を前提としつつ、それに適正なる法的解決を与えることを主たる目的としており、予防的方面は第二次的にしか考えていない。この弊を矯むるの必要あることを私はかつて「予防法学としての民法学」と題して多少論じたことがあるが〔本書二三頁以下〕、ここにその考えを更に一層推し拡げて民事においても民事政策的考慮の必要なる所以を明らかにし、それを可能ならしむべき方法に付き多少の意見を述べて見たいと思う。

民事法窮極の目的が民事的法秩序の社会的実現を期するに在る以上、吾々が一面において極力民事に関する争いの発生を予防することに努力せねばならぬのは勿論であるが、同時に他面において発生したる争訟に対して法的解決を与えるに当っても、その解決が事件の実質に対して如何なる影響を与えるかを考えて、当該の生活関係に正しき法的調整を与えることに最大の注意を払わねばならず、ひいてはその解決が社会に及ぼす影響をも考えて同種紛争の発生を一般的に予防することにも留意せねばならぬ訳である。しかるに、従来民事の裁判官は与えられたる争訟に対して合法的な法的裁断を与えることにのみ腐心して、それが窮極においても当該事件の実質的処理として具体的に妥当するや否やを多く意とし〔ママ〕ないように見える。無論刑事においても実際の裁判がすべてそうした意味において理想的に行われているや否や大いに疑問であるとしても、少なくともそこでは裁判の理念として特別予防並びに一般予防的効果を考慮に入れることが要請されているのである。これに反し、民事に付いては唯単に当面の争訟に対して合法的な裁断を与えることのみが要求されているだけで、現行の民事訴訟法も専らその目的に合うように出来ており、民法及び民法学もその線に沿うて作られ又考えられている。

しからば、これは民事裁判の本質上当然のことであって、必至やむを得ざる事柄なのであろうか。否、私は決してそう思わないのである。民事においても裁判窮極の目的が当該事件そのものに実質的に法的調整を与えて民事的法秩序を社会的に実現するにあらねばならぬのは勿論であって、民法及び民事訴訟法をその目的に沿うように改革する必要も絶対的であると私は考えるのである。

しからば、かかる改革は可能であろうか。それを可能ならしむべき条件は何であろうか。

二

何よりも先ず第一に注意せねばならぬことは、現行の民法が法的安全の要請を貴重するの余り、簡単な少数の原理に依って機械的に万事を律しようとしていることである。

かかる民法の基本的機構が、如何に民事の裁判を民事政策的に見て不当なものに陥らしめているかを、人々は一般に認識していないのであるが、それは結局現行制度の下に住み慣れて吾々一般の法的感情が麻痺している結果に外ならないのであって、も少し視界を広くして法史学的にもしくは比較法学的に事を考えて見れば、吾々は容易に現行民法におけるこの種の欠陥に気付くことが出来るのである。

手近な例をとって見ても、『法律時報』第十五巻十一月号に掲げられたスポモ氏の論文は、インドネシアの村落裁判が吾々の場合に比べて遥かに複雑な原理の下に行われていることを教えている。そうして、かかる裁判が吾々のそれに比べて遥かに民事政策的に妥当なものであることは吾々の容易に気付き得る事柄である。吾々の場合どうしてそのような裁判を行うことが不可能なのであろうか。社会的諸条件が互に相当違うと言うことは無論これを無視し難い。しかし、それを考慮に入れて見ても、彼において可能なものが必ずしも我において絶対に行われ得ないとは考え得ないのである。スポモ氏の論文の一筋に次のようなことが書かれている。

「ヨーロッパ体系における『物権的権利の法』と『対人の法』との区別をアダット法に適用することは困難である。何故かと云うに、物に対する或る人の権利の擁護は、アダット法に依れば、特に裁判官に委せられているのであるが、裁判官は権利に関するすべての争いを『利益法学』（Interessenjurisprudenz）のやり方で審理するからである」。

「例えば、Aがすべてのアダット法規を考慮した上で、Bからサワー（水田）を買ったとする。Aはそのサワーを実際にBの所有物であると信じ、そうして村長の承諾を得てそれを買った。後になって、そのサワーの所有者はBでなく、Cであることがわかった。ヨーロッパ的体系によればAはそのサワーを自分の物にすることが出来ない。何故かと言うに、Aの権利は『物的な』或いは『絶対的な』（完全な）性質を有するCの権利に対抗して主張することが出来ないからである。アダット法の体系においてはそうはならない。この法律体系においては裁判官は一方では買主（A）の利益を、他方ではサワーの持主（B）の利益を判断しなければならない。サワーに対するCの権利は保護されねばならない。しかしアダット法に従って誠実に行動し、且つアダットの酋長の助力を信頼したAも保護されなければならない。この様な争いにおいては裁判官はその土地とこれを所有する人（C）との関係如何を審査しなければならないであろう。仮にその土地がCの祖先伝来のものである場合――そうしてC及びCの親族がそれを非常に尊重している様な場合――には、勿論その土地を永久に持つについてのCの利益は、例えばその土地を単に売買の目的物として買入れたAの利益よりも重要である。他方において、もし両人にとって、Cにとっても A にとっても、そのサワーが単に売買の目的物に過ぎないならば、Aの誠実が保護されるであろう。そしてサワーはAの手中に維持されるであろう。CはただBから賠償を得るための方法を探すだけである」。

これを読んで私が直に思い起したのは、かつて我大審院に依って取扱われた次の古い案件である。或る村が小学校を建築する敷地としてAから土地を買った。ところが後に至ってA家に相続争いが起り、裁判の結果Bが正当の家督相続人であることが明らかとなり、それがため真実の相続人、従って所有者ならざりしAから土地を買った村はBの請求に依ってその土地を返還せねばならないことになった。村はAの所有名義になっている土地を登記を――恰もインドネシア人がアダットの首長の助力を信頼すると同じように――信頼して買ったのである。その上その土地を村の小学校敷地としたのである。それにもかかわらず、民法に依ると不動産登記には公信力がないと云う一理由だけから、Bの所有権は絶対に保護され、村はその土地を返還せねばならぬこととなったのである。それのみではない。仮に村が小学校を建築して村の学童達がそこに学ぶこと幾十年の永きに及んだ後に至っても、Bの権利が所有権であると言う一理由に依って、村はその土地を取り戻され、校舎はこれを取り毀たねばならぬこととなるのである。そうしてBがその土地を取戻すに付き具体的にどれ程考慮に値すべき個人的利益をもっているかの如きは全く顧慮されないのである。

かくの如くにして与えられる裁判が一般道義の観念から考えて如何に不当であるかは何人も容易に気付き得ることであるにもかかわらず、現在学者はこれを当然のことと考え、現行民法の仕組み全体から考えてこの結果を避けることは絶対に不可能であると言うのである。

しからば我民法の上ではどうしてかかる結果を避け得ないのであるか。それは畢竟法的安全の名の下に裁判に際して考慮される要因が著しく単純化され機械化されているために外ならない。

三

先ず第一に、吾々が比較考量する利益は当該事件における当事者の有する具体的利益にあらずして、抽象化された客観的利益である。取引の安全とか所有の安全と言うようなことを言っても、それは畢竟抽象化された利益に過ぎずして当事者にとっての具体的利益ではない。具体的利益の如きは個人的ないし主観的事情に外ならずとしてこれを考慮に入れないことが法的安全の要求に合致していると考えられているのである。

第二に、吾々は、物的要因を重んじて人的要因を軽視する。吾々が多くの場合考えるのは取引の安全と所有の安全との調節であって、人的要因を考慮に入れない。実を言うと、財産関係の事件においてさえ実際的には多く人的利害関係がからまっているのであるが、吾々はそれ等を除外して物的要因のみを考慮するのが当然だと考えているのである。しかし、静かに考えて見ると、かくの如きは民法の不当なる「商化」に外ならないのであって〔「民法の商化と民法の将来」本書二〇頁参照〕、それこそ民法と社会とを乖離せしめ、民事裁判に対する民衆の不信用を誘起する原因に外ならないのである。

民法の本質から言うと、この種の考え方は決して民法にとって必然的なものではなくして、単に現行民法と民法学とが不当に法的安全を過重視すると同時に、不当に人的要因を軽視していることを表現するものに外ならない。しかして民事裁判を非道義的たらしめ、民事裁判に関して民事政策的考慮を介入せしめることを不可能ならしめている原因が正にこの点にあることを考えて見ると、民事政策的に考えて民法に加うべき改正要点の第一はここにあると私は信ずるのである。

判例の法源性と判例の研究

一

判例法の重要性が認められるにつれて判例の研究が日に日に盛んになりつつある。しかるに、現行法上の問題として判例が何故に法源性をもつかの問題は今までの所ほとんど何人に依っても十分理論的に究明されていない。又判例研究の重点を何所に置くべきかの問題も十分検討されていない。唯判例は事実上拘束力をもっているから、これに関する知識をもたなければ、裁判所を中心とした法運用の実際を知り得ないと言う極めて卑近な実用的の考えから研究が行われているに過ぎないように見受けられる。

大正の中葉頃までは、「判例批評」の名の下に判決がその理由付けとして使っている理論的説明に対して理論的批判を加えることが、多くの学者に依って行われていたが、それ等はいずれも判決の理論的説明を学者の学説と同一視して、これに抽象的の批判を加えたに過ぎなかった。勿論判例から法が生まれると言うようなことを考えていなかったから、判例の法源性を問題にする訳もなければ、判決中の何所に真に実質的の判決理由があり、将来に対して法として先例たるべき価値あるものがあるかを研究するが如きことは全く考えられなかった。唯判決理由中に或る理論が述べられているのを機会に、それに批評を加えながら、自己のその点に関する見解を述べるに過ぎざるものが当時の判例批評であった。

これに反し、今日の学者の判例研究は一般に判例法を肯定する立場から出発しているのであるから、何故に判例から法が生れるかの問題について、研究者自ら一定の理論をもっていなければならぬのは勿論、判例を如何なる態度、如何なる方法を以て研究すれば、法を見出し得るかに付いても一定の意見をもっていなければならぬ訳である。しかるに、一方において判例法を肯定しながら、研究態度が全くそれに適応していない判例研究が今なお多く見出されるのは甚だ遺憾であって、これでは如何に判例研究が盛んになっても、これによって判例法を闡明し得ざるは勿論、判例法の確立に貢献することも出来ない、と私は考えるのである。

二

判例が事実上拘束力をもつことは何人もこれを認める。その事実上拘束力をもつ所以を説明して、穂積博士は「或る裁判所が或る判決をすると、同一裁判所は以後同実質の事件には同趣旨の判決を繰返す傾向があり、又他の裁判所も特別の反対理由がない以上その判例を踏襲するであろう。殊に上級裁判所の判例があると、下級裁判所は反対判決をしても上級審で破毀されるであろうと考えて、好んで異を立てないのが普通である。そこで人民は同実質の事件には同趣旨の判決があるだろうと云う予期の下に行動を規律する様になる」〔『民法総論』四四頁〕と言っているが、裁判所が事実上先例を尊重する理由も又人民が判例に信頼する理由も正に博士の言われる通りであると思う。

しかし、裁判所が「同実質の事件には同趣旨の判決を繰返す傾向」は、法的安全を重んずる司法の本質に基づく政策的考慮から自らに発生すべき傾向に過ぎないのであって、事実上この傾向があると言うことだけからは、判例から法律的に拘束力ある法が生れる所以は説明され得ないのである。もしも法秩序が一定の内容をもった静態的の存在として客観的に存在し、裁判所は単にその存在するものの内容を明らかにすることを任務とするに過ぎないとすれば、正しい解釈は唯一のみあり得る訳であるから、前の判決が後の判決を束縛することは理論上許され難い。何故なれば、前の判決が既存法秩序の解釈として常に必ず正しいはずはない。裁判所を束縛するものは独り客観的に存在する正しい法であって、前の判決ではないと言わねばならぬからである。従ってこの考え方に従えば、裁判所も学者と同じように解釈上——正しい法の探究者として——全く自由でなければならず、判例の一貫性を求めるが如きもそもそも誤りであると言うことになる。唯その理を貫いて各裁判所の自由を無制限に許すことは、法的安全保護の見地から考えて、司法政策上面白からざるは勿論であって、これ裁判所構成法第四十九条が「▽大審院の或る部において上告を審問したる後法律の同一の点に付きかつて一もしくは二以上の部においてなしたる判決が相反する意見あるときはその部はこれを大審院長に報告し大審院長はその報告に因り事件の性質に従い民事の総部もしくは刑事の総部又は民事及び刑事の総部を連合してこれを再び審問し及び裁判することを命ず」と規定している所以である。この規定は法規解釈の統一を求める司法政策的考慮から設けられたものであって、法秩序そのものを一定の内容をもつ静態的存在と考えながら、唯大審院における解釈をなるべく統一し、これに依って自ら下級裁判所にも解釈上の指針を与えることを目的とするものである。しかし、法秩序を一定の内容をもつ静態的存在と考える限り、法規の正しい解釈は唯一のみあり得る訳であるから、この規定の本質は飽くまでも司法政策的のものであると考えざるを得ないのであって、この政策の実施から生まれるものは法規解釈の事実的統一であり、事実的統一から生ずる「事実上の拘束力」に過ぎないのである。

　従って、本規定が判例法理論の根拠となり得ないのは勿論であり、真に法律的にも拘束力をもつ判例法が判例から生まれることを主張するがためには、更に別途に理由を求める必要がある。

　同趣旨の判決がしばしば繰返されるに因って慣習法が発生すると言う意見は従来多数学者の言う所である。しかし、繰り返されたる判例から慣習法が生まれることと判例それ自身が法源性をもつや否やとは全く別箇の問題であって、前者が肯定されても、それに依って後者までが理論的に肯定される訳はない。判例が法源性をもつならば一回の判決もなお法源性をもつと言わねばならぬ。無論同趣旨の判決が繰返されるによって実際上その法源力が強くなることは勿論であるが、法源性の存否と法源力の強弱とは別問題である。だから穂積博士が「判例に法律上の拘束力はなくとも事実上の拘束力があるのであって、この拘束力に基づき同趣旨の判決が繰返されるによって判例法を生ずる」〔前掲四四頁〕と言われても、それに依って判例そのものが法源力をもつことは毫も理論的に説明されたとは言い難いのである。

そこで穂積博士は、更に三権分立論に基づいて、裁判所は法を創成せずと主張する判例法否認論に答えるために、「今日の裁判官は成文法によってすこぶる自由裁量の能力を制限されているが、しかし裁判によって法律が発生確定する作用はなお留保されているのである。且つ又裁判官は単にその事件限りの便宜的仲裁人ではないのであって、その是非曲直の判断は一般的原則に立脚するのであるから、一事件の裁判によって後の同実質の事件に適用さるべき規範が発生確定することは決して不合理ではないのである。更に換言すれば、裁判官が法律を作るのではない、裁判によって法律が出来るのである」〔前掲四五頁〕と言われているが、この意見は当面の問題を解決するにつき極めて重要な点に触れている。しかし、この理を明らかにするためには一層詳細な説明が要るし、又かくして発生する法が法律上法として拘束力を有し、従って後の裁判を拘束する所以を理論的に論証するためには、博士の説かれている以上に特別の理論が必要であると思う。

三

裁判官は――穂積博士の言う通り――「単にその事件限りの便宜的仲裁人ではない」「その是非曲直の判断は一般的原則に立脚」せねばならぬ。凡そ裁判官が或る具体的の一事件に付き裁判をする場合には、その事件に適用せらるべき法規範を脳裡に画きながらそれを適用するのである。しかして法規範を脳裡に画くと言うことは、必然もし別に当該事件と「同実質の事件」あらば、その法規範をその事件にも適用して差支ないと言う意識を伴うことを意味するから、裁判官自ら主観的には当該事件を裁断することだけを考えているとしても、客観的に観察すると、そこに必ず他の「同実質の事件」にも適用し得べき法規範の伏在しているのを見出し得る訳で、博士が「裁判官が法律を作るのではない、裁判によって法律が出来るのである」と言っているのもその意味に外ならないと思う。

　しかし、この理を認める前に、も一つ考えて置かねばならないのは、博士のいわゆる「一般的原則」は裁判より以前に既に存在するものと考うべきか又は裁判の都度各裁判官が一々作るものと考うべきかである。法秩序の完全無欠性を信ずる通説に従えば、答は無論前説でなければならないが、この説に従う限り裁判官は既存の法を見出すに過ぎずして作るのではない。従って又「裁判によって法律が出来る」と言う結果も認め難い訳である。そこで、如上の理論を認めるためには、法秩序は完全無欠なる既存者にあらずして、裁判官は裁判の都度一々当該事件に適用せらるべき法規範を作らねばならぬものだと考えざるを得ない。裁判官の前に現われる具体的事件の実質は千差万様であるから、それにそのままキッチリと適用せられるに適する法規範が前々から用意されているはずはない。無論事件の種類に依り色々程度の差はあっても、必ず或る程度までは法規範の創造を必要とする。これは裁判の出来上る過程を実証的に研究すれば必ず認めらるべき事実であると思う。通説は「▽法律に依り」裁判すると言うことを文字通りに機械的に考えるから、「法律」は必ず裁判の前に存在せねばならぬと考え、その結果法秩序の完全無欠を仮説せざるを得ないような立場に置かれているのであるが、かかる考え方は事実に立脚しない架空の論に過ぎない。凡そ裁判官が「▽法律に依り」裁判せねばならぬのは法治の根本原則であるが、それがため「法律」は常に必ず裁判の前に存在せねばならぬと言うのは無理な話であって、穂積博士のいわゆる「一般的原則」に依って裁判をしさえすれば、それが

「法律に依り」たる裁判であり、法治の原則の要求に合うのである。換言すれば当該事件限りの便宜処置をなすことなく、もし別に「同実質の事件」あらば、それにも適用して差支ないと信ずる法規範を脳裡に画きつつ、それを適用して裁判すれば、「法律に依り」たる裁判なりと言い得る訳である。

かくの如くに考えれば、条理を法源の一と考え、条理法の充塡に依って法秩序が結局完全無欠になっていると言うような自己欺瞞的説明も無用となる訳で、条理は畢竟裁判官が法規範を創造するための一道具に過ぎないと言わねばならない。又ドイツ・パンデクテン法学の遺産として古くから我国に行われている「類推は法の解釈なりや否や」の問題も、かく考えるに依って容易に解決されるのであって、類推もまた裁判官が法規範を創造するための一道具に過ぎない。裁判官によって創造せらるる法規範は既存の法規全体と調和均衡のとれたものであることを要するのは理の当然であるから、類推が法規範創造の具として有用であり、裁判官がそれを使用する権利もあり義務を負うのも理の当然であると言わねばならない。

四

しからば、かくして裁判官に依って創造せられたる法規範が何故に後の裁判官を拘束するのか。それが法規範であると言うだけではその拘束力の法律的根拠は説明され得ないのであり、それを説明し得ない所に従来の判例法論の根本的弱点が存在するのである。

しからば何故に従来の学者がその点を十分理論的に説明し得ずにいるかと言うと、以上に述べたように、凡そ裁判官が裁判をする場合には——程度の差こそあれ——必ず当該事件に適当せらるべき法規範を創造すると言う事実を看逃しているからだと思う。裁判官が裁判の都度一々法規範を創造せねばならぬものであるとすれば、その際裁判官が考慮に入れるべき事柄は色々ある訳で、既存の成文法規に従うこと、法規全体との調和をとること、条理の要求に従うこと等の外、司法全体との調和をとることも是非考慮せねばならない。各裁判官は制度上それぞれ独自の判断を以て裁判をなし得るとは言え、彼等も畢竟司法全体の一部に外ならないのであるから、極力全体との調和を計ることに留意すべきは彼等当然の職責なりと言わねばならない。従って彼等が極力先例を重んじ好んで異を立つるが如きことなかるべきは正にその職務上当然の責任であって、制定法上この点に関して何等の規定なしといえども、その故を以てこの理を否定すべき理由はない。凡そ法的安全の確立に努力することが司法に対する政治的要請の根本義たることは自明の理であって、裁判官が先例を重んじ、司法全体の動きに留意して、それとの調和を計ることに努力すべき義務はこの要請に基いて自ら発生するのである。

無論、各裁判官はそれぞれ独自の判断を以て裁判する権限をもつ。判例に盲従するの義務なきは、勿論である。しかしながら、与えられたる具体的事件を裁断するにつき、それに適する法規範を創造するに当り、上述したるが如き諸事項を全体的に考慮することなく専ら既存の成文法規に関する自己の――学者としての――解釈的意見にのみ捉われて、他の同時に考慮すべき多くの事柄あるを忘れ、殊に判例を無視し司法全体との調和関係を忘れて裁判するが如きは善良なる司法官の注意義務に違反するものと言わねばならない。

ただし、判例を重んずると言うのは、決して他の裁判所がその裁判の理由付けとして使用した法的技術、殊に成文法規に与えた解釈的意見に追従すべきことを意味するのではない。法的安全確立の要請から言って最も重要なるは、「同実質の事件」になるべく同様の法律的取扱を与えることである。重要なるは理論の一貫にあらずしてむしろ事件の実質的取扱方の一貫である。従って裁判官が先例たる判決を検討するに当っては、その判決において取扱われている事件が如何なる実質のものであるかに注意し、それと今彼に与えられている具体的事件とが類型的に同種のものなりや否やを究明することが大切であって、それが同種なりと考えられる場合に初めて前の判決の先例力を尊重する義務を生ずるのである。従来、我国においては判例法理論が一般に十分研究されていないため、学者の間にも判決中判例として真に先例力をもつものが判決の中のいずくに存するかを各事件の実質について具体的に研究することを忘れて、唯判決理由中に使われている法技術の中から抽象的原理を見出すことが判例研究の目的であるかの如くに考えている向きが少なくない。大審院でさえも、自院の判例を援用するに際し、単に旧判決中に使われている技術的理論に留意するのみであって、旧判決のもつ実質的先例力を検討してそれを当面の——自ら同実質なりと考える——具体的事件の裁判に対する実質的理由付けとして利用するの用意を欠いていると考えられる場合が少なくないのは甚だ遺憾である。

五

判例とは何か。判例法が法律的拘束力をもつとは如何なる意味であるか。これ等の問題を以上に説明したように考え得るとすれば、学者が判例法を研究するに当って、その重点を何所に置くべきか、又その研究方法を如何にすべきかも自らその線に沿うて決定されねばならない。

判決の実質的本体は——上記の如く——裁判所が当該事件を裁断するために創造した法規範に在る。裁判所は当該事件の実質を類型的に捉えて、それと類型を同じゅうする他の事件にも適用し得べしと考えられる法規範を創造した上、それを適用して当該事件に裁断を与えているのであるから、判例研究者の何よりも先ず努力すべきはその法規範が何であるかを当該判決全体の中から読み出すことでなければならない。それは、例えば大審院判例集作成者が「要旨」として摘記している部分に現われているのでもなければ、判決理由の中に技術として使用されている理論的説明そのものでもない。それを読み出すためには、先ず第一に当該事件において具体的に問題になっている事実関係の実質が何であるかを判決全体に付いて研究確定する必要がある。何故なれば、裁判官はその事実関係の実質を類型的に捉え得たればこそこれを規律すべき法規範を創造し得たのだからである。しかして研究者はその事実関係の実質を確定した上、裁判官がそれを規律するものとして創造した法規範が何であるかを、更に判決全体の中から読み出す必要があるのであって、かかる研究的操作を通じて見出された法規範のみが正しい意味における判例であり、後の裁判官に対して法律的拘束力をもつ判例である。

判例研究の目的は過去の判決中に現われたる――かかる意味における――判例即ち法規範を探究するに在る。しかして判例研究の効用はかかる法規範が後の同実質の事件にも適用せらるべき必然性もしくは可能性あることを前提として、将来発生すべき具体的事件が裁判上如何に裁断せらるべきかに付き「予言」をなすに必要なる知識を与うるに在る。過去の事件が法律上如何に取扱われたかを知るに依って、将来の事件が如何に取扱わるべきかを知る。これこそ実用法学最大の任務であると言わねばならない。

法源としての条理

一

ほとんどすべての民法書が条理を法源の一として認むべきや否やに付き何等かの意見を掲げている。そうして、昔は条理を法源と認めることに強く反対する意見も相当広く行われていたが〔例えば松本『註釈民法全書第一巻』一八頁以下〕、今では反対にこれを法源と認める意見がむしろ有力である。もっともこれを法源と認める理由の説明に至ると、学者に依って説く所が区々である。これを大別すると、条理を以て法なりとし、制定法中に必要なる法規を見出し得ざるときは、条理法を適用して裁判すべきが当然であるとする説と、条理は法律ではないけれども裁判所は裁判の本質上条理を適用して裁判し得るとする説とに分れるが、実際上はどちらの説をとっても大した差異は生じないように考えられる。

従って、ここではそれ等の説の批判に立ち入ることをやめて、むしろこの問題に付いて一般には多く説かれておらず、しかも是非共考えねばならぬと思う事柄を一、二雑感風に書き記して置きたい。

二

学者は一般に、当該事項に関し適用すべき法規が制定法中にも又慣習法中にも存在せざるときは、条理を適用して裁判すべきであると言っているが、一体その法規が存在しないとは何を意味するのか、問題の核心はむしろここに在るのだと私は思う。

裁判所が法の不存在を理由として裁判を拒み得ない以上、いよいよ法規が存在しないとなれば、条理を適用するなりなんなりして裁判をするの外はない。唯その際かくして与えられた裁判を、「法律に依り」たるものとして説明するにはどう言う説明を与えればいいのか、そこに理論的説明の必要が残るのは当然で、一般民法書の議論も専らこの点に集中されている。

しかし私の考えでは具体的に如何なる場合を法規の不存在と考えるかがむしろ大事な問題であると思う。そもそも条理が裁判に関連して問題となる場合を仔細に考えて見ると、ほぼこれを次の三に分けることが出来る。第一は条理の解釈的作用であって、凡そ法の解釈は条理に従って行われねばならぬかと言うことである。第二は条理の補充的作用であって、法が存在しない場合には条理に依って裁判すべきであるかと言うことである。第三は条理の修正的作用であって、存在する法が条理に適合しない場合、条理に依ってこれに修正を加うべきであるかと言うことである。しかしてこの中第一の解釈的作用に付いては何人も異存なく、又第二の補充的作用に付いても人に依って説明方法こそ違え、ほとんどすべての人がこれを肯定する。これに反し第三の修正的作用に至ると、大いに議論が在る。条理の法源性を否定する学者の注意も専らこの点に集中されているのであって、この点を解決し得ざる限り条理の法源性に関する問題は実質的には何等解決されないと言わねばならない。しかるに、一般民法書の議論は専ら補充的作用の点にのみ限られ、修正的作用の問題に触れているものはほとんど見当らない有様であって、読者として甚だ物足りなさを感ぜしめるものがある。

私の考えでは、法の不存在とはそもそも何を意味するかを十分に検討して見さえすれば、自ら問題は解決されるのではないかと思う。即ち学者が一般に条理を以て法を修正すると考えている場合も、実は存在する法を修正するにあらずして法が存在しない場合の一態様に外ならないと考えさえすれば、修正と考えられている場合も、実は補充に外ならないことに気付くと私は考えるのである。以下にその理を多少説明して見たい。

そもそも法規はすべて一定の事項に適用せらるべきことを予定して定立されているのであるから、一定の法規を具体的事項に適用すべきや否やが問題になった場合には、その法規と当該事項とを対照して厳密にその法規の妥当範囲を検定する必要がある訳である。そうすれば、一見当該事項に適用せらるるが如くに見える妥当範囲が実はそこまで及ばず、従ってそこに法の欠陥が見出されて自ら補充の必要を感ずるに至るのである。しかるに、学者は一般に当該の具体的事項が法規の規律対象として予定している事項に該当するや否やを厳密に考査することを怠り、法規の外見だけから漠然その妥当範囲を広く考えるから、本来妥当範囲外に在る事項に対して法規を適用せねばならぬ立場に置かれ、しかも条理に照してその不合理を感ずる結果、条理に依る修正の必要を感ずるに至るのだと私は思う。

無論法規がその規律対象として予定している事項は一の理念型として仮定されたものに外ならないから、実際法規を適用するに当っては多少ゆとりをつけてほぼその型に該当する事項に対してはその法規を適用してしかるべきであるが、そのゆとりを許し得る範囲には自ら限度がある訳で、それを越えて濫りに当該法規の妥当範囲を広く考えるのは誤りである。裁判その他実際の必要から考えると、法規の妥当範囲をなるべく広く考えて、裁判その他法的判断の規準を直接既存の法規に求める方が便宜であるために、従来の解釈法学は実際上一般にその方針をとっており、裁判官その他実際家も便宜的考慮からそれを歓迎する傾向に在るが、それがそもそも法規の妥当範囲を不当に広く考え過ぎて、時に自ら条理に依る修正の必要を感ずるようなことになる原因であると私は思う。

厳密に法規の妥当範囲を考査しさえすれば、現在問題になっている具体的事項が法規の予定した型に該当しないものであることを見出す場合が少なくない。例えば組合に関する民法第六百六十七条以下の規定は民法自らが予定した組合型に該当するものにのみ適用されるのであって、外見上組合なるが如くにして実は社団の類型に属するものにはその適用なしと考えねばならぬ。そうすれば、組合に関する規定に条理に依る修正を加えて適用の結果を妥当にすると言うような必要は起らず、むしろ社団の本質を考えて条理の補充的作用を働かす必要を感ずることとなるのである。即ち学者の一般に条理の修正的作用と考えているものが実のところ補充的作用に外ならぬと言う結論に到達するのではないかと私は考えるのである。

三

次に問題となるのは、学者が条理を適用して裁判するとか、条理に依って裁判するとか言う、その条理を「適用」するとか条理に「依る」と言うのは一体如何なる意味をもっているかである。

条理を法なりとする学者は、条理法が制定法等と同様客観的に存在するものと考え、制定法的法規を適用しそれを規準として裁判すると同じように、条理法規を規準として裁判するものと考えているらしい。

ところが、条理を法にあらずとしながらなおこれに依って裁判すべきことを主張する学者は、その「条理に依る」とは具体的に何を意味するかに付き説明を与える義務がある。もしも彼等が「条理は法にあらず」と言っている意味が、条理は国家法にはあらざれども、なお何等かの意味において法規範的性質を有すと言うのであれば、これに依りこれを適用して裁判するのは――制定法規を規準として裁判すると同様――これを規準として裁判するの意なりと解することが出来る。これに反し、条理は如何なる意味においても法にあらずとすれば、これに依って裁判するとはそもそも何を意味するかに付き特別の説明が要る。しかるに、論者は一般にこの点に付き何等の説明をも与えていない。

私は、条理を以て客観的に定立されている法規体系であるとは考えない。従って、制定法規を適用して裁判すると同じ意味において、条理を適用して裁判すると言うことはあり得ない。さればこそ明治八年〔1875〕の太政官布告も条理に依るとは言わずに「条理を推考して」と規定しているのだと思う。スイス民法第一条が裁判官が自ら立法者なりせば制定したるべき法に従って裁判すべきことを命じているのは、この「条理を推考」する趣旨を更に一層具体的に立言したものであって、裁判官としては現に問題になっている事項の本質に鑑み条理に照して自らそれを適用せらるべき法規範を創成し、別に他日当面の事項と類型を同じゅうする事項が発生したならば、それにも適用して差支えないかどうかを考えた上、その法規範を規準として裁判すべきことを命じたものであると考えている。

即ち裁判官は客観的に存在する条理を規準として裁判すべきではなく、自ら条理に照して法規範を創成した上それを規準として裁判すべきである。裁判官に対して特にかかる法規範創成作用を命ぜんとすればこそ単に「条理に依り」と言わずして「条理を推考して」裁判すべきことを命じているのだと私は考えている。

理論と立法者の意思

法令の起案者がどう言う考えで法文を書いたか、政府委員が議会で如何なる説明を与えたか等が法文の解釈上有力な資料であることは言うまでもないが、それが又決して解釈に関する唯一の決定的資料でないことも広く人々の知る所である。法令はしばしば立法者の意思を無視し又時にはそれに反してまでも解釈される。解釈による法律進化の事実はこのことに関する幾多の実例を教える。

ところが実際法律解釈の仕事をしていると、吾々はしばしば学者のいわゆる理論よりも、立法者が事実起案に際して考えていたと想像されるものを尊重せねばならぬ多くの場面に逢着する。そうした場合に学者はとかく理論に捉われて自縄自縛反って解釈を過ることになり易い。この理を明らかにするため、以下に一、二の実例を挙げて見よう。

物権・債権もしくは支配権、請求権の外に形成権なる特殊の権利があると言うことは今では通説になっているが、このことが我民法の解釈上学者に依って初めて指摘されたのは明治の末葉であって、ドイツ私法学の影響に基づくのである。ところが民法が梅・穂積・富井等諸先生の手で起草された当時の我学界にはまだ、全く形成権と言うようなことは知られておらず、物権にあらずんば債権であると言うのが財産権分類に関する当時の通説であった。従って、例えば民法第百六十七条は「債権」の消滅時効期間と「債権又は所有権に非ざる財産権」の消滅時効期間とについて規定を設けているのみであって、形成権に関しては何等一般的の規定を設けていない。唯例えば第百二十六条が取消権に付いて特別の規定を設けているようなことがあるに過ぎない。このことは起案者が今日一般に形成権なりとせられている権利を債権の一種と考え、その消滅時効に関しては第百六十七条第一項を適用するを原則とし、取消権の如き特殊の形成権に付いてだけ特に短期の時効期間を設けんとする意思をもっていたことを推測せしめるのである。

しかるに、その後財産権中に形成権なる特殊の権利あることが発見せられ、それと債権とは理論上全然別個の権利なることが学界一般の通説となるや、一時学者の間に形成権は債権にあらず、従って第百二十七条の如き特別の規定なき限り、形成権は「債権又は所有権に非ざる財産権」であるから、理論上当然に第百六十七条第二項の適用を受け、その時効期間は二十年でなければならぬと言う解釈論が行われるようになった。しかし、かくの如きはいわゆる理論に捉われて形式論理の末に堕した誤れる解釈であること明らかである。起案者は形成権なる特殊の権利を知らずして、これを債権の一種に過ぎずと考え、従ってその時効期間を「債権又は所有権に非ざる財産権」のそれが二十年なるに比し、十年に短縮しているものと考えるのが合理的である。大正四年〔1915〕七月十三日の大審院判決〔『民録』一三八四頁〕が「民法第百六十七条第一項は厳格なる意義における債権のみならず再売買の予約者の相手方が売買完結の意思を表示し売買を成立せしむる権利の如きいわゆる形成権に対してもその適用あるものとす」と言っているのは、この理を言明したものであって、その正しい解釈態度であること何人もこれを否定し得ないと思う。

次にも一つの例を挙げると、法人に関する民法の規定と法人学説との関係である。法人学説に関する現在の通説は実在説である。もっとも同じく実在説と言ってもその中には更に色々の考えがあるけれども、少なくとも学者は一般に擬制説をとらない。法人と理事との関係を機関関係なりとし、機関関係と代理関係とを理論上全然別種のものなりとし、機関原理に依って法人の行為能力及び不法行為能力の問題を説明せんとするのが、多数学者に共通の態度である。ところが民法の規定を見ると、そこには擬制説的の痕跡が随所に残されている。民法起案者は主として擬制説的の考えに基いて法人に関する規定を起案したのであろうと推測すべき根拠が法規のそここに見出される。擬制説を信奉した起案者は機関関係を以て代理関係の一種もしくは変態に過ぎずと考え、従って法人に関する規定中に別段の規定なき限り、代理に関する第九十九条以下の一般規定が法人の代表関係にも当然補充的に適用せられるべきことを予期していたに違いないと思われる節々が至る所に見受けられるのである。

ところが、現在学者間の通説をなしている実在説、殊に機関関係と代理関係とを全然別個のものなりとする理論を貫くと、代理に関する民法の規定を法人に適用する余地は理論上なくなると言わねばならない。そうなると民法は法人の代表関係に関し重要なる事項に付き規定を設けずして幾多の欠点を残していることとなるのであるが、かくの如きは決して起案者の予期した所とも考えられないし、又合理的の解釈態度でもないと思う。起案者としては恐らく法人の代表関係を以て代理関係の一種なりと考え、性質の許す限り代理に関する規定をこれに適用せんとしていたものと想像されるのである。無論代理の規定を適用せずとも、機関関係の特質を考えてそれに関する諸問題に与えらるべき特殊の法的取扱を与えることも理論的には可能である。しかし実際上の便宜から言うと、代理の規定を補充的に適用してそれ等の問題に対する解決を求める方が遥かに合理的である。
先ず第一に例えば、第五十五条は理事に「特定の行為の代理を他人に委任すること」を許しているが、如何なる場合にそれを委任し得るかを規定するのみであって、理事がその場合負担すべき責任如何に付いては何事をも規定していない。しかし起案者は恐らく復代理に関する規定をこの場合に適用する積りであったと私は想像するのである。次に又「法人と理事との利益相反する事項に付きては理事は代理権を有せず」、従って理事が法人とかかる事項に付き取引をなさんとする場合には「特別代理人」を設け、これをして法人を代表せしむべきであると規定している第五十七条は、自己代理を禁止している第百八条と同一の精神に基づく規定である。従って、理事が事実上特別代理人の選任を求むることなく、自ら理事として法人を代表しながら自己と取引した場合にも、それを終局的に無効と考うべきではなく、当該法人内部の定めに従い、後から適法の追認が与えられさえすればなおそれを有効として取扱ってしかるべきものと考えられる。なおその他代理に関する規定にして法人に関する諸問題に適用せらるべきものは外にも少なくないと私は考えるのである。

なお第七百九条にいわゆる「権利」の意義に関する判例法発達の経路は広く人々の知る通りであるが、大正四年〔1915〕三月十日〔『刑録』二七九頁〕及び三月二十日〔『民録』三九五頁〕の大審院判決を以て第三者の債権侵害もまた不法行為となる旨が判示されるまでは、一時ドイツ私法学の影響に因って不法行為の客体たるべき権利は絶対権に限ると言う理論が学界に勢力を占め、それが自ら特例にも影響を与えていたのである。民法起案者の脳裡には権利をかくの如く狭く解せんとするが如き思想は全く存在しなかったと想像されるのであるが、その後に発生した理論のため不当にも一時権利の意義を狭く解し、従って不法行為の成立し得べき場合を甚だ狭隘ならしむるが如き不都合の結果が生まれたのである。大審院が前掲判決において第三者の債権侵害を不法行為なりとし、更にその後大正十四年〔1925〕十一月二十八日の判決〔『民集』六七〇頁〕において「第七百九条は故意又は過失に因りて法規違反の行為に出《い》で以て他人を侵害したる者はこれに因りて生じたる損害を賠償する責に任ずと云うが如き広汎なる意味に外ならず、その侵害の対象は或いはその所有権、地上権、債権、無体財産権、名誉権等いわゆる一の具体的権利なることあるべく、或いはこれと同一程度の厳密なる意味においては未だ目するに権利を以てすべからざるも、しかも法律上保護せらるる一の利益なることあるべく、否、詳しく云わば吾人の法律観念上その侵害に対し不法行為に基づく救済を与うることを必要とすと思惟する一の利益なることあるべし」と云い、これに依って権利の意味を著しく拡大したのはいわゆる理論の影響を脱して恐らくは民法起案者の予想した所に復帰したものであると私は考える。

これに反し、生命侵害に因る不法行為に関し今なお奇怪極まる法律技巧が判例を支配しているのは、大審院が今なおこの点において無用に理論に捉われている証左であって、かつて私が指摘した通り〔「不法行為としての殺人に関する梅博士の所説」本書七六頁〕、梅博士が考えられていた所に復帰しさえすれば、事は極めて素直に解決されると私は考えるのである。

理論と言うものは一面指導的進歩的の作用をするものであるが、又他面しばしば阻止的の働きをするものであることを考えねばならぬ。立法者が法として実質的に何を規定せんと欲していたかを素直に考えて見ると、案外容易に正しい解釈に到達し得るものだと言うことを忘れてはならぬ。

法律関係と道義則

一

制定法上の権利義務の厳格性から生ずる苛酷な結果を緩和するために調節ないし修正原理として広く公序良俗、信義誠実、権利濫用等の道義的原理の介入を認めんとする傾向は今や我国私法学上の通説をなしている。唯学者によってこれを認むる程度に濃淡強弱の差等があるのみである。

ところが、この点に付いて従来学者の説いている所を見ると、先ず第一に法定の結果が苛酷である場合に何故にこれ等道義的諸原理に依る調節ないし修正が許されるか、その理論的根拠が必ずしも十分に闡明されていない。第二には、具体的に如何なる場合にこれ等諸原理の適用を許すのであるか、換言すればこれ等諸原理の介入を認める条件が何であるかを理論的に探求しているものがほとんど見当らない。多くは唯具体的の諸場合につき、結果の苛酷を理由として、言わば目の子算的にこれ等諸原理の介入を認めているのみであって、その間に処する一般的の指導原理を説いているものはほとんどない。

その原因は、私の考えるところ、主として法律関係の本質に関する通説的見解の欠陥にある。もしくは学者一般がこの点につき無関心であることに原因しているように思う。従ってこの通説的見解に対して理論的検討を加えることがこの問題を解決する唯一の鍵であって、これを怠る限り問題はいつまでも解決しない。又道義的諸原理の介入が如何なる条件の下に許されるかの問題も法律関係の種類と連関するのであって、各種法律関係の特質を類別的に究明して見れば、問題解決の端緒が見出されるものと考えている。

二

学者は、従来一般に、制定法の規定する権利義務の関係がそのまま実存の社会関係の本体をなすものと考えている。信義誠実その他の道義則が生活規範の中心として実存の社会関係を規律し成り立たしめている現実を無視し、その結果社会関係の法的規整に関しては制定法上の権利義務を主として万事を考えるのが本格的であり、道義則の要請は単に補足的もしくは従属的に斟酌せらるべきものと考えている。

これと正反対に、私は実存の社会関係は道義則を中心とする「生きた法」に依って規律されながら成り立っているものと考えている。「生きた法」の具体的構造上制定法の重要なる所以を認めながらも、制定法の役割は主として法技術的理由よりする法的規整の作用をなすに過ぎずして、その道義則に対する関係は質的にはむしろ従属的に過ぎないものと考えている。

複雑な政治機構の下に万事を組織し規律している、近代的中央集権国家にあっては、制定法の規整作用は極めて大きい。制定法の裁判規範としてもしくは組織規範として現実の社会関係を規整している作用は量的に極めて大きい。しかし、それが量的に大きいことは決してその質的地位を変更せしめるものではない。人々はややともすると、この量的大きさに眩惑されて制定法中心の法律観に陥り易いけれども、静かに日常生活の体験を本として素朴に事を考えて見ると、吾々日常の生活関係を規律し成り立たしめているものはむしろ道義則を中核とする生活規範であり、道義則が中心をなしつつ、制定法規範をも包摂しながら、渾然一体をなした「生きた法」が社会の具体的法秩序として社会を規律し成り立たしめている事実に気付くのである。

そしてかくの如くに考えて見ると、人々が一般に実存の社会関係の本体をなしているものと考えている制定法上の権利義務を内容とする法律関係は、実は制定法的フィルターを通して現実の社会関係から映出された観念的の映像に過ぎず、従って赤裸々な制定法上の権利義務はその映像の上においてこそそのまま完全な価値を主張し得るけれども、一度現実社会の具体的法秩序を全体的に眺めることとなると単に技術ないし道具としての役割を果たすに過ぎないものであることが見出され、従って制定法上の権利義務が質的には道義則に従属するものとなることが見出されるのである。

私はかつて権利の種類に依って権利濫用原理の適用を認め易いものと否との区別あることを指摘して、「各種の権利を個々的に観察すると、その中に自ら比較的目的の明瞭なものとしからざるものとの区別あることに気付く。例えば民法が戸主権の内容として規定する諸種の権利義務、婚姻の効果として夫婦の取得する権利義務等は前者の例であって、ここでは根底に先ず家があり夫婦関係がある。法律の規定する上記の権利義務はこれ等根底の関係を保持する手段として認められているのであって、関係の内容がそれ等の権利義務に依って全部的に構成し尽されているのではない」。これ等の権利においては「権利の奉仕する目的が明確であるから、一定の行為がその目的範囲を逸脱するや否やを判定することが比較的容易であり、従って権利濫用の成立を認めることが比較的容易」であると説いたことがあるが〔「目的ある権利と目的なき権利」本書四〇頁以下〕、今にして思うと、同じ理論は当時「目的なき権利」として説いた「所有権」、「賃貸借・雇傭等に基づく権利」にも当てはまるのであって、それが一見当てはまらないように考えられるのは、現行財産法に特有な技術的機構を無批判に重要視するからであると思う。無論、法律関係の種類に依って道義的原理の介入を許す程度に差異のあるべきことは後にも述べる通りであるが、上記理論の根本に至っては彼此の間に何等差異なきものと考えねばならぬ。

三

実存の社会関係の本体を、制定法上の権利義務の集合たる法律関係にあらずして、道義則を中心とする「生きた法」に依って規律された関係なりと解する考え方が最もよく当てはまるのは身分関係である。けだし単に常識的に考えても、「財産法は財産法関係を全部的に規律するが、身分法は身分法関係の一部より支配し得なく、他の大きな部分は道徳や習俗の規律に委ねられた形になっている」〔中川『身分法の総則的課題』三頁〕ことを何人も容易に理解し得るからである。正確に言うと、財産法も決して財産法関係を全部的に規律しているのではない。唯ここでは法的安全性の要請が強いために法技術的の面のみが表面に現われて道義的の面が著しくその蔭に後退しているため、かく見えるだけのことだと私は思う。この事についてはなお別の機会に説きたいと思うが、それはともかくとして、現実の身分関係を単なる制定法上の関係と考うべきではないと言うことは誰しも容易に考え得ることである。なるほど民法の身分関係に対する規整作用は特に戸籍制度の力を借りて広く民間に及んでいる。しかし、その滲透度は物権法、従って不動産登記制度の規整作用に比べると著しく浅薄であって、事の実質にまで深く及んでいない。例えば結婚の大部分は現に戸籍の届出をしている。しかし、戸籍の届出をすることに依って、特に民法所定の効果が賦与せらるるに至ることは実際上一般人に依ってほとんど意識されていない。一般人にとっては届出をしようとしまいと、夫婦は要するに夫婦であって、結婚式を挙げてから届出に至るまでの夫婦関係と届出後の夫婦関係とを異別のものとは考えていない。それを異別と考えるのは法律家だけのことである。一般人にとっては、届出をしないと、いわゆる籍が入らない。その結果夫婦の間に生れる子が嫡出子になり得ないと言うことが一番の関心事であって、結婚式を挙げた以上、たとえ届出前といえども立派な夫婦であると言うのが一般の常識である。従って夫婦間の情愛貞操等、道義の関係は届出の有無にかかわらず同様に成り立っているのであり、唯届出をすると、民法所定の効果が附加されると言うことが法律上定められているだけのことである。

しかるに、法律家は婚姻は「届出《い》ずるに因りてその効力を生ず」と言う規定に捉われて、現実の夫婦関係そのものまでが届出に因って初めて成立するものと考え、その結果届出前には夫婦関係がないものと考えたり、届出に因って成立する婚姻関係は民法の規定する権利義務のみから成り立つ法律関係であると言うような考えに陥るのである。

大正四年〔1915〕以来の大審院判例が、内縁の夫婦関係に或る程度の保護を与える態度をとるに至れるにかかわらず、今なお内縁関係を婚約状態と解し、実は離婚に因る損害賠償の問題として取扱うべき事柄を婚約違反と解するに依ってわずかに賠償請求権発生の法律的根拠を説明し得ると考えているが如き、この種法律家的妄想の典型的なものである。この場合の如き、いやしくも内縁の夫婦関係に保護を与えることを意図する以上、直截に夫婦関係の存在を認め、従って夫婦相互の間に信義の義務あることを認め、夫婦の一方が故なく相手方を見棄てる行為は、それ自身直に信義違反の故を以て不法行為を成立せしめるものと解すべきが、最も事理に適した素直な考え方であると私は思う。

次に、かつて夫に貞操義務ありとした大審院判例に関連して、夫に貞操義務ありやの問題が学者論議の的となったことがあるが、この際の議論の如きも貞操義務の法律的根拠を民法ないし刑法の規定に求めればこそ事がむつかしくなるのである。私の考えを以てすれば、夫に貞操義務ありや否やは習俗的道義則がこれを決定するのである。なるほど刑法は夫の姦通を罰せず、民法は又夫の姦通を裁判離婚の原因と認めていない。しかしこれは夫の貞操義務違反に対しては制定法上かかる制裁が加えられないことになっていると言うだけのことであって、貞操義務の存在そのものを否定しているのではない。従って、その他の関係において裁判所が夫の貞操義務を認めてその違反を問題にすることは何等差支ない訳であって、貞操義務の根拠を夫婦関係を規律する道義則に求めずして、制定法上の制裁規定に求めればこそ、この自明の理が理解し難くなるのだと私は考えている。

なお民法教科書の中に、母の子に対する懲戒権の根拠を問題にしているのがあるのも、同様の妄想の結果である。なるほど民法は家に父あるときは父のみを親権者として、母に親権を認めない。しかして民法第八百八十二条は親権者たる父又は母の懲戒権を規定しているから、一見父が親権者たる場合には母に懲戒権がないと言う結論を認めねばならぬように考えられるけれども、元来親の懲戒権は親子関係を規律する道義則に基づくものであって、第八百八十八条は単にそれに特別の法律的効果を附加しているに過ぎない。従って、親権者にあらざる母には同条所定の許可を裁判所に申請する権利はないけれども、道義則に基づく懲戒権はあるものと解すべく、母が道義則の許す範囲内において加えた懲戒は違法性を有せず、従って刑法上犯罪を構成せざるものと解することが出来る。

かくの如く、身分関係の本体を道義則を中心とする「生きた法」に依って規律された関係と解し、制定法は単にそれ等の関係に法定の型を与えてその整備を図ると共に、各種の権利義務に依ってそれ等関係の機能を整序し、もしくは強化する作用を営むに過ぎずとする考え方をとれば、身分法上の諸問題はむしろなだらかに解決し得るものが多い。それを、強いて制定法上の権利義務を主とし、それ等の総和が即ち法律関係としての身分関係であると言う考え方に捉われればこそ、考えのすべてに無理が出来るのである。中川教授は戸主の居住指定権についてつとに権利濫用理論の適用を認めた大審院がその後同理をその他の身分権一般に推し及ぼす態度を示さないことを、「理由が判らない」と非難しているけれども〔前掲一〇頁〕、それは要するに大審院の身分関係そのものの本質に関する考え方が今なお一般に間違っており、その結果権利濫用の如き道義原理は極めて例外的に且つひかえ目に修正原理としてしか適用すべきでないと言う通説的の考え方に捉われているためであると私は考えている。

事実たる慣習

一

学者は一般に「慣習法」と「事実たる慣習」との区別を認めている。そうして前者は「社会における慣行によって発生した社会生活の規範が不文の原形のまま社会の中心力に依って法律的規範として承認強行されるもの」〔穂積『民法総論』四〇頁〕又は「国民が慣習を以て法的社会則と認むる」もの〔鳩山『日本民法総論』六頁〕、即ち法たる効力を有する慣習であり、これに反して後者は「法律として承認強行される程度にならぬ慣習」〔穂積四三頁〕又は「唯事実上の慣例と認むるに止まる」もの〔鳩山六頁〕、即ち同じく慣行に依って生じた「社会則」ではあるが「法的社会則」と認めらるるに至らざるものであると言うのが普通一般に行われている見解である。

ところが、周知の如く、現行法上特に、「慣習法」たることを明記しているのは商法第一条に限り、その他は法例第二条においても民法の諸規定においては単に「慣習」と記しているのみであって、それが慣習法であるか又は事実たる慣習であるかを法文上明らかにしていない。それにもかかわらず通説は、法例第二条の「慣習」、民法中土地に関する諸関係に付き適用を認められたる「慣習」〔二一七条、二一九条、二二八条、二三六条、二六八条、二六九条、二七七条、二七八条、二九四条〕は慣習法なるに反し、民法第九十二条の「慣習」の外、第百四十二条及び第五百二十六条のそれは事実たる慣習なりと解するを通例とし、この点に付きほとんど異論あるを聞かない。なお右の外明治八年〔1875〕太政官布告第一〇三号の「慣習」も一般に慣習法を意味するものと解せられていること周知の通りである。

かくの如く、民法の規定する「慣習」中いずれが慣習法であり、いずれが事実たる慣習であるかは解釈上ほぼ確定されているが、実際上社会に存在する具体的の慣習が二者いずれなりやを判別することは必ずしも容易でない。その困難さを示す実例として最も顕著なるは地代値上の慣行に関する大審院判例の変遷であって、明治三十年代から明治末期にかけての判決は多くこれを慣習法と言えるに反し、大正以降の判決は事実たる慣習なりとするを例とし、更に昭和年代に至ると再び慣習法なりとする判決が現われている。この変遷の詳細及び批判に付いては昭和一三年〔1938〕八月一日判決〔『民集』一五八五頁〕に対する四宮和夫氏評釈〔『判例民事法』三八一頁以下〕参照。

以下に、私は主として民法第九十二条を中心として通説のいわゆる事実たる慣習の何たるかを検討し、それに関連して同条の適用上起るべき一、二の問題につき多少の意見を述べて見たいと思う。

二

通説に依ると、事実たる慣習もまた「社会則」である。「社会則即ち社会規範の存在を認め得る程度において同型行為の反覆」があると、事実たる慣習が成立する。従って事実たる慣習は単に「同型行為の反覆」なる事実にあらずして、その事実を通して認めらるる「社会規範」である。唯それに国民の「法的認識」――即ち「国民が慣習を以て法的社会則と認むること」――が加わらないか〔鳩山〕、又は「社会の中心力」に依って「法律として承認強行される程度にならぬ」（穂積）ために、慣習法にはなり得ないが、しかもなお社会規範たる点において慣習法と性質を同じゅうする所に事実たる慣習の特色があり、それと慣習法との差異は畢竟「程度」の差に過ぎぬと解されている訳である。

しかして通説が民法第九十二条の「慣習」を事実たる慣習なりと解する主なる理由は、法例第二条が「慣習は法令の規定に依りて認めたるもの及び法令に規定なき事項に関するものに限り法律と同一の効力を有す」と規定しており、従って法令に規定ある事項に関する慣習法には、「法律と同一の効力」を認めない。強行法規は勿論、任意法規に依って規定された事項に付いても「法律と同一の効力」を有する慣習法は成り立ち得ない訳であるが、もしも民法第九十二条にいわゆる「法令中の公の秩序に関せざる規定に異なりたる慣習」を慣習法なりと解することにすると、「公の秩序に関せざる規定」即ち任意法規に依って規定せられたる事項に付きその規定と異なる慣習に法的効力を認むることとなって法例第二条の趣旨に反すると言うにあるらしい。そこで学者は一般に第九十二条を以て法律行為解釈の準則を示したる規定に過ぎず、そこにいわゆる「慣習」は事実たる慣習であって、任意法規と異なる慣習ある場合に「当事者がこれに依る意思を有せるものと認むべき」ときはその慣習に従って法律行為を解釈し、任意法規を適用せずして「その意思に従う」の意なりと解している。

ところが、周知の如く、判例が永年に亘りここにいわゆる「当事者がこれに依る意思を有せるものと認むべきとき」を解して、事実たる慣習ある場合に「普通これに依る意思を以てなすべき地位に在りて取引をなす者は特に反対の意思を表示せざる限りはこれに依るの意思を有するものと推定するを当然とす」となし、その結果実際上は「特に反対の意思を表示せざる限り」慣習が当然適用されることとなり、表面上事実たる慣習であると言われているものの、実質的には任意法規たる性質を有する慣習法が、反対の意思表示なき限り当然に適用されるのと同一の結果を認むるに至っている。そこで穂積博士の如きはこの判例の態度を是認したい考えから――解釈論としてはともかく――「立法論としては第九十二条の第二句を『法律行為の当事者がこれに異なる意思を表示せざるときは』と改めることを提議したい」と主張し、そうなると「今までは事実たる慣習と見たものを任意法たる慣習法」と見ることになる訳だと説明している〔『民法総論』三〇五頁〕。

しかし、これでは法例第二条に依ると「法律と同一の効力」を認められない慣習法に「任意法」たる性質を認めることとなって、たとえ立法論としても論理の辻褄が――穂積博士自らも認める通り――甚だ合わなくなるのみならず、博士が別の場所で「慣習法と事実たる慣習とは区別すべきである。事実たる慣習というのは法律として承認強行される程度に至らぬ慣習である」〔四三頁〕と説明していることと理論的にも矛盾し、一体「法律として承認強行される程度に至らぬ慣習」にたとえ任意法なりとは言え法的効力を認めるのはおかしくはないかと言う非難が生まれる。もっとも博士が「承認強行」と言うのは強行法として承認されることを意味し、従って事実たる慣習も規範的性質をもっているから、任意法としてならばそれに法的効力を認めて理論的におかしくないと言うのであれば一応筋の通る訳であるが、どう言うものであろうか。因に鳩山博士は穂積博士のこの提案に反対して「余は慣習法たるべき事実上の要件（法的認識）を具備せざる慣行が実際上存在することに鑑み、これに慣習法と異なりたる効力を認むるを正当と信ず」と言い、第九十二条を法律行為解釈法規として存続せしむべき根拠あることを主張している〔三三七頁〕。

三

かくの如く、理論的には甚だ徹底せざるにもかかわらず、大審院判決は穂積博士の立法論として提議せらるる所とほとんど同一の結果を第九十二条の解釈として認めている訳であるが、他の一般学者も理論的の説明こそ多少違うものの、結果においてほとんど例外なしに判例を支持していることはこの際特に注目に値する。
一般学者が第九十二条にいわゆる「当事者がこれに依る意思を有せるものと認むべきとき」を判例の主張するが如き意味に解する根拠は、もしもこの文句を「厳格に解して慣習に依るという意思が積極的に表示せられることを要すとなすときは第九十二条は第九十一条と重複し、解釈の標準たる意義を失う。けだしかかる意思の表示あるときは慣習は法律行為の内容となるからである」〔我妻『民法総則』二八四頁〕と言うに在る。そこでその当然の結果として第九十二条は当事者が特に慣習に依る意思を表示せざる場合に初めてその適用を見るものと考えねばならず、さらばと言ってかかる意思を表示せざる場合には常に慣習に依るものと解するのも極端であるため、結局中間をとって「事実たる慣習に従いて法律行為の意義を決定すべき合理的の事情ある場合にこれに依るべきものと解す」と言うような見解が生まれ〔鳩山三三五頁〕、従って「慣習が法律行為の内容を決定するという理論は当事者の意思を俟たず法律行為の内容自体から離れた標準として作用することを意味する」と言わざるを得ざるに至り、第九十二条を適用するためには「慣習が両当事者の職業階級等に普遍的なものでないというような特殊の事情の存在する場合」を除くの外「当事者が慣習の存在を知る必要もない」、と言う結論が生まれる〔我妻二八四頁〕。

ところがそうなると、「事実たる慣習は実際上慣習法に近き効力を有し、法律行為の解釈に関する限り慣習によって任意法規が改廃せらるる結果となる」〔我妻二八四ページ〕訳であって、ここでは違った理路を通りながら、結局解釈論としてまで穂積博士の立法論と同じ結果を認めることとなる。我妻教授が自らこれを称して「注目すべき現象である」と言っているのは、教授自らもこの結果を理論的に見て何となく奇異に感じているためではあるまいか。

ともかく、かくの如くにして通説は「法例第二条により慣習法は任意法規の存する場合には成立し得ない。

これに反し事実たる慣習は任意法規に優先する」と言う結論を認める訳であるが、もしも通説の言うように、事実たる慣習と慣習法とが範疇を同じゅうする概念であり、前者は後者と性質を同じゅうしながら「社会の法的確信によって支持されない」と言う点だけが異なる、言わば後者より程度の低い法規範であるとすれば、右の結論を認めることは即ち法としてむしろ高度の性質を有するものは任意法規に反して成立し得ざるに反し、低度のものが反って任意法規に優先すると言う奇異なる「注目すべき」現象を認めることになる。吾々の理論欲は果してそれで十分満足されるのであろうか。

そこで私はどうしてもいわゆる「事実たる慣習」なるものの本質を更に別途から考え直して見る必要を感ぜざるを得ないのである。

四

以上の如く通説が民法第九十二条の解釈上一見甚だ奇異な結論に到達するに至っている原因を考えて見ると、次の二点を挙げることが出来る。

第一に、通説は「慣習」が法例第二条その他において法律上問題になっている意味と第九十二条において問題になっている意味とを十分区別して考えていない。第一の場合においては言うまでもなく慣習法が法として問題になっている。それ等の規定の適用に当っては「同型行為の反覆」なる外形的事実に基いて法と認むべき程度の社会規範が成立しているかどうかを探究せねばならぬ。しかして、かかる法的規範の存在を認め得る場合に初めてそれ等の規定の適用があり、これに反してその存在を認め得ざる場合には単なる「事実たる慣習」存在するに過ぎざるものとしてそれ等の規定の適用を見るに至らないのである。従って、慣習法と事実たる慣習との区別は実際上これ等の規定の適用に関してのみ問題となり得るので、慣習法成立の要件如何に関する理論的論議の如きもここにおいてこそ問題になり得るのである。

これに反し、第二の場合には唯「同型行為の反覆」なる外形的事実が法律行為解釈の資料として役立つのみであって、それに伴って法的規範が成立しているかどうかの如きはここでは全く問題にする必要がないのである。かかる事実としての慣習が存在する場合には、取引上人々がそれに拠るの意思を有すと認むべきが常識的であり合理的であるから、その慣習的事実を資料として法律行為を解釈し、意思表示の不明もしくは足らざる点を補足するのである。従って、この場合にはかかる慣習に伴って法的規範が成立しているかどうかを全く問題にする必要なく、かかる法的規範が存在するや否やに関係なく、慣習的事実そのものが事実として、問題になるに過ぎない。穂積博士の提唱するように仮に第九十二条の第二句を「法律行為の当事者がこれに異なる意思を表示せざるときは」と改正するとしても、それに依って「今までは事実たる慣習と見たるものを任意法たる慣習法」と見る必要は毫もなく、その場合でも事実たる慣習を事実として問題にすれば足りるのであって、「任意法たる慣習法」の如きは全く問題にならないのである。

我妻教授が「事実たる慣習は実際上慣習法に近き効力を有し、法律行為の解釈に関する限り慣習によって任意法規が改廃せらるる結果となる」と言っているのも、事実としての慣習によって法律行為を解釈した結果、任意法規に異なる意思表示ありと認められ、それに依って任意法規の適用が排除されると言う当然の理を説いているに過ぎないのであって、そこに何等「注目すべき現象」も存在しないのだと私は考える。それが如何にも「注目すべき現象」のように考えられる原因は、当事者が存在を知らず、従ってそれに依る意思を有せざる慣習もなお法律行為解釈の資料となることを認め、しかも事実たる慣習は慣習法より低度のものと考えるからであって、さればこそ慣習としてむしろ高度の性質を有する慣習法は法例第一条の存在する結果、任意法規に優先し得ざるに反し、むしろ低度のものと考うべき事実たる慣習が反って任意法規を「改廃」すると言う一見奇異な現象が生れると言う錯覚に陥るのである。ここで問題になるのは、慣習なる事実であって法的規範ではない。その事実が法律行為解釈の資料として問題になるのみであって、その事実を当事者が知らざる場合にも解釈の資料とすべきや否やの問題の如きは後に述べる通り全く別事である。

ドイツのパンデクテン学者中取引慣行 Geschäftsgebrauch, Geschäftsübung, Verkehrssitte のことを最も詳細に論じているレーゲルスベルガーは、この当然の理を説明して「取引慣行は（表示せられざる）当事者意思として任意法規に先立つ。慣習法が法律に依って排除されている場合でもまた同じである」と言い、その例として商法に規定ある場合には商慣習法適用の余地なきこと独商法第一条の規定に依り当然なるも、この場合でもなお商慣習はこれを顧慮せざるを得ないと言う説明を与えている（Regelsberger, Pandekten. S. 102）。取引慣行を事実として法律行為の解釈資料に過ぎずと考えさえすれば極めて当然のことであって、そこに何等異とすべきものも存在しない。

五

次に、学者が事実たる慣習が任意法規を改廃すると言う理を認むるに至れる第二の原因は、当事者が特に慣習に従う意思を表示せざる場合にもなお第九十二条に依って慣習に従うべしとする判例の態度を肯定し、更に進んでは当事者の知らず、従って特に従うことを欲せざること明らかなる慣習にもなお第九十二条の効力を認めようとするからである。

ところが、第九十二条は本来「当事者がこれに依る意思を有せるものと認むべきとき」と規定しているので、これに依ると慣習が法律行為の解釈資料として役立つに過ぎないものと考えられていることは極めて明瞭である。大審院は解釈上一歩を進めて、取引慣行ある場合に「普通これに依る意思を以てなすべき地位に在りて取引をなす者は特に反対の意思を表示せざる限りはこれに依るの意思を有するものと推定するを当然とす」と言っているけれども、ここでは唯意思の存在を「推定」するに依って事を妥当に解決せんとしているだけであって、事を法律行為解釈の問題とする考え方の範囲を逸脱していない。ところが学者がそこから更に飛躍して意思の存在を推定する以上、意思不存在の場合にも「慣習に従う」べきであると考え、そうなると理論上事が法律行為解釈問題の範囲を逸脱するから、自然「今まで事実たる慣習と見たものを任意法たる慣習法」と見ねばならぬと考えたり、事実たる慣習が「実際上慣習法に近き効力を有」すると言うようなことを考えるに至るのであるが、かくの如きは凡そ「推測」の有する法律技術的妙味を無視するものと言わねばならぬ。

　上述のレーゲルスベルガーは「推測」から進んで更に意思を「擬制」しているが、ここでもまだ事を法律行為解釈の問題なりとする態度から逸脱していない。かれは取引慣行が任意法規に優先するのは「（表示せられざる）当事者意思として」als (unausgesprochener) Parteiwille であると言っている。その上この理を詳論して「一定の取引をなした者は、彼と取引する人々が彼の取引慣行を知れることを正当の理由を以て前提としていた限り、後からその不知を主張し得ない、ここでは知るべきこと Wissensollen が知れること Wissen と同一に取扱われる」と言っている。即ち事を法律行為解釈の問題と考える限り、利用し得べき最後の武器は「擬制」である、それを使って彼は実際上妥当の結果を求めようとしているのである。

　第九十二条の文字から考えると、我民法の解釈として吾々の到達し得べき限度も高々この辺にあると考うべきが当然であり、そうしてその限度を守る限り事実たる慣習を「任意法たる慣習法」と見ねばならぬと言うようなことにはならないのである。「推測」の技術的妙味を解せずして理窟一点張りの飛躍をすればこそ自縄自縛的に「注目すべき現象」に当面することとなるのである。

我第九十二条の規定に相当する独民法第一五七条は「契約は取引慣行に鑑み信義誠実の要求に従いてこれを解釈すべし」と規定している。我民法と立言方法が異なっているから、解釈上当事者の意思を離れてもなお取引慣行を顧慮すべしとする議論を許す余地が残されている。けだし法律行為解釈理論の進歩を反映しているものに外ならないのである。この故に、独民法の解釈としては現に当事者の知らざる取引慣行もなおこれを顧慮し得べきや否やに付いて学者の見解が分れており、そうして積極論者はその結果取引慣行を知らざる当事者の受くることあるべき不測の不利益を緩和するためには錯誤に関する第一一九条を適用すればいいと言っている。即ち当事者の知不知に関係なく取引慣行を顧慮して契約を解釈するが、そうなると当該慣行を知らざりし当事者が全くその予測せざりし意思表示をなしたものとして取扱われることになって気の毒である。しかしそれから生ずる苛酷の結果は錯誤に因る取消を許すに依ってこれを避け得ると言うのである（Oertmann, § 157, 2b）。

我民法は初めから立言方法を異にしているから、意思の推測に依る大審院の方法が解釈上最も適当しており、実際上の必要も十分それで充たされるのである。しかしてこの限度に止まる限り、慣習法は任意法規に反して、成立し得ざるに反し、事実たる慣習は任意法規を改廃すると言うが如き「注目すべき現象」の幻想に悩まされる必要もないと考えている。

もしそれ将来当事者の知らざること明らかなる取引慣行をも法律行為解釈上顧慮するにあらざれば、実際上妥当の結果に到達し得ない場合があるとすれば、その場合には第九十二条にかかわらず、かかる解釈を許すべき余地が十分にある。我国の法律行為解釈理論も今ではその境地まで発達していると私は考えている。

法定の型と実在の事実

民法の規定している型の中に、強制型、任意型の二種類がある。前者は一定の目的を達するために必ず法定の型に依ることを強要するものであって、例えば法人・物権・婚姻等がこれに属する。後者は社会上実際に起生した事実にして偶々法定の型に該当するものあらば予めその型について設けられている法規の適用を受けしめることを目的とするものであって、例えば売買その他民法債権篇の規定する各種の典型契約がこれに属する。

任意型は消極的補充的の性質を有するに過ぎずして、その型を社会に強行することを目的としない。偶々その型に該当する事実が発生すると、その型に関する法規の適用を受けるけれども、社会に向ってその型に依るべきことを強要しない。契約自由の原則を基本としつつ、唯実際上しばしば発生すべしと予想せらるる種類の事項につきこれを一定の型として捉えながら、これに関する特別の補充的法規を設けているに過ぎないのである。

従って、社会の実際に法定型のいずれにも属しない事項が発生するのは当然であって、それを無理に法定型のいずれかに分類して押し込む必要もなければ、又押し込もうとするのも誤りである。例えば、民法債権篇の規定する各種の契約のいずれにも属すと考え得ない契約が社会上実際に発生するのは当然であって、それ等には法律行為及び契約に関する総則的規定を適用するの外、その契約の特殊性に応じて適当なる法的処理の方法を考案して適用すればいいのである。

又法定の型と社会上発生する現実の事実とは別物であるから、現実の事実にして法定の型に該当しないものが多いからと言って型そのものを事実に合うように解釈説明しようとするのは誤りである。型は型として初めからそれに該当する事実にのみ適用せらるべきことを予想して作られているのだから、それに該当しない事実が多いことは当該の型が実用性をもたないことを示すだけのことであり、立法上その型に改変を加える必要のあることを物語るものであって、解釈上型そのものを無理に事実に合うように説明しようとするのは任意型の本質を理解しないものと言わざるを得ない。

例えば、懸賞広告が契約であるか単独行為であるかの議論の如きも、型と事実とを観念的に混同しているから容易に解決出来ないのであって、社会上実際になされる懸賞広告の多数が契約としてよりはむしろ単独行為として説明せらるるに適する性質をもっているならば、民法の規定する型としての懸賞広告が契約として規定されていることには全く関係なく、単独行為としての法的取扱を与えればいいのである。社会上実際の懸賞広告が多く単独行為なるが故に、民法の規定を改正すべしと言う議論は成り立つけれども、それがため解釈上型としての懸賞広告を無理にも単独行為として理解しようとするが如きは不合理にして、しかも無用な試みであると私は思う。

死亡の認定

一

生死不明者を法律上死亡者として取扱う方法が現行法上三通りある。その一は失踪宣告であり、その二は戸籍法第百十九条に依る死亡認定の手続であり、その三は戸籍訂正に依る除籍である。この結果、民法の規定する失踪宣告手続が相当多数の場合に実用せらるることなく、実際には第二もしくは第三の手続に依って事が処理されていることは注目に値すべき事柄である。

これ等の方法中、第一については一般の民法教科書中にも詳しいことが書かれているから、今更特に書くべきこともないが、第二については一般に唯その存在が記されているのみであって、その手続並びに効力等について記したものがほとんど見当らない。第三に至るとその方法の存在をさえ記しているものが全くないから、以下にこれ等に関して多少のことを書いて見たいと思う。

二

戸籍法第百十九条に依る死亡認定について、問題となることの一はその効力如何である。これは戸籍の記載が一般的に如何なる効力をもつかの問題として考えることが出来る。即ち同条に依って「取調をなしたる官庁又は公署」から「死亡の報告」があると、市町村長はそれに基いて戸籍に死亡の記載をする。そうすると利害関係人はその記載を証拠として死亡に関する諸般の手続をなし得るに至る訳であるが、それは単に死亡に関する一応の証明となるに過ぎないから、反証があれば直に覆される。失踪宣告の場合のように特に宣告取消の如き特別の手続をとるによって初めて効力を失うのではない。戸籍の記載はそのままであっても利害関係人は反証を挙げて記載と反対の事実を主張し得ること勿論である。この点ドイツ民法の死亡宣告Todeserklärung が死亡の推定を生ぜしめるに過ぎないのと甚だ類似している。即ち我国においては、特別の危難に依って死亡の確率が極めて大なる場合には、特に失踪宣告の手続を経るの要なく、戸籍法第百十九条に依って死亡の戸籍記載をなし、これによって死亡の推定を生ぜしめることが出来るのである。

なおこの種の手続をとった後本人が生還した場合にも、戸籍の訂正を行うの外何等特別の手続を要せずして初めから生存していたものとして取扱わるべきこと勿論であるから、例えばその以前利害関係人が死亡を前提としてなしたる行為は行為者善意の場合といえどもすべて当然に初めより効力を生ぜざりしこととなり、従って場合によっては著しく取引の安全を害することが起り得る訳である。立法論としては、失踪宣告取消の場合と同様取引の安全を保護すべき何等かの規定を設ける必要あること勿論である。この場合死亡報告の基礎たるべき取調並びに認定は法規上官庁又は公署に一任されているが、事が本人並びに多数利害関係人の利益に関する所多大なるが故に、事情を十分慎重に調査した上死亡確実なりと認むべき場合に限り死亡の報告をなし得べきものなること勿論である。この趣旨を表わすため、例えば昭和十年〔1935〕の陸軍戦時死者及生死不明者報告手続第四条は「戦地又は事変地の死亡者にして死体を発見せざる場合において部隊長が死亡を確認したる者」なる文字を用い、又、昭和十二年〔1937〕民第一三九九号民事局長通牒においては「死体を発見せざるも海軍官庁が戦死と確認したるもの」なる文字を用いている。

なお如何なる官庁又は公署が死亡報告の権限を有するか、換言すれば如何なる官庁又は公署から死亡報告があると、市町村長はそれを受理せねばならぬかにつき戸籍法第百十九条には単に「取調をなしたる官庁又は公署」とあるのみであって実際上疑いを生ずる場合があり得る。それがため、例えば前記陸軍報告手続においては留守部隊長又は留守業務担任部隊長が現地から通牒を受けると市町村長に対して報告すべき旨を規定し、又前記昭和十二年〔1937〕民事局長通牒に依ると海軍軍人軍属に関しては「当該取調をなしたる官庁の報告に基づき海軍省人事局長又は海軍人事部長より戸籍法第百十九条に準じ死亡報告ありたるときはこれを受理」すべき旨が定められている。但し実際上は相当便宜の取扱が許されているらしく、例えば昭和十五年〔1940〕民甲第四五四号民事局長回答は満洲国において戦死したる関東軍司令部所属兵に付き関東軍司令部附満洲国軍事最高顧問のなしたる報告に関し、右最高顧問は「留守部隊長に準ずる手続をなすもの」なりとの見解の下にその受理をなすべき旨の指示を与えている。

三

戸籍訂正の手続に依り生死不明者を死亡したるものと認めて除籍するについては、戸籍法第六十四条第三項及び第百六十四条の規定が活用される。

先ず第一に、或る人が条理上死亡したりと考えらるべきにもかかわらず届出義務者よりその届出なきときは、市町村長は第六十四条第三項及び第三十九条第二項の規定により監督区裁判所の許可を得て職権的に戸籍訂正の手続をとり、これに依ってその者を死亡者として除籍し得る。この点に関しては大正五年〔1916〕十一月民第一七八四号地方裁判所区裁判所宛法務局長通牒として「人口静態統計調査に依れば年々高齢者の数を増加するの傾向ありといえども、客年大体に際し特に調査したる所に従えば、高齢者の数は戸籍簿に現われたるものと著しき差異ありたるに鑑み、これ等人口統計上に現わるる虚数を消滅せしむるがためその処理方に付き内閣書記官長より照会の次第もこれあり候に付きては、従来所在不明者にして事実調査の結果死亡の事実を確認し得べき場合においては戸籍法第六十四条第三項、同第三十九条第二項の規定に従い市町村長をして監督区裁判所の許可を得て除籍の手続をなさしむる様御取計相成度《なりたく》この段及通牒候也」なる通牒が発せられていることに注意すべきであって、これによると、「事実調査の結果死亡の事実を確認し得べき場合」には市町村長自ら進んで職権的に除籍の手続をとるべきことが命令されているのである。

なお同理により、一定の人が条理上死亡した人と認めらるべき場合には、利害関係人が自発的に第百六十四条に依り「区裁判所の許可を得て戸籍の訂正を申請」し、これによってその者を戸籍より除籍し得る訳であるが、実際上の取扱においては生死不明者が百歳以上なる場合に限りこの種の取扱が許されているのだと考えられている。

かくの如く、現在百歳以上の生死不明者については職権的に、もしくは申請によりて、特に失踪宣告の手続を経ることなく、死亡者として除籍する手続が執られつつあるのであって、ここでもまた失踪宣告制度の実用が制限されていることは注目に値する。従って「不在者の出生後百年以上を経過したる場合」の公示催告手続に関する人事訴訟手続法第七十三条の規定は実際上その効用を失っているものと考えることが出来る。もっとも生死不明者の死亡時期如何によって親族法上又は相続法上重大なる利害関係を有する者がある場合には、失踪宣告手続によって死亡の時期を確定するの必要あること勿論であって、かかる場合には既に除籍の手続がとられた後においても失踪宣告が許されねばならぬこと素よりである。

なお統計によると、かくの如き方法に依って除籍されたものが、昭和十一年〔1936〕東京市のみで五十八名——失踪宣告による死亡の戸籍記載は四十五名——であったと言われている。このことは、一には生死不明者を生じた場合に利害関係人が実際上失踪宣告の手続をとることなしに事をそのまま放置する事例が如何に多いかを物語るものであり、二には又実際人が死亡した場合にも遺族が死亡届をなさずに済ましてしまう場合が相当多いのではあるまいかと言う疑念を起さしめる材料となるのであって、法律社会学的に考えると特に研究を要すべき興味ある事実がここらに相当あるのではないかと言う感を禁じ得ない。

実在としての法人と技術としての法人

一

吾々は二の異なった意味において法人が実在するという。その一は、法人格は法律によって与えられたものであり、従って法人は法的実在に外ならないと言う意味である。この意味においては、自然人の人格もまた法律に依って与えられたものであるから、自然人もまた法的実在であって、この点自然人と法人との間に何等の区別もないと言わねばならない。穂積博士が「法律に基づいて人格を有する点から云うと自然人もまた法人である。即ち自然人と法人とは異なる実質に同一の形式を与えられた対等の観念と云うべきである」〔『民法総論』一九一頁〕と説いているのは正にこの意味である。

その二は、法人格付けられたる実体が観念的の仮設物にあらずして社会的実在物であると言う意味である。自然人の場合に人格付けられたる実体は人間なる実在物である。同じように法人の場合にも法人格付けられたる実体が社会的に実在する。社会的に実在しつつ人間と同じく社会構成の単位者として他と社会的に関係するが故に、それに法人格を付ける価値と必要とが認められるのである。法人学説中いわゆる実在説が法人の実在を主張するのはこの意味においてである。

かくの如き意味における実在としての法人に関しては、従来学者のこれを説くもの少なしとしないが、法人概念を一の法律技術と考えて、その技術としての特徴が何であるかを考えながら、その実用的価値の限界を研究しているものは極めて稀である。凡そ技術の価値はそれが一定の目的を達成するに役立つや否やによって定まるものであるから、技術としての法人概念についても、それが如何なる目的には役立ち、又如何なる目的には不適当であるか等の問題を考える必要があると私は考えるのである。

二

技術概念としての法人は、法律上権利主体を作るための技術である。現行民法は人格なき所に権利なし、主体なき権利なしとの仮設の上に規律機構を作り上げているから、権利のある所に必ず人格者ありとせねばならない。

しかるに、社会には現実個々の自然人に属せざる財産が多数に存在する。或いは一定の目的に捧げられたる目的財産があり、或いは多数人の団体に属する団体財産がある。かかる財産は社会的には個々の自然人に属せざる独立の財産であるが、それが権利として民法の規律機構の中に組み入れられるためには、法律上その財産のために権利主体たり得べきものを考える必要がある。そしてこの必要に応ずるため案出された法律技術が法人に外ならないのである。

法人概念の技術性を最も赤裸々に現わしているのは、相続人あること分明ならざる相続財産を法人としている民法第一〇五一条以下の規定である。相続開始したるにかかわらず、相続人なきときは、相続財産は権利主体なき状態に陥る。遺族が事実上それを保管していても、それは単に事実上のことであって、法律的には本人たるべき権利主体がないから、かかる管理人に代理権を認めることも法律上不可能である。本人のない所に代理人はあり得ないからである。そこで民法は相続人なき相続財産を法人となし、管理人をしてその法人の機関として相続財産につき管理行為を行わしめることとし、以て論理の辻褄を合わせているのである。単に論理の辻褄を合わせるための技術として法人概念を利用しているに過ぎないから、後に至って「相続人あること分明なるに至りたるときは法人は存在せざりしものと看做」され〔一〇五九条〕、相続人が相続開始の時に遡って相続財産の主体たりしこととなる。しかしそうなると、それまで管理人が相続財産のためになしたる行為は無権限者の行為とならざるを得ないから、民法はその結果を避けるために「但管理人がその権限内においてなしたる行為の効力を妨げず」との規定を設けたのである。

ところが従来学者は多く法人格付けられる実体に即して法人の問題を考え、法人格付けられたる実体として有機体もしくは組織体の存在することを前提としてのみ法人があり得るとか、法人格付けられる実体は社会構成分子として法人格付けられるだけの価値をもつや否やを標準として法人格を与うべきや否やの問題を考うべきであると言うようなことを主張する。即ち社団法人とか財団法人とか言うような社会的活動を行う法人を作る場合だけが法人なる技術を利用し得べき正規の場合であるように何となく考え、その結果相続財産を法人とするが如きは甚だ異例に属するものの如くに考えるのである。例えば法人一般は実在なるも、相続財産法人は擬制に過ぎぬと主張するが如き〔鳩山『日本民法総論』一三七頁〕、又これに反対して「なるほどこれを便宜準用の規定に過ぎないと説明しても根本概念に障りはないであろう。しかしこれもまた他の社会構成分子に従属しない故にという消極的意義ながら且つ又一時的ながらも独立の社会構成分子と観念されるから法人であるとも説明し得ようか」〔穂積『民法総論』一九五頁〕と主張しているが如き、すべて法人格付けられたる実体が社会的機能を営みながら社会構成分子として実在する場合だけが、技術としての法人を利用し得べき正規の場合であるように考え、その結果相続財産法人を何となく特異的のものと考えているのである。しかし、元来技術としての法人観念は権利主体なき所に権利主体あらしむるための技術に外ならないのであるから、必要にして且つ適当なる如何なる場合にそれを利用しても差支ない訳であって、その利用を社団財団等に法人格付ける場合にのみ限定せねばならぬ理由は少しも存在しないのである。

唯あとに残る問題は、相続財産の法的取扱につきかくの如く法人概念を利用することが技術的に合目的なりや否やであるが、それは単なる技術的適否の問題に過ぎずして本質的の事柄ではない。例えば、同じ目的を達するために、相続財産そのものを法人とする代わりに、直接管理人をして相続財産の信託的権利主体たらしめる方法も考えられる。この方法によると、第一〇五五条の規定するが如き技巧を用いずにすむから、技術としては恐らくこの方が適当であるかとも考えられるが、さらばと言って相続財産を法人とする方法も甚だ不合理なりと考えねばならぬ理由も全くないと私は考える。従って民法相続編中改正要綱〔第一三の二〕がわざわざ提議しているように何も強いてこの方法をやめる必要もないと私は思うのである。

技術としての法人は権利主体なき所に主体あらしめるための技術として欧洲大陸法系において発達したものであるが、英米法では同じ目的を達するためにしばしば他の技術を用いている。例えば、欧洲大陸法系においては、目的財産の権利主体として財団法人を設けるが、英米法においては同じ目的を達するために信託法理を利用する。わざわざ財団法人を作ってその機関たる理事をして財産を管理せしめる代わりに、直接その理事に相当する自然人を信託的に目的財産の権利主体たらしめ、受託者としてその財産の管理に当らしめる。いわゆるCharitable trustが即ちそれであって、わが信託法〔六六条以下〕の公益信託はこれを模倣したものに外ならない。従って相続財産についてもそれを法人とする代わりに信託法理を利用する方法を考えてもいい訳であるが、公益信託が信託法制定以来未だ一回も利用されていない実情から推して考えると、大陸法系の法人思想が既に深く人々の心の中に根を下ろしている今日、今更相続財産を法人とする代わりに、管理人を受託者とする技術を使っても実際上果してどれだけ効能があるのか、私には甚だ疑わしく思われるのである。

三

わが国の学者は従来一般に法人格付けられる実体が社会的に実在することとそれが法人格付けられることとの間に何等か理論的に必至の関係があるように考えるのであるが、上述の通り、技術としての法人概念は、要するにかくの如き社会的実在に権利主体たる資格を与えるための技術の一種類に外ならないことを理解出来れば、一面もっと自由に法人概念を技術として利用する道も開かれるし、又法人概念を利用する代わりに他の技術――例えば信託法理を利用することも考えられるのである。社団法人財団法人を理解し得る人々が、人格なき社団財団の法律的取扱に多少とも困難を感ずるのは、法人概念の技術的価値を過重視するからである。法人概念の技術的性質を十分に理解して、それを適所に利用し、不適所に利用せざらんとする用意こそこの種の問題を考えるにつき学者にとって最も大切な心構えであると私は考えるのである。

機関関係の理論的考察

法人の理事その他の役員を法人の代理人にあらずして機関なりとすることは現在通説の均しく認むる所であり、民法第四十四条にいわゆる「理事その他の代理人」も法人の代表機関を意味し、単なる代理人を含まずと解するのが通説となっている。

ところが、しからば機関関係と代理関係との本質的区別は何所に在るかの問題に至ると、未だ充分に理論的の考究が行われておらず、その結果民法の解釈上にも今なお幾多の疑問を残している。

従来一般の説明によると、代理に在っては本人、代理人、相手方の三者がそれぞれ独立の存在を保持しつつ、代理人が本人の名において意思表示をなし、しかして代理権の作用に依ってその効果が本人に及ぶ、即ち、意思表示は代理人の行為であって本人の行為ではない、本人は唯意思表示の法律的効果を受くるものたるに過ぎない。これに反し機関関係に在っては、機関を構成する自然人がその限りにおいて法人に帰一し、法人の一部となって法人のために意思表示その他の行為をする、その限りにおいて彼の行為は彼個人の行為に在らずして法人の行為である。従ってその行為の効果が法人に付いて生ずるのは当然である。即ちここでは代理の場合のように、法人、機関を構成する自然人、相手方の三者が独立の存在をもつことなく、機関を構成する自然人は法人に帰一してその機関をなし、従って対立して存在するものは法人と相手方のみであって、法人と機関を構成する自然人との間には全部と一部の帰一関係が在るのみであって、独立の対立関係は存在しない。

この説明は特に初学者をして代理関係との区別において機関関係の性質を一応理解せしむるにつき大いに役立っている。しかし、一歩進んで実定法的に具体的の諸問題を考えて見ると、これだけの説明では到底満足な解決を見出し得ない場合が多い。それ等に向って適当な解決を与えるがためには、是非共機関関係の本質についても少し立ち入った理論的検討を加うると同時に、民法の諸規定との関係を具体的に考えて、個々の問題を個別的に考究する必要がある。以下に一、二重要の問題を取り上げて卑見の一斑《いっぱん》を述べ、以てこの種問題一般に関する私の考え方を明らかにして置きたい。

先ず第一に、学者は一般に理事その他の代表機関は法人の機関にして代理人にあらずといっているが、しからば代理に関する民法第九十九条以下の規定は全く理事その他の代表機関には適用がないのか。もしも理事の代表関係に関する民法の規定がもっと詳細にあらゆる問題に対して解決を与え得るように出来ていれば、この種の問題の起る余地は全くないのであるが、この点に付き民法はわずかに第五十三条以下の数ヶ条を用意しているに過ぎない。その結果、これ等の規定のみでは解決し得ない問題に逢着した場合、吾々はどうしても代理に関する規定を或る程度まで適用もしくは少なくとも類推適用する余地はないかと言う問題を提出せざるを得ないのである。即ち理事の代表関係に関する規定と代理に関する規定とは全然範疇を異にするものにあらずして、互に特別法一般法の関係に立つのではないか。従って機関関係の特殊性はこれを認めつつもこれに関する特別法的規定が存在しない場合には、一般法たる代理の規定が補充的に適用されるのではないかと言うことを問題とせざるを得ないのである。

更に問題を具体化して考えると、例えば理事がその権限を超えて他人と契約を締結した場合に、その相手方が善意であれば、第五十四条に依り法人においてその責に任ぜねばならぬのは明らかであるが、相手方が悪意であった場合に無権代理に関する第百十三条以下の規定を適用する余地はないのかが問題になる。例えば理事が初めから無権限なることを明示しつつ一定の価格で他人から物品を買い入れる契約をなしたる後に至り、法人は正規の手続に依り、それを追認し得るか。更に実際問題を仮設して事を考えると、例えば契約締結の際における物価と追認当時の物価との間に著しい開きがある場合に、法人側は必ずや追認の可能を主張して低価に依る買入の利益を収めようとするであろうし、これと反対に相手方は追認の不可能を主張して低価売却に因る損失を免れようとするに違いないのであるが、事の解決は結局代理に関する規定が理事の代表関係にも補充的に適用されるかどうが、即ち代理に関する規定と機関関係に関する規定との間には一般法特別法の関係ありや否やに依って与えられるのである。

現在通説を奉ずる一般学者のこの問題に関する考え方を忖度するに、恐らくは代理に関する規定の適用ないし類推を認めて追認の可能を主張するものと思われるのであるが、それならば代表関係と代理関係とは本質的に別物なりとする理論的解説との調和を解釈論として如何にすればよいのか、この点の理論的説明を一般の民法教科書は十分に与えていない。

私の考えでは、民法の解釈論と代理に関する規定と機関関係に関する規定との間には如上の問題にのみ限らず広く一般的に一般法特別法の関係があるものと解するの外ないと思うのであるが、そうなると一面において機関関係の特殊性を理論的に厳密に検討しながら、他面において代理に関する規定がどの程度まで補充的に機関関係に適用されるかを具体的に研究して見る必要がある。学者の研究がこの方面に向って進められることを希望してやまない。

ところが、かくして代理に関する規定と機関関係に関する規定との間に一般法特別法の関係があると言うことを認めることになると、機関関係は代理関係の変種即ち一場合に過ぎないと言うことを理論的に是認せざるを得ないことになるのであるが、実際上それでいいのであろうか。私はそこに問題が残っているように思う。

その問題は具体的には第四十四条にいわゆる「理事その他の代理人」は理事、特別代理人〔五七条〕、清算人の如き代表機関のみに限るのか、それとも又監事、社員総会の如き代表機関以外の機関をも含むのかの問題となって現われる。例えば、監事が理事に対する監督権限の行使に関し過失に因って理事の名誉を毀損した場合に、理事は第四十四条に依り法人に対して損害賠償を請求し得るか。又社員総会が法人の事務執行としてなしたる決議が偶々第三者の名誉を毀損した場合に第三者は第四十四条に依って法人の責任を問い得るであろうか。

　これ等の問題に関し、「理事その他の代理人」は法人の代表機関に外ならずとする通説的見解に依れば、いずれも「否」の答えが与えられねばならぬこととなるのであるが、実際上それでよいのであろうか、私はそこに問題があると思うのである。私の想像する所、通説が「理事その他の代理人」は代表機関なりと解している原因は、自ら代理関係を機関関係とは理論的に別物なりと主張しながら、法律行為に関する場合の考え方に捉われて、機関関係は代理関係の一場合に外ならずと広く類推的に考えている所に在るように思われる。一体理論的に考えて機関関係が代理関係と本質的に異なると言う命題は、事を法律行為のみに限らず、広く法人の行為を――法律行為は勿論、不法行為、その他例えば会社の小使が祝祭日に国旗を掲揚するが如き事実行為までをも含めて――認め得ると言う理論的認識の上にその基礎を置いているのである。従って、凡そ法人の行為なるものを法律行為にのみ限らず、広く一般的に認め得ることを理論的に要請するのである。

　かくの如くに考えて見ると、「理事その他の代理人」は代表機関に限るとする通説的見解は、一面において機関関係と代理関係とは本質的に異なるものなることを主張しながら、なお他面において機関関係は代理関係の一場合に外ならぬとする考え方に捉われているものと考えざる得ない。

　私の考えに依ると、かくの如き考え方は法律行為を主としつつ、不法行為その他法人の行為一般を類推的に考えようとする擬制説的の考え方の痕跡を残すものであって、機関関係の本質を理論的に考える考え方としては本道を逸しているように思われる。

　私の考えでは、機関関係と代理関係との関係、従って機関関係に関する民法の規定と代理に関する規定との間には、単に特別法一般法の関係が存在するのみでなく、両者の間にはこれを図表にして見ると〇の一部重なり合いの関係があり、両者が重なり合っている限りにおいては、換言すれば法律行為に関する限り、代理の規定と機関関係に関する規定との間に一般法特別法の関係を認め得るけれども、両者が互に重なり合っていない部分についても機関関係、従って法人行為の成立を認め得る訳であって、そこでは代理に関する規定の適用ないし類推適用はなく、代理を離れて全く別に法人の行為を認め得る。法人の不法行為その他事実行為はかく考えるによってのみ理論的に認め得る。「理事その他の代理人」の意義もかくするに依ってのみ正しく解し得ると私は考えるのである。

公法人私法人の区別

一

現在我国の通説は法人に公法人・私法人の区別ありとし、各種の法人を何等か一定の規準によって画然公法人・私法人のいずれかに処分し得べしとの仮定の下に、その規準を求めている。そうして何を以てその規準とすべきかについて学説が岐れている。

ところが実際に存在する各種の法人を具体的に観察すると、一方において国家その他府県市町村の如き公共団体が公法人であることは何人もこれを疑わないし、他方において又純然たる商事会社や公益法人が私法人であることも明瞭であるけれども、その中間に国家その他公共団体に近い比較的公法人に近いものから私的色彩の濃厚なものに至るまで、種々様々の法人が公的より私的への濃度的変化段階をなして存在しているのが実情である。従って、その中間に位するものを画一的規準によって強いて公法人・私法人のいずれかに区分し、そのいずれに属するかによって異別の法律的取扱をしようとすると自然無理が出て来る。私はそう言う無理を犯してまでもこの区分を固執せねばならない理由がいずこに存在するかを疑うものであって、従来この区分の規準如何について学説の帰一を見るに至っていないのもこの事情に原因しているのだと考えている。

私はかつて昭和四年〔1929〕八月二十七日の大審院判決〔『刑集』八巻四二三頁〕に対する評釈において「公法人なりや否やと言うような成法上に確固たる判定規準を求めることの困難な事柄を唯一の規準として、本来問題の性質によってそれぞれ適当に解決せらるべき各種の問題を一律に解決せんとしている判例従来の態度に対して私は根本的の疑いをもっている」と主張したことがある〔『判例民事法』昭和四年度二四四頁以下〕。その後我妻教授も『民法総則』〔一五六頁以下〕において同旨の主張を詳しく説いている。それにもかかわらず通説は今なお旧を守って何等改まる所がない。

この頃のように、政府の行政事務が数量的にも種類的にも繁多になって、一方においては在来私的企業に放任されていた事業の経営に政府が関与するようになり、他方においては又従来政府の事務に属していた事項が――従来は私的と考えられていた形態の――各種民間団体に委譲されるような傾向が顕著になって来ると、万事について公私の区別はいよいよ困難となり、公法人と私法人とを画然区分し一切の事項に関してこれに異別の取扱を与えようとする通説の考え方は段々と現実の要求に適応しないものになる虞れがある。今こそこの伝統的の考え方を一擲して、問題のより合理的なる処理方法を案出せねばならない時期であると私は考えるのである。

二

元来一定の法人が公法人なりや否やの問題は――国家その他公共団体の如き――典型的な公法人に与えられている各種の法律的取扱をどの程度までその法人に与え得べきかに関して起るのである。

例えば、官吏が国家権力の発動としてなしたる行為によって人民に損害を加えても、別段の規定なき限り、国家は賠償責任を負わない。そこで通説はこの原則を国家以外のあらゆる公法人――公共団体はもとより水利組合等――にも一様に推し及ぼし、同じく公法人と言われるものの中にも権限組織等において著しく公的色彩の濃いものから薄いものに至るまで色々の種類があるにもかかわらず、それを無視して国家無責任の原則をそのまますべての公法人に適用せんとしている。

ところがこの考え方を無制限に適用すると、官公吏の行為によって事実損害を被った一般人民が法律上救済を受け得ずに終る場合が多きに過ぎるから、従来判例学説共に実際上は色々工夫して公法人の責任を除外する場合をなるべく狭くしようと努力している。

その方法の第一は、国家その他公法人が免責されるのは官公吏等の加害行為が公法人の権力行動としてなされた場合に限るとなし、且つその権力行動たる場合をなるべく狭く解せんとする方法であって、判例も学説もこの方法を独り国家についてのみならず市町村等公共団体は勿論普通水利組合の如きにまで適用し、その結果具体的に何が権力行動であるかを決定することに論議を集中している〔この点については昭和一六・二・二七『大判民集』二〇巻一一八頁に対する宗宮氏の批評、『民商法雑誌』一四一号一二五頁以下、特に一三〇頁参照〕。私は国家についてさえもこの方法がどの程度まで妥当するかにつき深い疑いを抱いているものであるが、殊に――例えば水利組合の如き――同じく公法人と言っても公的色彩の遥かに少ないものにまでこの方法を適用することの当否を甚だ疑わしく考えているのである。この種の法人も或る関係においては公法人として国家その他公共団体と同様に取扱わるべき性質をもっているけれども、一般人――水利組合から見れば第三者に過ぎない一般人――に対する不法行為についてまで、権力行動を理由としてこの種法人の責任を免除する理由は――国家その他公共団体がそれに属する臣民市民等に損害を加えた場合に比べて――甚だ乏しいと言わねばならない。例えば、国家について言えば、官吏が国家権力の発動としてなしたる行為が仮に不法であるとしても、特別の規定がない限り、臣民は無救済のまま我慢せねばならないと言う理窟も成り立つ余地があるけれども、その同じ理窟を単に公法人であると言う理由だけでそのまま水利組合が第三者に損害を加えた場合に推し及ぼそうとするのは無理である。たとえ形式上は組合として当然になし得べき行為であっても、実質上組合として国家から課せられた公的任務の遂行上必要にしてやむを得ない行為でない限り、その行為は違法性を帯ぶるものとして組合の責任を生ぜしめると考えねばならない。大正十二年〔1923〕六月二日の大審院判決〔『民集』二巻三六一頁〕は水力電気会社と契約を締結し、それに基いて不当に水門を閉塞して他人に損害を加えた水利組合の行為につき「▽公共組合にして公共利益を目的とするに非ず、専ら私人の利益を目的とする契約を同人との間に締結し、契約に基づき事務の執行をなすが如きは公法人としてなすべき行政行為に非ず」との理由によって、表面上は通説と同じく組合の当該行為が公法人としての権力行動なりや否やを標準として裁判を与えているけれども、そこで実質的に裁判の理由になっているのは当該行為が水利組合としてその公的任務遂行上必然になさねばならぬ行為ではない、即ち違法の行為であると言う点に在る。もしも判決の言うように「▽公法人としてなすべき行政行為」でないとすれば、当該の加害行為は組合役員の権限外の行為であり、従って組合に責任を生ずべき組合の行為であるとは言い得ない訳である〔民法四四条参照〕。当該の行為が組合の責任を生ぜしむる所以のものは、それがなお組合の行為だからであり、組合の行為にしてしかも違法だからであって、さもなければ、役員個人の責任は生じても、組合自らの責任は発生する訳はない。ところが、国家の官吏――例えば警察官吏――が何人かに頼まれて故なく不当に或る人を逮捕し拘留処分に附したとしても、現行法上国家は責任を負わない。かくの如き行為は警察官吏個人の行為として、彼の個人的責任を発生せしめることはあるとしても、国家の責任を生ぜしめることはない。右判決の論旨を類推すれば、必然国家の責任を生ずべきであるにもかかわらず、その理が国家について否定せられ、しかも水利組合について肯定されるのは何故であるか。これこそ国家と水利組合とを公法人なる同一範疇内に置いて同一法理を以て事を律せんとする通説の考え方の不当なる所以を、最も雄弁に物語るものと言わねばならない。

三

以上に述べた通り、大審院は国家その他公法人が免責されるのは官公吏等の加害行為が公法人の権力行動としてなされた場合に限ると言う原則を認めているが、更に第二の原則としてたとえ権力行動としてなされた加害行為といえどもそれが「▽土地の工作物の設置又は保存に瑕疵あるに因」って行われた場合には民法第百十七条によって責任を負うと言うことを永年に亘る多数の判決において主張している。

その最初の例は明治三十九年〔1906〕七月九日の判決〔『民録』一〇九六頁〕であるが、そこで大審院は水利組合がその事業のために設けた燧道工事に暇疵あるによって他人に損害を加えた事件につき次の如き理由によって水利組合に賠償責任ありとしている。「▽水利組合がその目的のために工作物を設置するは権力行為に起因するとも、その権力行為に基づき設置せられたる工作物を占有するは必ずしも一般の人をして、その権力に服従せしむるが如き関係においてするものにあらずして、むしろ一般の人に対し平等の関係においてするものと謂うべし。故にその工作物の占有は私法上の関係において有することあるや疑いを容れざるを以て、その占有者は公法人たりとも民法第七百十七条一の規定に従い一般の人に対し工作物に存する瑕疵に因る損害の発生を防止するに必要なる注意をなすべき責任を免るることを得ず云々」。

しかしてその後これと同じ理論を使って大正五年〔1916〕六月一日〔『民録』一〇八八頁〕には小学校における遊動円木の瑕疵に因る損害を賠償する義務を市に負担せしめ、大正七年〔1918〕六月二十九日〔『民録』一三〇六頁〕には市をして水道工事の不備に因る損害の賠償をなさしめ、同年十月二十五日〔『民録』二〇六二頁〕には国をして築港工事の不備に因る損害の賠償をなさしめ、更に大正十三年〔1924〕六月十九日〔『民録』二九五頁〕には市をして下水道施設の不備に因って他人に加えた損害を賠償せしめ、又大正十四年〔1925〕十二月十一日〔『民録』七〇六頁〕には水利組合をして他人の「水利権に対する侵害を防止するに足るべき設計に適合せざる樋管設備」に因る損害の賠償をなさしめている。

この判例理論について先ず第一に注目すべきは、土地の工作物の設置又は保存に瑕疵あるによって他人に損害を加えた場合には、その工作物の設置が当該公法人の権力行動としてなされた場合でもなお賠償責任ありとしている事である。この趣旨を明らかにするために、例えば明治三十九年〔1908〕判決は「水利組合がその目的のために工作物を設置するは権力行為に起因すれども云々」、大正五年〔1916〕判決は「小学校の管理は行政の発動たること勿論なれども云々」と言っている。即ち大審院は例えば国家が鉄道を経営する如く公法人が純然たる私的企業者と同様の立場で行動している場合でなくとも、換言すれば加害が公法人の権力行動としてなされた場合でも土地の工作物の設置又は保存上の瑕疵による以上賠償責任ありとしているのである。

次にしからば何故にこの場合に限り権力行動であるにもかかわらずなお公法人の責任を生ずるのか。判例の一貫して主張する理由は左の通りである。「市が下水道法の規定に依り内務大臣の認可を受けてなしたる下水道設備は市の営造物にして、その設置管理が行政行為に属すること論を俟たずといえども、同時にその設備に対する市の所有権又は占有権は純然たる私法関係においてこれを有し、私人が土地工作物を所有し又は占有すると同様の地位に立つ云々」。即ち公法人の権力行動による損害に対しても、土地の工作物の所有者又は占有者としての責任は免れ得ない。土地工作物の所有者又は占有者たる点においては公法人も私法人その他一般私人と何等区別せらるべきではなく、公法人無責任の理論を以てしても所有者又は占有者としての責任はこれを免れ得ないと言うのが判例の考え方の骨子である。

この判例理論は一見甚だ巧妙である。けだし「土地の工作物の所有又は占有」と言う事実は一の中性的事実として、その「所有又は占有」をなすに至れる原因と一応引き離して考えることが出来るから、それが公法人の権力行動のためになされている場合でも「所有又は占有」と言う点だけを引き離してそれに起因する損害の賠償責任を別箇に考え得るように何となく思われる余地があるからである。しかしよく考えて見ると権力行動に因る加害が直接「人の行為」と言う形で行われたか又は「土地の工作物の瑕疵」と言う形で行われたかによって公法人無責任原則の適用に差異を設ける理由が果して何所にあるのであろうか。もしも公法人の権力行動は責任を生ぜしめないと言う大原則があるのだとすれば、例えば消防署職員が消防自動車の試運転中過って他人を殺傷した場合の様に加害行為が「人の行為」の形を以て行われたか又は上記多数判決の事案における如く「土地の工作物の瑕疵」と言う形で現われようとも、それ等は同じく公法人の権力行動の現われに外ならないのであるから、その理由に因ってすべて公法人に責任なしと言う結論が生まれねばならぬ訳である。もしも消防自動車の運転による加害が「国家警察権の一作用として該消防署の消防事務を遂行するもの」に外ならぬと言う理由で国家の責任を生ぜしめないことが正当であるとするならば〔昭和八・四・二八民判、『法律新聞』三五七一号参照〕、「普通水利組合がその基本事務たる灌漑排水に関する事業としてなす行為は公権作用たる行政行為に属する」から、その灌漑排水の設備不良なるがため他人に損害を与えた場合にも同じく「公権作用」の故を以て水利組合の責任を生ぜしめないと言う結論に到達せねばならぬ訳である。偶々その「公権作用たる行政行為」が土地の工作物の設置と言う形で現われている理由のみで彼此取扱を異にすべき理由は全くないと言わねばならない。

　上記諸判決の事案はすべて――例えば官庁用の建物の瓦が落ちて通行人を傷つけたと言うように――公法人の所有又は占有する工作物の瑕疵によって偶然に他人に損害を与えたと言うのではなくして、公法人がその目的を遂行するため権力行動として土地の工作物を設け、しかもその設置方法が不良であるために他人に損害を与えた場合なのである。即ち工作物設置と言う形でなされた権力行動が損害の直接の原因をなしているのであるから、もしも公法人の権力行動に因る加害は賠償義務を生ぜしめないと言う原則があるとすれば、正にその適用を受くべき場合に該当すると言わねばならない。

　しからばかくの如き理論的欠点にもかかわらず、吾々が何となくこれ等判決の結論を実質的に妥当と考えたい気持になるのは何故であるか。それは恐らく、国家その地公法人の権力行動に因る加害は公法人をして賠償責任を負わしめないと言う原則が余りに広きに過ぎて吾々の法律常識にぴったり適合しないことに起因しているのである。吾々は国家の行為中特にいわゆる「権力行動」の故を以て無責任の原因たり得べきものが数多くあり得ることを考え得るけれども、例えば「水利組合がその目的のために工作物を設置」するのを「権力行為」だと考えるようなことを吾々の法律常識は許さないのである。水利組合が事務用の文房具を買う行為と「その目的のために工作物を設置」する行為とは法律上確かに別種のものであって、後者は確かに公的性質をもっている。けれども、その公的性質の故を以て特にこれを「権力行為」と名付け、これを国家の場合における権力行動と同一範疇内に置いて彼此同一の取扱を与えようとする所にそもそもの誤りがあるのだと私は考える。判例は工作物の所有者又は占有者たることに理由を求めて責任の根拠を説明しているけれども、実を言うと判例の称して「権力行動」なりとしている事実それ自身が免責を結果するだけの公的性質をもっていないのである。換言すれば、国家と水利組合の如きものまでを公法人なる同一範疇内に置き、国家の権力行動が免責事由となるの理を直に水利組合の如きにまで適用せんとする所にそもそもの間違いがあるのであって、ここにもまた従来通説の主張する公法人理論の不当さが曝露されていると私は考えるのである。

四

法人に公法人・私法人の区別ありとし、各種の法人を一定の規準によって画然公法人・私法人のいずれかに区分し得べしとする従来通説の考え方は更に次の如き大きな欠点を包蔵している。

既にこの文の冒頭において述べた通り、従来通説によって公法人の範疇に属すと考えられている法人の中には、上は国家公共団体の如き公的色彩が極めて濃厚にして何人もその公法人たることを疑わないものから、下は例えば水利組合・畜産組合の如き公的色彩が比較的稀薄であって普通に私法人なりと言われているものと極めて近似しているものに至るまで、公的色彩の濃淡に著しい差等がある。それにもかかわらず、通説は強いてそのすべてを公法人なる一範疇中に押し込もうとするために、理論上無理が起るのみならず、実際上も反って無用の混乱を生ぜしめている。

この理を以下判例に現われた実例によって説明する。一定の法人が公法人に属するや否やは訴訟上次の如き諸事項に関して実際上問題になるのである。

（一）或る法人が公法人なりとせばその職員は刑法第七条にいわゆる「公務員」であり、従って瀆職が成立し得る。瀆職罪の成否如何がその法人の公法人なりや否やによって決定されると言うのである。例えば、大審院は水利組合を公法人なりとし、従って組合会議員は公務員なるが故に収賄罪が成立し得るとしている〔昭五・三・一三『刑集』一八〇頁〕。

(二) 公法人名義の文書を偽造行使する行為は公文書偽造行使罪を構成するも、私法人なるときは私文書偽造行使罪を構成するに過ぎぬ。大審院は耕地整理組合は私法人なるが故に組合もしくは組合長名義の文書を偽造行使するも私文書罪を成立せしむるに過ぎずとする〔大五・二・二五『刑録』三一六頁〕。

(三) 或る法人が公法人なりとせば、その法人内部の選挙は旧刑法第二百三十三条〔刑施二五条参照〕にいわゆる「公選」であり、従って「公選の投票を偽造する罪」が成立する。しかして大審院は畜産組合は公法人なるが故に、その総代会議員の選挙は公選なりとしている〔昭四・八・二七『刑集』四二三頁〕。

(四) 或る法人が公法人なりとせば、その法人内部の会議の決議無効確認を求める訴は司法裁判所の権限に属しない。私法人たる株式会社の総会決議無効の訴は司法裁判所の権限に属するが、公法人たる市会の決議無効確認を司法裁判所に訴求し得ない。この理によって大審院に畜産組合は公法人なるが故にその総会における組合長及び評議員選任の無効確認を求める訴は司法裁判所の権限に属せずとしている〔昭五・四・七『民録』三三九頁〕。

(五) 或る法人が公法人なりとせば、その法人が会員に対して会費等を請求する訴は司法裁判所の権限に属しない。国税の滞納に対しては国税徴収法に依る滞納処分を行うべきであって、司法裁判所に訴求を許すべきでない。同理に依って、すべて公法人の会費取立はこれを司法裁判所に訴求し得ないと言うのである。しかして大審院が重要物産同業組合を私法人なりとし、その組合員に対する組合経費及び過怠金の徴収につき司法裁判所に訴求し得べしとしているのはこの理に依るのである〔大三・五・二『民録』三六三頁〕。

(六) なお既に上述した通り、公法人の権力行動としてなされた加害行為は不法行為を成立せしめない。この理を説いた判例については前掲参照。

かくの如く、大審院は一定の法人が公法人に属するや否やを規準として民事刑事を通じ各種の問題を解決せんとしている。しかして一の問題に関して或る法人を公法人なりとする以上、他の一切の問題に関しても同じく公法人なりとせねばならぬ、としているのである。しかし私の考えでは、同じ公法人に属すと言われている法人の中にも、国家の如き公的色彩の濃厚なものから比較的稀薄なものに至るまで多くの段階をなして存在しているのであって、国家に――その公的性格の故を以て――与えられる各種の特殊なる法的取扱をすべての他の公法人にも同様に与えようとすることそれ自身がそもそも初めから間違いではないかと思う。例えば国家に与えられる特殊の法的取扱が十種類あると仮定した場合に、他の公的色彩の比較的稀薄なものにまでその十種類をすべて与えようとするのが間違いであって、その中比較的国家に近いものには九種類を与えるとか、更に一層国家から遠いものには五種類のみを与えると言うような具合に、同じ公法人の中でも公的色彩の濃淡如何に応じて取扱に差等をつけてしかるべきだと思う。そうして、最も公的色彩の稀薄な最下の段階のものに至ると、それと一般に公法人にあらずと解せられているものとの間に画然たる差等をつけ得る程の違いはないのであるから、前者に例えば上記の法的取扱中三種類を与え得ると仮定すれば、後者にはその性質に応じて二種類を与えるとか一種類を与えると言うようなことが考えられていいのである。しかるに、判例は一方において、いやしくも公法人であれば、その種類如何を問わず、すべてに同一の法的取扱を与え、他方において公法人にあらざるものは――それがたとえ公法人中最も公的色彩の稀薄なものの直下に位するような――比較的公的色彩をもったものにも絶対に公法人に与えられる法的取扱を与えざらんとしているのである。そうして、それがため公法人と否とを画一的に分別する統一的の規準を求めんとしているのであるが、私の考えでは判例によって公法人に属すとせられているものの中、最下位に位するものと、私法人に属すとされているものの中最上位に位するものとの間には、決して一を公法人とし他を私法人として全く異別の法的取扱を与えねばならぬ程画然たる差異があるのではなく、むしろ問題の種類によっては前者に私法人と同様の取扱を与え、後者に公法人的の取扱を与えねばならない――又与える余地があるのだと思う。

この故に、各種法人に関する法律も自ら当該の法人が公法人であるかどうかを明定することを避け、個々の問題について一々個々的に取扱方を規定する方針をとっているのである。従って、大審院のように、それ等の個々的に規定された取扱方から帰納して一概に当該法人を公法人であるかどうかを決めてしまおうとするよりは、問題の性質に応じ特にそれに関して明文あるものについてはその明文に従って取扱方を定め、特に明文なきものについては当該法人の性質と当該問題の性質とを考え合わせて理論的にその取扱方を考案すべきである。法律は一般に明文を以て問題のすべてについて取扱方を規定していない。特に明定を要すと考える二、三の問題についてだけ規定を設けているのが通例である。ところが大審院はその明定されている二、三の問題の取扱方から帰納して当該法人を公法人なりや否やに決めてしまい、それを根拠として逆に明定されていない問題のすべての取扱方についての統一的指針を求めようとしているのであるが、その態度にそもそも不都合の生ずる根源があるのである。例えば、大正三年〔1914〕五月二日の大審院判決〔『民録』三六三頁〕は、重要物産同業組合についても他の公法人におけると類似のことが少なからず規定されていることを認めながら、「水利組合商業会議所の如きに在りては、これに関する法律において経費又は過怠金の滞納処分に付き特に国税滞納処分法に依るべきことを規定したるに反し、同業組合法において組合経費及び過怠金に付き強制徴収の方法を認めざるを見れば立法者の意はむしろ同業組合を以て公法人となさざるに在るを推知し得べし」と論断し、その上でその論断を基礎として「▽既にこれを私法人なりとすれば組合員に対する組合経費及び過怠金の徴収権が私権にして司法裁判所にその救済を求め得べきは論を俟たず」と言う結論に達しているが、私の考えでは同業組合がかかる訴を司法裁判所に提起し得るものと認めなければならぬ実質的の根拠は、法律が別に特別の強制徴収の方法を規定していないから司法裁判所への出訴を認めざる限り組合は実際上組合員に対して組合経費及び過怠金を強要する道がないこととなって不都合であると言う点に在るのだから、そのことをそのまま率直に判決理由としさえすればいい訳で、かかる規定なきが故に私法人なりと断言した上、改めてそれを出発点として司法裁判所に出訴し得ると言う結論に達する必要もないし、又かくすることによって反って不都合の結果を生ずるのである。現に重要物産同業組合法第二十条ノ二は同業組合の役員に付いて収賄罪の成立し得べきことを規定しているが、もしも大審院が判例としているように公法人なりや否やによってその役員が公務員であるかどうかが定まるものだとすれば、この規定は同業組合の私法人たることと理論上矛盾するものと言わねばならない。従ってもしも、大審院が理論の筋を通したければ、この規定あるの故を以て反って同業組合を公法人なりと断定せねばならぬ訳であるが、そうすると同業組合が経費及び過怠金を司法裁判所に訴求し得ないと言う不都合な結論に到達せざるを得ない。ここに判例理論の根本欠陥が存在するのである。

　この故に、私は公法人・私法人の区別を単に無用なるのみならず、実際上有害なるものと考え、大審院がこの区別を規準として各種の問題を解決せんとしている態度を捨てんことを希望し、学者もこの区別を如何にすべきかの問題に腐心するが如き態度を改めることを希望してやまないのである。

任意的記載事項の法律的性質

公益法人の設立者又は寄附行為者は、定款又は寄附行為の中に法定の強制的記載事項の外に、それぞれ必要とする事項を任意に記載して差支ない。それ等は記載してもよし又記載しなくとも差支ない任意的記載事項であるが、いやしくも記載した以上定款ないし寄附行為の一部となる。従って制規の変更手続に依るにあらざればこれを変更し得ない。従来民法教科書のすべてが任意的記載事項に関して記述しているのは大体この程度の事柄である。

ところが、公益法人設立手続の実際においては、任意的記載事項は決してかくの如く記載してもよし又記載しなくとも差支ないと言うように単純に任意的のものではなくして、或る事項はこれを記載するにあらざれば主務官庁が設立を許可しない、従って実際上はその記載が強制的となっているのである。唯それと強制的記載事項との差異は、後者の記載が直接民法によって強制されているに反し、前者は主務官庁がそれぞれの法人に付きその設立の許否を決するにつき強制するに過ぎざるの点に存するに過ぎない。

勿論精確に言うと、任意的記載事項の中には主務官庁の指示如何にかかわらず各法人の内部的都合だけから全く自発的任意的に定めたものもあり得る。しかし、その外にその記載なしには実際上設立許可を受け得ない程事実的に強要されている事項が多いのであって、何がその事項であるかは主務官庁が各法人の設立許否を決するに当り行政的見地から個別的にこれを決し得る訳であるが、実際には各官庁の内部に内規があって、大体同じような法人には同じような事項の記載が強要されているのである。そこで弁護士その他その間の事情に通じた者が法人設立の申請手続をなす場合には、従来の事務取扱慣例に基いて推知せらるる右の内規に従って申請者の側から自発的にその種の事項を記載するのが、通例となっているが、かくして記載された事項は実質的には官庁の指示に依って記載された事項と全く同様の性質を有するものと考えねばならない。かくの如く主務官庁の指示に依って事実上記載を強制される事項は、それを記載するによってのみ設立許可を受け得るのであって、その記載は許可の条件をなすものと言わねばならぬ。例えば財団法人がその寄附行為中に寄附行為変更に関する規定を設けることは何等民法の強要する所ではないが、実際上主務官庁はこの規定の記載なしには設立を許可しない。のみならずその規定の内容についてさえ必ず一定の事項を強要し、例えば社団法人に関する民法第三十八条第二項の「定款の変更は主務官庁の認可を受くるに非ざればその効力を生ぜず」と同様の条項を寄附行為中に挿入すべきことを強要するのであって、これなしには設立許可が与えられないのである。

しからば、そこに規定されている主務官庁の認可は、法律上民法第三十八条第二項の規定する認可と同様の性質を有するものと解すべきであろうか。考え方によっては後者は直接法律の規定する所なるが故に行政行為なるに反し、前者は私法人内部の規則に過ぎざる寄附行為に基づくものなるが故に、法律に根拠なき事実上の行為に過ぎずと言うような意見も成り立ち得るようであるが、公益法人に在っては設立許可に関し当該法人に如何なる定款ないし寄附行為を求むるかにつき主務官庁は自由の裁量権をもっているのであるから、任意的記載事項も畢竟はかかる権限の発動に外ならず、そこに規定されている認可も結局は民法が直接規定している認可と同一の性質を有するものと解せねばならないと私は考えるのである。

任意的記載事項として寄附行為中に「理事の選任は主務官庁の認可によりその効力を生ず」と言う趣旨の条項が設けられている場合についても、その認可は勿論行政行為たる性質を有するものと解せねばならぬ。

かくの如きことは社団法人についても財団法人についても民法の直接何等規定しない所であるが、主務官庁は設立許可の権限の発動としてかかる条項が要求されているのであるから、この認可もまた直接法律の規定する所でないにもかかわらず、法律上正規の行政行為と考え得ざるを得ない。

しかしてこの認可は当該法人の性質に鑑み理事に適任者を得ることを目的とするものであるから、例えば一旦認可した理事がその行跡に鑑み不適任と考えられる場合には、官庁においてその認可を取消し得べきは条理上当然であり、かかる認可取消もまた性質上行政行為たる性質を有するものと考えねばならない。

公益法人については民法が許可主義をとっているのであるから、定款ないし寄附行為の内容が全体として許可の条件となっているのである。従って公益法人の定款ないし寄附行為の内容は直接民法の明定せざる事項に関するものといえども、主務官庁の許可権の具体的発現であり、従って公的性質を有するものと考えねばならぬ。準則主義に依る商事会社の定款における任意的記載事項と公益法人のそれとはこの点において全く異なるものであって、前者は会社内部の単なる私的規定たるに反し、後者は主務官庁の許可権に基礎を置く公的のものと考えざるを得ない。

人格なき社団財団の法人化

一

民法は社団法人財団法人を全く新たに設立する場合を予想して設立に関する規定を設けている。ところが実際には従来人格なき団体として存在したものが単に法人格を取得する目的で民法所定の設立手続をとる場合が少なくない。

この種の場合にも、法人格取得のためとらるべき手続は新設の場合と全然同一であって、民法の定むる所に従い社団法人もしくは財団法人として法定の型に相当する組織を立て、所定の手続によって設立許可の申請をなさねばならぬ。その結果形式上は在来の人格なき団体と全然別箇の社団法人もしくは財団法人が成立することとなるが、実質的には今まで人格なき団体たりしものが単に法人格を取得するため民法の要求する所に従って所定の組織変更を行いたるに過ぎずして、団体それ自身としては前後を通じて同一性を失わざるものと見るべき場合が少なくない。しかるに、従来人々は一般にかかる場合をも新設の場合と全然同一視し、法人格取得前の団体と取得後のそれとを法律上全然無関係と考え、その間過渡の関係について何等特別の考慮を払わざるを通例としている。しかし、そこには大いに考究を要すべき色々の問題があると私は考えるのである。

例えば、かかる団体が法人格を取得する前には実質上団体に属していた財産を法律上は何人か個人の所有名義にして置くの外なかった訳であるが、いよいよ法人格を取得した場合に、その名義人から所有権を法人に移すについては実際上色々困難な問題を生ずる。

実際にかかる困難を生じた一事例を左に記して説明をなるべく具体的にしてゆく。

或る社会事業団体が人格なき財団として土地建物をもっていた。その中土地は理事Aの個人名義で登記されており、建物は理事Bの個人名義で建物台帳に記載されていた。ところがその後該財団が法人格を取得した結果右土地建物の所有名義を法人に移そうとして見ると、その以前に理事Bは既に死亡しており、しかも彼には妻子その他相続人たるべきものが全くなく、そのまま推移すれば、当該建物の所有権は相続人曠欠の故を以て国庫に帰属することにもなり兼ねまじき状態にあることが発見された。建物台帳上の所有名義は全くB個人のものとなっており、Bが団体の代表者として信託的に名義人になっているに過ぎない事実は台帳面に全く表示されていない。それがため実質的には団体の所有財産たること何人も疑わない建物を法人の所有として建物台帳に記入してもらうにつき、法律上非常な困難に遭遇した。実際には結局当局者便宜の取り計らいにより台帳面に従来個人の所有として記載されていたのは間違いであったと言うことにしてその訂正を許し、その上で新たに法人の所有として記載を許すことになったと伝えられている。この場合幸いに問題は未登記の建物に関していたため、右の如き便宜的取扱によって解決したのであるが、もしも右建物が登記されていたとすれば、問題は更に紛糾して恐らくは解決の道を発見し得なかったであろうと考えられるのである。実際上この種の困難を防止すべき何等かの道を設けて置く必要があるのではあるまいか。

二

現在の不動産登記制度においては人格なき社団財団の所有不動産を団体名義で登記することを許さないのは勿論、登記名義人に団体代表者たることを表示すべき肩書を附記することも認めない。登記簿上には純粋の個人名義と何等選ぶ所なき記載がなさるるに止まり、信託的な実質関係は全く表示されないから、従来人格なき社団財団に属し来たれる不動産を法人名義に移す場合にも、形式上は従来の名義人たりし個人から法人へ、権利を移転する手続を採らねばならない。不動産の実質的持主たる団体は前後を通じ同一であって、単に形式上権利名義を変更するに過ぎないと言う実情は登記手続上全く無視されるのである。

しからばその際「登記原因を証する書面」〔不動産登記法第三五条〕として作成提出せらるべき書面は何であるか。実質的には権利移転なしといえども、形式上はともかく権利移転が行われる訳であるから、権利移転の趣旨を表わす書面を作成すべきは勿論であるが、具体的に如何なる種類の書面を作成すればよいのか。登録税法第二条第二号が「神社、法人たる宗教団体又は民法第三十四条に依り設立したる法人が無償名義又は寄附行為に因り所有権を所有したる」場合の税率を普通の贈与の場合に比し著しく軽減している所を見ると、例えば設立せらるべき法人が財団法人であり、しかして在来の権利名義人が寄附行為者として設立許可申請書に署名し且つ当該不動産を寄附財産として寄附行為中に記載している場合には、「寄附行為に因り所有権を取得したる」趣旨を明らかにするため寄附行為書の謄本を作成提出せしむるもののように思われる。これに反し、その他の場合には在来の権利名義人から、特に「無償名義」で所有権を法人に移転する趣旨の書面、即ち普通の贈与契約書と同じ書面を作成提出せしめるのだと思う。「民法第三十四条に依り設立したる法人」が「無償名義」で所有権を取得する場合には法人設立の当時なるとその後なるとを区別せず、すべて右登録税法の規定の適用を受けるから、この場合の書面は普通の贈与契約書であって差支えない訳である。これ等の点、実際上は果して如何に取扱われているのであろうか。

しかし立法論的に事を考えると、かかる事実に符合しない贈与契約書を作成せしめる代わりに、在来人格なき団体に属していたものが、そのまま法人名義になったと言う事実をそのまま登記せしむべきであると思う。ところが、それには当該の法人が人格なき団体である間から登記面に団体名義を表示することを許す必要がある訳であるが、司法当局はこの点をどう考えているのであろうか。現に民事訴訟法〔四六条〕においても「権利能力なき社団又は財団」に当事者能力を認めているし、又銀行においても団体名義を肩書とした預金を認めている有様であるから、登記でも同様の取扱をして毫も差支えないと私は考えるのである。

三

次に考うべきは、在来人格なき団体に属していた不動産を法人名義に移した場合に不動産取得税を賦課すべきや否やの問題である。

不動産取得税は登録税と異なり実質的の不動産移転に着眼してその取得者に賦課される税である。従って、在来不動産の実質的所有者たりし団体が法人化されたため形式上移転登記を行いたるに過ぎざるが如き場合には、実質的の不動産取得なく、従って同税を賦課すべきではないと思う。現に地方税法〔五三条〕が特に同税を賦課せざる場合を列記している中に、「法人の合併に因る不動産の取得」や「委託者より受託者に信託財産を移す場合における不動産の取得」を加えていることから推して考えると、同じく実質的の不動産取得なき場合にはすべて課税せざるべきが当然であると思う。しかるに、従来実際の取扱いはそうなっていないようであるが、果して如何なる理由に因るのであろうか。

その理由を想像するに、その一は現在の登記制度は人格なき社団財団に団体名義の登記を許さず、従って法人化と共に所有名義を法人に移す場合にも形式上は普通の移転登記が行われるに過ぎないから、課税官庁たる府県から見ると当該の移転登記が形式上のものに過ぎざるや否やを公簿上識別し難い。その結果表面上不動産所有権の移転登記がありさえすれば一律に課税することになるのだと思う。しかし、私の考えでは、たとえ公簿上かかる識別が不可能であるとしても別に証拠を挙げて実質的に不動産の取得なきことが証明されたならば、上記「委託者より受託者に信託財産を移す場合」に準じて課税をなさざるようにすべきではないかと思う。何となれば、人格なき社団財団に属する不動産の登記名義人は信託的所有者に過ぎないから、その名義を法人名義に移す場合の如き、正に信託財産を委託者より受託者に移す場合に最も類似していると言わねばならないからである。もっともこの間の困難も、不動産登記において団体名義の登記を許し、信託関係が登記面に表示されるようになれば、自ら除かれる訳であって、この点から考えても登記制度の改正が希望される次第である。

その二の理由として考えられるのは、法人学説中現在我国において最も広く行われているいわゆる法的組織体説の理論的影響である。法人格付けられる団体の前法的存在を認め、それが法人化される場合にも団体は同一性を維持しつつ存続し、たとえその際法人格取得のため法の命ずる所に従って組織を変更したとしても、それは単なる組織変更に過ぎずして、法人化前の団体と法人化されたる団体とは同一性を維持するものと考える法人学説に依れば、当面の場合の権利移転は形式上のことに過ぎずして、実質的の不動産取得なきものとする考えが許され得る。これに反し、法的組織体説的の考え方に依ると、法人の実体たる社団財団はそれに法人格を賦与する法律の規定する所に従って組織された法的組織体に外ならないから、それと人格取得前の団体をば実質的に別個のものと考えられ易い。例えば在来人格なき団体が民法に依って公益法人となる場合には、民法に依って新たに社団ないし財団が組織されるのであって、従来の団体が同一性を維持しつつ民法に依って組織変更を行うに止まるものではないと言う考えに陥り易いのである。無論個々の具体的場合について言うと、かかる場合の中に、同一性を維持するものと認むべき場合と否との区別が実際上あり得るであろう。しかし法的組織体説的に考えると、とかく前者の場合を認めることが理論的に困難になるように、私は考えるのである。

擬制説に従うとしても、その提唱者サヴィニーの所説を忠実に守る限り、かかる理論的支障は起らない。サヴィニーによると、法人格は法人格付けられる社会的実体に附与せらるる財産権享有の資格に外ならない。しかしてその資格を賦与せらるることによって社会的実体それ自身としては何等の変更を受けない〔この点については私の「法人学説について」本書四九頁以下参照〕。従って、従来人格を有せざりし団体が法人格を取得した場合に、法律の形式上は法人に依って権利が取得されるけれども、社会的関係それ自身が財産の所有者たることは毫も影響を受けないものと考え得る訳である。この故に、私は法的組織体説的の考え方こそ問題の如き支障を生ぜしむる理論的原因であると考え、これを駆逐することが当面の問題を解決するにつき最も必要であると考えるのである。

四

終りにも一つ考えねばならないのは、従来人格なき団体たりしものが法人化される場合にも、団体そのものの事業は事実上前後を通じ継続的に行われているのであるから、法律の形式上従来の団体と法人とは別物であるとしても、実質上事業の継続性を認めてその間に発生する諸事項を取扱わねばならぬと言うことである。

団体は設立許可の申請手続中といえども事業を継続せねばならない。従ってその資産状態はその間絶えず変動する。しかして何時設立許可が与えられるかは全くこれを予知し得ないから、予め一定の時期を画して在来の財産関係を清算し、一定不動の財産を法人に帰属せしむるが如き予定を立てることは実際上不可能である。

勿論団体としては、実際上後から設立許可の与えられた日を境として、一応非法人時代の決算を行い、その結果を法人に引継ぐが如き形をとらねばならぬこととなるのであるが、例えば非法人時代に他から買い入れた物品の代価が設立許可当時未払の場合には、法人においてその支払の責に任ぜねばならない。

法人格取得前の団体と法人とを法律上全然別物と考える考え方に依ると、この場合法人が非法人の債務に対して責任を負うようなことは全く考えられないのであるが、実際上それでは困る。従って、この点に関しても法人格取得の前後を通じ、団体としては同一性を持続し、従って事業も資産も動きながら同一のものとして非法人より法人に引継がるるものとして事を考えねばならない。しかるに、現在では主務官庁が設立許可を与えるに当ってこの種の現実の前に全く眼を閉ざし、例えば財団法人の設立許可を与える場合には寄附行為上の基本財産にのみ着眼して、別に実際上動いている資産のあることを度外視している。その結果悪い場合を想像すると、寄附行為上の財産として確実なものがあっても、別に動いている資産として不良なものがあり、そうしてそれが法人に引継がれて、法人爾後の財政に禍根を残すが如きこともあり得るのである。

無論、個人企業を株式組織に変える場合は、商法の立場上かかることは認められず、従ってかかる弊も生ずる余地がないけれども、公益法人の場合には事業が動いているまま非法人より法人に引継がるる現実を認めなければ、実際上不都合であるし、又法律上もこれを認めていいと思う。但しそれがためには、主務官庁が設立許可を与えるに当り、この現実をそのまま認めて設立の許否を決することとし、現に動きつつある資産そのものを調査して法人資産の確実を保護する用意をなすべきであると思う。

団体財産と信託法理

権利能力なき団体の財産は実質的には団体それ自身の財産であるにもかかわらず、法律の形式上団体それ自身がその財産における権利義務の主体となり得ない。「その結果法律上の形式としては会長ないし会計主任等が社団のために――即ち信託的関係として――個人名義を以て権利義務の主体となる必要がある」。この事は人格なき社団としての労働組合の財産の法律的取扱に関して私のつとに主張した所であるが〔『労働法研究』二二四頁以下〕、この種の信託的関係が世上に極めて多数存在するにもかかわらず、その後この点に関して学者の意見の発表されたものも少なく、裁判所その他官庁の態度も未だに明確になっていない。

以下に学者の注意を喚起したい希望から問題の一斑《いっぱん》を提出して置きたい。

先ず第一に、現在銀行が人格なき社団財団等団体の金を預る場合には、預金者として自然人たる名義人を要求するの外、それに肩書として「何々団体代表者」と言うような文句を添書せしめることとしている。かくして銀行に対する関係においてはかかる預金は全く団体そのものの財産として取扱われ、代表者としての名義人は単なる形式上の名義人に過ぎざるものとして取扱われている。即ちかかる信託的関係に銀行取引に関する民間の「生きた法律」においては完全に認められているのであるが、国の法律がこの関係を如何に取扱うかは必ずしも明確になっていない。例えば預金名義人たる自然人の個人的債務を理由としてその債権者は該預金を差押え得るか。事物の性質上勿論差押え得ずと解すべきものと思われるが、判例学説ははっきりしていない。殊に課税の関係においてこの種の信託的関係が如何に取扱われるかは甚だ不明確であって、例えば預金利子に対する課税について現在税務署は信託的関係を認めているのかどうか、預金名義人が死亡した場合の相続税に関しては勿論信託的関係を認めて該預金を相続財産中より除外しているものと想像しているが、実際上はどんなことになっているのであろうか。

次に市町村が人格なき団体の所有に属する家屋の新築届を受理する場合に、現在では銀行におけると同様「何々団体代表者」と言う肩書を添書することを許しているとのことであるが、この信託的関係も課税関係においては如何に取扱われているのであろうか。

不動産登記においては従来かくの如き肩書を添書することを全く許していないから、肩書の法律的効力に関する問題は起らない代わりに、人民は非常に不便を受けている。人格なき社団財団の所有不動産、人格なき部落に属する入会権の地盤等に付き、代表者個人を名義人とし「団体代表者」なる肩書を添書せしめて登記することを許したならば世間の受ける便益は非常に大きく、無用の紛争を防止するにも役立つのではないかと思う。敢えて司法当局者の考慮と研究とを希望する次第である。

一般信託法形成の必要とその方法

一

私はかつて「信託法外の信託」と題して「実際社会には信託法理を利用するに依ってのみ適当に処理せらるべしと考えられる事柄が少なくない。しかもそれがなされずに他の不適当な方法で処理されているために事物の性質に即しない不適当な結果に到達していると思われる場合が少なくないのである（中略）。元来信託法理によって処理せらるるに適する信託的な諸関係を事物の性質に即して適当に処理せんがためには是非共信託法理を応用する必要がある」との趣旨を二、三の例を挙げて説いたことがある〔本書六九頁以下〕。

最近にも人格なき社団財団に属する不動産の法律的取扱に付き、実質的に存在する信託的関係を尊重するの要ある所以を説いたのであるが、この種の考え方をもっと一般に徹底せしめてゆくためには、信託法に依らざる信託関係一般に付きその性質、種類、発生消滅原因、効力等を詳細に研究して、実質的の信託法を全体的に構成する必要がある。

その目的を達する方法として私の従来考えているものはほぼ四種類ある。

その一は多数の判例を研究してそこに使われている信託原理を求め、それを蒐集分類組織して判例信託法を形成する方法であるが、従来我国の裁判所は――学者一般と同様――大陸法的の考え方に慣らされており、事物の性質上信託法規に依って処理すべきが当然だと思われる事柄までをも別の方法で処理するのが通例であるから、この方法は実際上効果を挙げることが困難である。

二

その二は、我国の一般社会に「生きた法律」として、民間の「法的意識」として現に行われている信託原理を社会的事実に即して捉えた上、それに法的の形を与えて技術的に信託法理を形成してゆく方法である。前にも記したように実際我国の社会には信託的の関係が非常に多い。実は部落全体の財産である土地が法律の形式上何人かの個人的もしくは共有名義になっているとか、実は祖先伝来の実質的には家産と認むべき財産が戸主個人の名義になっていると言うような事例は枚挙にいとまがない程多種多様に存在する。しかして民間の法的意識としてはかかる信託関係を尊重する精神が立派に存在するにもかかわらず、明治この方欧米から継受された法制が取引の安全を重視する立前をとっていること、資本主義社会の特徴として世間もまた取引の安全保護を重しとする傾向に在ること等に原因して、社会的には立派に信託的性質を有する事柄が、一度裁判官・弁護士その他法律家の手にかかると、とかくその本質が無視されて、かかる信託的関係は畢竟単なる道徳的関係であり、当事者相互間において単に道義的に尊重せらるる非法律的の内部関係に過ぎずと考えられ、取引の安全を重視する立前の前にはかかる関係に法的価値を認むるの余地全くなきものと考えられ勝ちである。しかしながら、取引の安全保護の必要は決してかくの如く絶対的のものではない。無論現代社会の特質上取引の安全を無視してまで信託的関係を保護することは出来ない。しかし、取引の安全と調和し得る限りにおいては極力信託的関係をあるがままに保護してこそ社会と法律との調和がとられるのであって、従来この点に関し法律家の一般にとりつつある態度には反省を要すべき点が大いにあると私は考える。かかる態度に災されて現に社会に存在する信託的関係は法律的には従来一般に無視されているけれども、私の考える所では、かかる現存の信託的関係をあるがままに取り上げ、それをめぐって存在する民間の法的意識に法的の形を与え、一面取引の安全との調和を考えながら、それを本質のままに生かしてゆく法的技術を考察することこそ今後吾々法律家に課せられた大きな仕事であると思う。その意味において私は法的慣行調査を通して社会的に存在する信託的関係と法的意識に関するデータを蒐集整理することがこの仕事の前提として極めて必要なることを強調せんとするものである。

日本固有の法理研究を強調せらるる人々の如き、この方面の研究にもっと力を入れてしかるべきであると思う。これに依って広く財産関係に関し民間の法的意識と裁判所に通用する法律との間に調和を作り、民間の道義的確信と法との間に起り勝ちな矛盾を除去する効果は非常に大きいと思う。

三

一般信託法を形成する第三の方法として考えられるのは、現行信託法の中に取り入れられている信託法理に理論的吟味を加えてそれを一般化し、従来信託法の中にのみ閉じ籠められていた信託法理を広くそれ以外の信託的関係に類推適用してゆく道を開くことである。元来信託法は信託的関係中特に「財産権の移転その他の処分をなし他人をして一定の目的に従い財産の管理又は処分をなさしむる」〔一条〕いわゆる狭義の信託契約に因って成立すべき信託関係にのみ適用せらるべきものとして制定されたものであるけれども、その中に規定されている信託法理に至っては実質的に見てその他の信託的関係にまで拡張適用せらるべき性質を有するものが少なくない。これ等に理論的検討を加えて法理の一般化を図れば、そこに信託的関係一般に適用せらるべき一般信託法に到達すべき比較的容易にして且つ確実な道が見出されるものと私は考えるのである。

以下に、一の設例についてこの理の具体的適用の一例を示したいと思う。

例えば、人格なき社団所有の土地建物が法律の形式上甲なる一社員の個人名義になっている場合について起り得べき各種の問題を、信託法法規の類推によって処理することを考えて見ると、先ず第一に、当該の土地建物が甲のその他の一般的個人財産とは別個の存在を有する独立の財産たることは素より言うまでもない。従って、それが甲の相続財産に属せざるは勿論〔一五条〕、甲の個人的債権者はかかる財産に対して強制執行をなし得ない。なされたる強制執行に対しては社団の名において異議を主張し得る〔一六条〕。この場合信託関係が登記されていないから、第三条の規定だけから考えると、これを以て第三者に対抗し得ず、従って社団の異議を許すべからざるようにも考えられるけれども、信託法には全般的にたとえ登記がなくとも取引の安全を害せざる限りなるべく信託の保護を図らんとする精神が包蔵されていること第三十一条の規定からも推測し得る。しかして現行の不動産登記法には当該の場合の如き信託関係を登記面に表示することを許していないけれども、これによって一般債権者の受くべき取引上の危険と信託目的が保護されないことから起る不都合とを比較考量して見ると、この場合にはむしろ後者を重しとすべく、「受託者が信託の本旨に反して信託財産を処分したる」場合〔三一条〕に比べるとこの場合に取引の安全を害する危険は極めて少ないと思う。

次に、甲が当該の土地建物を信託目的に違反して第三者に移転し又は抵当権の目的としたならば、第三者が悪意又は重大なる過失に因りて知らざる場合に限り人格なき社団よりその取消を請求し得るものと解せねばならぬ〔三一条〕。現行法上この場合には信託的関係を登記面に表示することが許されていないこと上述の通りであるが、悪意又は重過失ある第三者に対する限りたとえ登記なしといえども信託の対抗を許すことが信託法の精神に合致すると考えられるし、同条にいわゆる「登記もしくは登録すべからざる信託財産」中にはこの種の場合における土地建物を含むものと解しても差支ないように考えられる。

なお信託の終了に関する信託法の諸規定も、これを以上設例の場合に類推適用するに依って色々有益な結果に到達し得る。例えば甲が死亡したるときは「その任務はこれに因りて終了す」るのであって、甲の相続人が受託者たる地位を相続して信託関係に立つに至るのではない。無論法律の形式上土地建物の所有権は一応相続人によって相続されるけれども、人格なき社団が以後甲に代わって登記の名義人たるべき者を定めたならば、その者に登記の名義を移転する手続に協力する義務あるものと言わねばならぬ。けだし「受託者の相続人」は「新受託者が信託事務を処理することを得るに至るまで信託財産を保管し且つ信託事務の引継に必要なる行為をなすことを要す」るからである〔四二条〕。

かくの如く人格なき社団の財産関係は信託法の規定を類推適用するによって相当の程度まで適当に処理し得る訳であるが、その他の信託的関係についてもその種類の如何に応じ、程度の差こそあれ広く信託法を類推する余地があり、又その必要があるのだと私は考えているのであって、学者の研究がこの方面に進められることを希望してやまない。

四

終りに、一般信託法を形成するため採らるべき第四の手段は比較法学的方法である。信託的関係を適当に処理するため各国それぞれ特殊の法的技術を案出使用していることは周知の事実であるが、それ等を比較法学的に研究するによって我国における各種の信託的関係の特質に適する処理方法を案出することは極めて有益でもあり又必要でもある。

現に現行の信託法を立案する場合にも特に英米法を研究してそこに発達している法的技術を多分に借り用いた訳であるが、一般信託法を形成してゆくためにもこの種の方法をとるの必要あること勿論である。ただし信託法の場合には規定の対象が狭義の信託契約に限られているから、英米の法的技術を借用することも比較的簡単に行われ得たけれども、広く一般の信託的関係を対象としてその処理に適する法的技術を考案するに当っては実際上一層の困難に逢着すべきことを覚悟せねばならぬ。先に第二種の方法として述べた法的慣行調査を基礎とする社会学的方法を併用して、各種の信託的関係それぞれの特質に相応した法的技術を比較法学的研究を通して、発見考案する努力がこの困難を克服するために絶対的に必要である。

土地の概念

一

「土地とは何ぞや」、この一見簡単に見える問題が土地法研究者にとっての最初の課題である。

民法その他多くの法律は「土地」の文字を随所に使いながら、一として明文上その意義を明らかにしているものがない。学者もまた自明の理として多くこの事を問題としていない。しかし事は決してしかく簡明ではなくして、法的概念としての土地と俗語に言う土地との間には相当大きな開きがある。この開きを検討して、土地の概念を明らかにせんとするのが、この小論の目的である。

二

現行法上の概念として土地の意義を明確ならしむるがためには、第一に法律上土地として取扱われている「もの」の本体が何であるかを考え、第二にかかる「もの」に土地としての取扱を与える法的目的が何であるかを明らかにすると共に、更に第三にかかる目的の達成を確保する手段として如何なる法的技術が使われているかを究明する必要がある。その用意なしに漫然俗語の意味に従って事を考えてゆくと、結局土地に関する各種の法律問題を解決するに適する正確なる法的概念に到達し得ないと私は考えている。

先ず第一に、法律上土地として取扱われている「もの」の本体は土地台帳その他の地籍簿上に一個の土地として登録せられたる地表の区画である。地表に画かれたる一定の区画によって成り立つ立体的空間が土地の本体であるが、同時にその区画の位置と拡がりとが一定不動のものとして地籍簿上に登録されていることがその本体的特質である。地籍簿上に土地として登録された地区でありさえすれば、その表面が陸地をなしているか又は水面をなしているかに関係なくすべて法律上土地であると共に、たとえ永続的に陸地をなしている地域といえども地籍簿上に土地として登録せられざるものは土地ではない。従って、例えば山崩れのため田畑が永続的に湖沼に化してしまっても、それのみでは法律上当然に土地たる性質を失わない。それが土地でなくなるのは特別の行政処分によって地籍を失った時である。又例えば「▽公有水面の一部を区画し——「水産物養殖場」の如き〔挿入句引用者〕——永久的設備を築造する場合」には、これに因って必ずしも陸地が出来る訳ではないが、工事竣工の上はその区画せられたる——水面としての——地区が新たに土地として工事者の所有に帰せしめられるのである「公有水面埋立法第五〇条、同施行後三三条」。又、天変地異に因って従来公有水面に属した地区が陸地に変わっても、それのみでは法律上当然に土地が出来るのではない。この地区が土地として地籍簿に登録されない限り、土地にあらず、従って民法第二百三十九条にいわゆる「無主の不動産」として「国庫の所有に属す」ることとはならない。

なお古い民法書にはしばしば不動産附合〔二四二条〕の例として寄洲を挙げているのを見受けるけれども、法律上の土地は地籍簿上に一定した地区に外ならないのであるから、例えば川沿いの土地の外側に洪水の結果陸地が出来ても、その土地の所有権が法律上当然その陸地に向って、拡張するが如きことは現行法上あり得ないのである。

三

第二に、法律が一定の地区を特に土地として取扱っている法的目的は何であるか。所有権その他私権の目的たるべき土地を単位化して、土地に関する私権関係を整備することを目的とするものと私は考えている。

現行法上一定の地域を区画してそれに特別の法的取扱を与えている事例は色々あるが、その中重なるものを挙げると左の通りである。

（一）地租法は地租賦課の対象を単位化する目的から「土地」を定めている。

（二）民法も所有権その他私権の目的として土地を単位化し、これに依って物権関係の整備を図っている。

（三）国有財産法その他国有財産に関する法令は主として会計法的目的から各種の財産台帳を設けて国有地を個別化して登録している。

この外、河川法は治水の目的から「河川の区域」を特定して河川台帳に登録し、鉱業法は鉱業権の目的たる地区を特定して「鉱区」とする等地域区画の目的は各種の法律において色々に違っているが、上記三の場合相互の間には極めて密接の関係があり、その関係を検討するに依って土地の概念も自ら明らかになって来るものと私は考えている。

地租法及び民法が「土地」を定める目的は、本質的には全然別の事柄であるが、現行法は土地台帳上「一▽筆の土地」たるものを技術的理由から同時に民法、従って不動産登記法上の土地として取扱う立前をとっているから、この二の目的から出て来る結果は事実上一に帰し、地租法上の土地と民法上の土地とは同一物である。

次に、地租法は国有地に適用されないが〔八八条〕、国有地もまた所有権その他私権の目的となり、従ってこれに関する物権関係は不動産登記法に依って登記される。唯国有地は一般の土地台帳に登録されずして、上記の如く各種の国有財産台帳に登録されているから、それ等の台帳に登録せられたる土地が同時に不動産登記法においても土地として取扱われる訳であって、この意味から言うと国有地に関する限り国有財産台帳が土地台帳と同一の働きをなしているものと考えることが出来る。

これと異なり、「河川の区域」▽内に在る土地は私権の目的となり得ず〔河川法三条〕、従って従来土地台帳その他の地籍簿に登録されていた土地が河川区域に編入されると、地籍簿から删除《さんじょ》されるから、それと同時に法律上土地たる性質を失い、従って不動産登記法の適用を受けざるに至る。

かくの如くに考えると、国有地私有地その他すべての土地を通じてその特質の一は、所有権その他私権の目的たるべきものとして特に区画された地区であると言うことにある。この意味において土地はその所有者が国家なると私人なるとその他何人なるかに関係なく種類を同じくするものと考えることが出来る。これに反し、公有水面が埋立法に依って土地となる場合には、単なる国有地が私有地となるのとは異なって、新たに土地が成立するのであり、私有地が河川区域に編入される場合には単に私有地が国有地に変化するにあらずして、法律的には土地が消滅するものと考えねばならぬ。これに依って見ると、土地とは要するに所有権その他私権の目的たらしむる目的を以て特に区画せられたる地区であると言うことが出来る。

四

以上に述べたように、「土地」は国有地私有地のすべてを通じ所有権その他私権の目的たるべき土地の単位として定められたる実定法上の概念であり、かくして定められたる一単位の土地が一筆の土地として不動産登録簿上一用紙を占める。しかして各土地に付きその位置及び区画を帳簿上に明定してその特定性を明確にする技術として役立っているのが、土地台帳その他の地籍簿であり、これ等の帳簿上一単位の土地として記載されているものが、私法上も一単位の土地として取扱われるのである。

無論前にも述べたように、現在ではすべての土地に共通する統一的の地籍制度存在せず、国有地以外の土地に付いては土地台帳、国有地に付いては各種国有財産に関する台帳が地籍簿としての作用を営んでいる関係上、例えば私有地が国有地となり、一官庁の管理に属する国有地が他官庁の管理に移るが如き場合には、一の地籍簿よりこれを删除して新たに他の当該地籍簿に登録せらるることとなるのであるが、それにもかかわらずその場合土地としての同一性は失わるることなく、従ってその上に成立せる所有権その他の権利も同一性を害せられない。地籍制度が統一を欠いているため、この種の場合土地の種類によって不動産登記に関し多少取扱を異にすることとなっているけれども、それは単に手続上のことであって、実質的には登録せられたる地籍簿の種類に関係なく、いずれか一の地籍簿上に一単位の土地として記載せられるものが、私法上もまた一単位の土地として取扱われるのである。

従って、一定の土地が不動産登記簿に登録されるためには、先ず土地台帳その他の地籍簿上に登録されて地籍を取得することを必要とし、しからずして直に登記されることはあり得ないものと解すべきである。不動産登記法第百五条が「未登記の土地所有権の登記」を申請するために「土地台帳謄本に依り自己又は被相続人が土地台帳に所有者として登録せられたることを証す」ることを要求しているのはこの理に基づくものと解すべきであり、従って第百十条が「官庁又は公署が未登記の不動産所有権の登記を登記所に嘱託する場合においては」かかる「証明をなすことを要せず」と規定しているのは、嘱託者が官庁公署であるため台帳謄本に依る所有権の説明を免除する趣旨に外ならないのであって、この場合にも実質的には先ずその土地が当該の国有財産台帳に登録されて地籍を取得し、それに基いて初めて登記の嘱託が許されるものと解せねばならない。

但し、土地台帳に登録されることは法律上土地が成立するための実質的要件ではないのであって、登録前といえども既に土地は存在し、従って実質的にはその上に所有権が成立し得る。即ち未登録の土地、従ってその所有権は理論上あり得るのである。公有水面埋立法第二十四条が「埋立の免許を受けたる者はその竣工許可の日において埋立地の所有権を取得す」と規定しているのはこの理を表わしたものに外ならない。しかしこの場合といえどもその所有権を登記するためには、先ず土地台帳に登録した上、その謄本に依って所有権を説明することを要するものと解すべきである。

五

以上に依って明らかな通り、法律上土地は所有権その他私権の目的たらしむる目的を以て単位化せられたる地区であって、それが不動産登記簿上に現われる前には必ず土地台帳その他の地籍簿に登録されて一定の地籍を取得することを必要とする。

従って、同じく国に属する土地といえども、例えば河川の敷地に編入せられたる土地の如く、その後私権の目的たらざるに至るものは法律上「土地」ではない。不動産登記法第百二条ノ三がかかる場合抹消登記の嘱託を受けたる「登記所は登記用紙中表示欄に河川の敷地となりたる旨を記載し、土地の表示、表示番号及び登記番号を朱抹し、その登記用紙を閉鎖することを要す」と規定しているのはこの理を表わしたものに外ならない。

これに反し、「既登記の不動産を世伝御料に編入したる場合」には同じく「その登記用紙を閉鎖する」手続をとるけれども〔一〇二条ノ三〕、この場合には当該不動産はたとえ一定制限の範囲内なりとは言え——なお物権の目的物となり得るのであるから〔皇室財産令一五条〕、法律上なお「土地」たる性質を失わざるものと解すべきである。唯この場合には世伝御料の性質上これに関する所有権その他の物権を手続上一般普通の私権と区別して取扱うを適当と考えて、世伝御料編入と同時に当該土地に関する登記用紙を閉鎖し、「世伝御料に属する土地の上に物権を設定したるときは宮内大臣はこれを公告す。その公告したる事項に異動を生じたるときまた同じ」「前項の公告は登記と同一の効力を有す」〔同令一六条〕、又「前条に規定したるものを除くの外世伝御料に編入したる不動産に関する権利は登記をなさずして第三者に対抗することを得《う》」「登記したる不動産を世伝御料に編入したる場合においては宮内大臣は遅滞なくその登記の抹消を登記所に嘱託すべし」〔同令一七条〕と規定しているに過ぎないのであって、実質的には編入後もなお同一性を維持しつつ「土地」たる性質が持続されるものと解すべきである。

定義規定の解釈方法──天然果実の意義について

一

民法の初学者にとって最も不可解に思われるものの一は、恐らく「物の用方に従い収取する産出物を天然果実とす」と言っている第八十八条第一項に関する学者の解説であると思う。

試みにこの点に付き最も詳細な説明を与えている三潴博士著『民法総則提要』の記述〔二三二頁以下〕を例にとって見ると、

（一）天然果実は「産出物」なることを要するも、（1）「有機的産出物たると否とを問わず又産出方法が天然なると人工なるとを問うことなし。故に牛乳は牛の天然果実にして桃実は桃樹の天然果実なること勿論、その他鉱石は鍍山の天然果実と称するを得べし。これに反し庭園より発掘したる埋蔵物は産出物に非ざるが故に果実に非ず」。（2）「産出物に加工したる物は天然果実に非ず。例えば牛乳は乳牛の天然果実なれどもこれより製出せる牛酪は乳牛の天然果実に非ず。雑木は山林の天然果実なれどもこれより製出せる炭は山林の天然果実に非ず」。（3）「元物が天然果実を産出するに当り他の力が加わることあるも妨ぐる所なし。例えば米穀は種子又は肥料の果実に非ずして田畠の果実なり。犢は牡の果実に非ずして牝の果実なり。」

（二）天然果実は「用方に従い収取する」物、即ち「物の経済的性質に適応して収取する物」である。故に、（1）「我民法の下においては本来より謂えば庭に生じたる樹木は庭の天然果実に非ず。荷車用の牛より生じたる乳は牛の果実に非ずと称せざるべからず」。（2）「しかれども用方なるものは物自体の性質に因りて定まるを常とするも、果実収取権の有する者の定むる所に依るも妨げず。故に例えば荷車用として買入れたる牛より乳を搾取するも果実と称するを得べし」。(3)「民法は又仏伊等の学説等と異なり定期に収穫さるる物たることを必要とせず。故に定期に伐採せずとも樹木は山林の天然果実なり。又元物を消耗せずして収取し得る物たることを要件とせず。故に石材は石山の天然果実にして粘土は粘土山の天然果実たることを失わず」と、極めて豊富な例示を以て天然果実の何たるかを説明している。

これに類似した解説と例示とは他の多くの教科書にも見出されるのであるが、これ等はひとり初学者にとって難解なるのみならず、吾々専門家の眼から見ても無用もしくは無意味なものを多く含んでおり、甚しきに至ると一読思わず失笑を禁じ得ないような例さえ見出されるのである。

しからば、何故にかかる解説が一般に行われているか。それは結局天然果実の意味を定めることが法律上具体的に如何なることに役立つかを度外視し、唯空に、抽象的に、専ら法文の文字を中心として事を考えることに原因しているのである。一定の物が天然果実なりや否やが具体的に法律上の問題になる各種の場合に即して当該の物を天然果実と解すると否とに因って生ずべき結果を頭に入れながら事を考えれば、自ら逆に第八十八条第一項の規定の意味も合理的に理解されて来るのであるが、従来学者は一般にこれと反対に定義規定の文字から出発して抽象的に事を考えるから、結局かかる結果に陥るのだと私は考えるのである。

凡そ法律が一定の事項に付き定義を与えている場合には、その定義を使って他の色々の規定を簡明に立言する便に供せんとしているのである。従って定義が具体的に意味をもつのはそれ等の規定の中においてであって、定義規定の意味もそれ等の規定に関連してのみ正しくこれを理解し得るのである。しかるに、人々はとかくこの極めて明白な理を忘れて定義規定だけを引き離して抽象的に理解しようとする。その結果現在吾々が天然果実に関して見るが如き事態が生れるのであるが、実を言うとこれはひとりこの場合に限らず広く定義規定一般の取扱に関して見出される弊風に外ならないのである。

二

試みに、果実に関する規定の二、三を例にとって、一定の物が天然果実なりや否やの問題を具体的に考えて見よう。これに依って自ら第八十八条第一項に関する学者従来の解説が一般に如何に無意味であるかが見出されると思う。

先ず第一に、第三百七十一条は「前条の規定は果実にはこれを適用せず」と規定しているが、その意味は抵当権の効力は果実に及ばない、不動産所有者は抵当権設定後も引続き果実収取権を有すると言うにある。

そこで、例えば山林を抵当に入れた場合に山林所有者は以後その山林に付き如何なる行為をなし得るかを問題にして見ると、果実収取は許されるけれども、それ以上の行為は許されない。かかる行為は抵当物の価値を毀損するものなるが故に許されざるものと解せざるを得ない。その許される行為と許されざる行為とを区別する規準として「天然果実」の定義が役立つのである。即ち山林所有者は抵当権設定後といえども「用方に従」う収益行為は引続きなし得るに反し、それ以上の収益行為はなし得ないこととなるのであって、具体的に如何なる収益行為が「用方に従」うものなりやは、必ずしも一律にこれを決定し得ないけれども、例えば下枝枯枝を採取するが如きは勿論、自然に折損したり倒れた樹木を採取することも許されるし、合理的なる経営方法に従う限り適当の範囲において間伐を行うことも許されると思う。しかしてかくの如くにして適法に採取し得るものが山林の天然果実に外ならないのであって、唯漠然「定期に伐採せずといえども樹木は山林の天然果実なり」と言うが如きは全く無意味であるのみならず、これを第三百七十一条に当てはめて見れば天然果実の意義広きに失して明らかに誤りである。

かく考えると、「▽立木に関する法律」第三条の「▽立木の所有者は立木が抵当権の目的たる場合においても当事者の協定したる施業方法に依りその樹木を採取することを妨げず」なる規定は、立木所有者の果実収取権の範囲を特に「立木」に関して具体的に規定したものと解すべく、従って同法に依る「立木」に付いては「▽協定したる施業方法」に依って採取せらるる樹木は当該立木の天然果実の範囲に入ると言うことが出来るのである。

なお学者は漠然「▽石材は石山の天然果実にして粘土は粘土山の天然果実たることを失わず」と言っているが、現に石材ないし粘土を採取しつつある石山粘土山を抵当に入れた場合には所有者は引続き採取行為をなし得るに反し、従来かかる採取をなしおらざりし石山粘土山を抵当に入れた後に至り所有者が新たに石材粘土を採取して売却するが如きは許されないと解すべきであり、かくして許される範囲において採取される石材粘土が天然果実であると言うことになるのである。

三

も一つ例を善意占有者の果実収取権にとって見ると、「▽善意の占有者は占有物より生ずる果実を取得す」なる第百八十九条第一項にいわゆる「果実」の意味も「▽占有物が占有者の責に帰すべき事由に因りて滅失又は毀損したるときは（中略）善意の占有者はその滅失又は毀損に因りて現に利益を受くる限度において賠償をなす義務を負う」と言っている第百九十一条との対比において初めてこれを正しく理解し得るのである。例えば山林の境界が間違っていたことが発見された結果従来自己の所有なりと誤信して採取したる物の中果実と認め得べきものはこれを返還することを要せざるに反し、果実と認め得ざるものは占有物を滅失又は毀損せしめたるものとして「▽現に利益を受くる限度において賠償をなす義務を負う」こととなるのである。換言すれば当該の採取物が「物の用方に従い収取」せられたるものと認めらるる限り返還もしくは賠償されねばならないのである。

学者は漠然と例えば「雑木は山林の天然果実なれどもこれより製出せる炭は山林の天然果実に非ず」と言うようなことを言っているけれども、上記の如き境界の間違いが原因となって善意に他人の雑木を採取し、更にこれを木炭にしてしまったような場合に、雑木は天然果実なるが故に返還するを要せず、木炭は天然果実にあらざるが故に返還するを要すと言うのでは、全く無意味である。雑木といえども「用方に従い収取」せられたるにあらざる限り果実にあらず、従って返還するを要するに反し、「用方に従い収取」せられたるものは果実であり、従って返還するを要しないのであって、その雑木が採取後木炭化されたか否かは全く問題に関係がないと言わねばならない。問題は当該の場合における雑木採取が「物の用方に従い収取する」ものとして特に返還せしむるを要せざる程度に止まるか、もしくは当該山林を毀損したものと認むべき程度に達しているかどうかにあるのであって、その判定は個々の場合に付いて具体的になされねばならない。しかして恐らくは、かかる場合に許される採取行為の範囲は、上記第三百七十一条に関する場合と第百八十九条に関する場合とでは必ずしも同一でなく、例えば抵当権設定後山林所有者のなし得べき採取行為の範囲は善意占有者のなし得べき採取行為のそれよりは相当広いと解すべきものと考える。

かくの如くに考えるとき、同じく第八十八条第一項に定義せられたる「天然果実」の意味も、それが使用されている個々の実質規定の如何に依って必ずしも同一でないことが見出されるのである。しかしてこの理は独り天然果実に限らず、広く定義規定の解釈に付き当てはまるのである。

考え方の順逆

民法は「天然果実」を定義して「物の用方に従い収取する産出物」なりと規定しているが、これに関する註釈書の説明位初学者にとって解りにくいものはあるまいと私は思う。例えば、古いしかも今なお最も優れた教科書である川名博士の『日本民法総論』に依ると、ここに「産出物」とは「元物を害せずしてこれより分出せらるる物」である。しかして「元物を害するや否やは物理上の意義においてこれを定むるにあらず、世間の見る所に依りて定まる」が故に、「有機的の分出物即ち樹木の果実、穀物、雑草、牛乳、牛馬の子の如きは産出物なるは勿論、石炭、鉱物、石材、砂利の如きものもまた土地の産出物」である。次に「物の用方」とは「物の効用」のことであって、これまた「世間の見るところに依りて定まる。所有者がこれを定むるにあらず、吾民法においては乳牛より生ずる牛乳は果実なるも、荷牛の牛乳は果実にあらず、牛馬の子必ずしも果実にあらざるべし」と説明されている〔一四七頁以下〕。鳩山博士『日本民法総論』〔二六六頁〕の説明もこれと大同小異であって、唯川名博士が「物ノ用方」は「世間の見るところに依りて定まる」と言っている点を「物の用方はその使用者の定むる所に従う。使用者これを定めざるときは物の経済的性質に依りてこれを決定す」と云っている位の差異しか見出されない。なお穂積例を眼中に置いてこの問題を考えられたのであろうか。

博士『民法総論』〔二七〇頁〕、我妻教授『民法総則』〔二五四頁〕等の説明もほぼ同趣旨であって、いずれも「物の用方」云々と言う文字から「故に例えば盆栽の木の実や乗馬専用の馬の子は果実にあらず」と言うような結論を導き出している。

私はこの種の説明方法は、独り初学者をして正しく天然果実の意義を理解せしめる所以でないのみならず、凡そ民法解釈の方法として概念法学の最も悪い方面に累されたものであると考えている。

民法は先ず第八十八条第一項において天然果実を定義しているが、これは無論後に出て来る天然果実の法律的取扱に関する諸規定のために設けられた前提的規定に過ぎないのである。第八十八条第一項の規定する所はそれ等の諸規定において初めて実質的意義を現わすのであり、従ってそれ等諸規定との関係においてのみ吾々は天然果実の意義を理解し得る訳である。しかるにこれ等の諸学者は第八十八条第一項の規定のみに付いて先ず抽象的に天然果実の概念を定立した上、それを応用して後に出て来る天然果実の法律的取扱に関する諸規定の意味を明らかにしようと企てている。形式論的には如何にも正しい解釈方法のようであるが、実を言うと本末を顚倒した考え方であると私は考えるのである。

例えば、何が果実であるかが実質的に問題になる最も重要な規定である第三百七十一条と第三百七十条とを対比して見ると、そこで実質的に問題となっているのは抵当権設定後抵当物所有者がその物に付きなし得べき収益行為の範囲如何である。例えば、山林を抵当に入れた場合に、山林所有者は枯枝・落葉の類を収取し得るか、山林の合理的経営方法に依って間伐輪伐等を行ってそれに必要なる程度の収益をなし得るか、もしくはかかる収益行為は一切なし得ないのか、又は更に進んで立木をいくら伐採しても差支ないのか。これ等の問題を解決するために「抵当権は抵当地の上に有する建物を除く外その目的物たる不動産と附加してこれと一体を成したる物に及ぶ」けれども、この原則は「果実にはこれを適用せず」との規定が設けられているのである。即ち民法は一定の物を果実なりとするや否やに依って、抵当物所有者の行為中或るものを抵当物の不当なる毀損行為なりとし、或るものを適法なる収益行為なりとせんとしているのであるが、これを逆に言うと適法に収益し得べきものは果実であり、しからざるものは果実にあらずと言うことになるのである。民法が特に「物の用方」に従って収取する産出物に限って果実であると言っているのも、実はこの趣旨を言い現わさんとしているに外ならないのであるから、「物の用方」の意義如何もこの趣旨に従って解釈せらるべきである。しかるに上述の通り、川名博士は「物の用方」の何たるかは「世間の見るところに依りて定まる」と云い、鳩山博士は「その使用者の定むる所に従う。使用者これを定めざるときは物の経済的性質に依りてこれを決定す」と言い、穂積博士は又「物の自然の性質と人意とが相俟って定まる経済上の目的」が即ち「用方」であると言っているが、これ等の諸学者は果して上記の如き具体的事例を眼中に置いてこの問題を考えられたのであろうか。

同じ理を更に別の例で説明すると、例えば工場財団抵当の目的物たる土地から良質の砂利を産出するを幸い、工場所有者がそれを掘取って他人に売却した場合に、債権者は当該行為を「債務者が担保を毀滅し又はこれを減少したる」ものとして第百三十七条の適用を主張し得るか。この問題は当該砂利掘取行為を第三百七十一条に依る果実の収取に過ぎずと解すべきか又は抵当の目的物を毀損する行為と解すべきかに依って定まるのであるが、この場合に凡そ砂利掘取の如きは工事敷地の用方にあらざるが故に砂利はすべて当該土地の果実にあらずと一概に考えるのは果してどう言うものであろうか。第三百七十一条の精神から言うと、設例の如く砂利を掘取売却する行為はこれを適法なる果実収取とは考え難いけれども、例えば工場主が工場建物新築のためコンクリート用として自己敷地内の砂利を掘取使用することは許されてしかるべきであろうし、又例えば掘取した砂利を国道より工場に至る村道の改修に利用するが如きもまた許されてしかるべきもののように考えられる。しからば、その区別を合理ならしむべき実質的の標準は何か。一は抵当物を毀損してその担保価値を減少せしむるが故にこれを許さず、他は実質的にかかる作用なきが故に許されるのだと私は考える。第八十八条第一項の文字だけから、凡そ砂利を収取するのは工場の用方にあらざるが故に、工場敷地の砂利は果実にあらずと先ず初めに抽象的に事を決めてしまった上、故に第三百七十一条を適用すべき限りにあらずと言う結論を導き出すような考え方では到底右の区別を合理的に説明することは出来ないのである。

更に別の規定に付いてこの理を説明すると「善▽意の占有者は占有物より生ずる果実を取得す」〔一八九条〕るが、果実にあらざるものは取得し得ない。果実にあらざるものを濫りに取得すると、「占▽有物が占有者の責に帰すべき事由に因りて滅失又は毀損したる」場合に相当するものとして、善意の占有者といえどもなお「現▽に利益を受くる限度において賠償をなす義務を負」わねばならない〔一九一条〕。しからば、果実なると否とに依って何故にかかる取扱上の区別を生ずるのか。

それは当該占有物の性質に鑑み善意の占有者が常識上自ら収取処分して差支えないと考えるようなものが法律にいわゆる果実に該当し、そのしからざるものは果実でないからであって、第八十八条第一項が「物▽の用方に従い収取する産出物を天然果実とす」と言っているのも、要するにこの理を言い現わさんとしているに外ならないのである。従って例えば境界の間違いにより善意に他人の土地を占有している者がその地上に生立する樹木に付いて常識上通常自らなし得る行為即ち木の実を取るとか、落葉枯枝の類を処分するとか、整枝をするとか言うような行為は占有者が正当になし得る行為であって、かかる行為に依って収取されるものが天然果実なのであり、これに反し濫りに樹木を伐採するが如きは不当であって、占有者は第百九十一条所定の賠償義務を負担せしめられるが、かかる伐採行為に依って得られるものは又従って天然果実ではないと言われるのである。

これを要するに、私は第八十八条第一項の規定だけから出発して天然果実の概念を決定した上、これをそのまま他の規定の解釈上に利用しようとするのが間違いであって、むしろそれとは反対に他の規定の精神から逆に各場合に付き当該の諸物がその規定にいわゆる果実に該当するや否やを決定すべきであると考えるのである。従ってしばしば教科書に見出されるように抽象的に盆栽の木の実、荷馬の子、庭園の枯葉等は果実にあらずと言うように説明するのは、机上の空論としては必ずしも絶対に間違いであるとは言い得ないとしても、実際的には無用もしくはむしろ誤解を惹起し易い不当なものであると私は評したいのである。

私がここに一般には比較的軽く取扱われているこの種の事柄を仰々しく取上げて通説に非難を加えているのは、決して強いて小異を立てて自ら快しとせんとするが如き私念に出《い》ずるのではない。我国の民法学が今では全く概念法学の悪い方面から脱却し切っているように何となく一般に考えられていながら、実際一般に行われている法的思惟の主調が依然として概念法学的のそれを去ること決して遠からざる所以を比較的簡易の例をとって具体的に説明したいのが私の念願である。しかしてこの種の思惟方法が支配する限り、我国民法学を概念法学の弊から根本的に救うことは到底出来ないと私は考えるのである。

法定果実

一

前稿において天然果実に関する民法第八十八条第一項の規定に付き従来一般に行われている解説に対し多少の批判を加えたが、引続き法定果実に関する第二項の規定に関する従来一般学者の解説に対しても同じ趣旨から検討を加えて見たい。

ここでは第一項の場合と異なって学説の説く所必ずしも多岐に亘っていない。その例示する所も家賃・利子・地代・小作料等を法定果実なりとする点においてすべて一致している。唯実際上最も重要な問題である利益配当は株式の法定果実なりやの問題に至ると、学者の意見が別れている。先ず第一に多数説は消極説をとる。その理由として書かれている所は学者に依って必ずしも一致していないが、例えば穂積博士は法定果実は「物の使用の対価」でなければならぬ。しかるに利益配当は法律上払込株金を使用する対価と言い難いと説き〔『民法総論』二七二頁〕、鳩山博士は「株主は会社に対し払込みたる株金の返還請求権を有せざればなり」と説く〔『民法総論』二六四頁〕等、要するに「物の使用の対価として受くべき金銭その他の物」なる文字に捉われて事を考えているのである。鳩山博士が「返還請求権」云々を問題にするのも、法定果実の元物を借地・預金・社債の如く一時使用を許すも結局返還されるものでなければならぬと言う考えに捉われ、払込株金はその意味において一時会社に使用を許したものとは言い得ないからこれを元物と考え難いと言うに外ならないのである。

右と反対に川名博士は積極説をとって「法定果実は物の使用を許すところの法律上の関係に基づくものなることを要す。利息・土地の使用料・会社の利益配当の如し」〔『総論』一四九頁〕との説明を与えているが、ここでは「物の使用の対価」なる文字をややゆるやかに解するに依ってこの結果に到達しているに過ぎないのであって、専ら法文の文字解釈に依って抽象的一般的に法定果実の意義を定めようとしている点においては消極論者と全くその態度を一にしている。これを要するに、結論や説明こそ異なるけれども、定義規定の意義をその定義が使用されている個々の実質的規定に付いて具体的に考えようとしていない点において、ほとんどすべての学者は同じ傾向にあると言うことが出来る。

この点において我妻教授の所説はやや趣を異にしている。教授は直接第八十八条第二項の解説においては、法定果実の例として家賃・利子・小作料の三者を挙げるに止め、利益配当が一般的に株式の果実なりや否やの問題には直接触れていないが、質権者の果実収取権に関する第三百五十条〔二九七条〕の解釈としそ「配当をもって株式の果実となすことは少なくとも株式を質権の客体として見るときは正当である」〔『担保物権法』一八〇頁〕と述べ、問題を個々の規定に付いて個別的且つ具体的に考えねばならぬとする態度の片鱗を示している。

二

以下に法定果実が実際上問題になる主な場合二、三を例にとって、利益配当を株式の法定果実と見るを正当とするや否やの問題を考えて見る。これに依ってここでもまた在来一般学者のとり来たれるが如き解釈態度を以てしては到底事理に適した解決に到達し得ないことが明らかにされると思う。

先ず第一に、株式が質権の客体たる場合に付いて言うと、ここでは我妻教授の主張される通り、記名株と無記名株とを区別し、無記名なるときは質権者は民法第三百五十条〔二九七条〕によって利益配当を収取し得べきに反し、記名なるときは株主これを取得するを原則とし、質権者が特に商法第二百九条の手続をとりたる場合に限り質権者において配当金の支払を受け得るものと解せねばならない。けだし無記名株にあっては会社としては株式の所有者に配当金の支払をなすの外ないし、又、記名株にあっては特に商法第二百九条の手続がとられていない限り株主名簿に株主として記載されている者に配当受領書を送附しそれと引換に配当金の支払をするの外ないからである。もしも利益配当は果実にあらずとする多数説に従うとすれば、無記名株の場合会社は現に株券を所有せざる株主に配当金の支払をなさざるべからざるに至り、実際の取扱上全く処置に窮するであろう。又もし反対に果実なりとする説に従い、記名株においても配当金はすべて直接質権者に支払わるべきものとするときは、特に、商法第二百九条の規定が設けられている趣旨が全く没却される。

同条はその規定する手続がとられた場合に限り、「質▽権者は会社より利益もしくは利息の配当〔中略〕を受け他の債権者に先立ちて自己の債権の弁済に充つることを得《う》」と規定しているのであるから、かかる手続のとられていない場合には反対に質権者にかかる権利なしと言わねばならぬ。即ち改正商法がこの規定を設けた理由は法定果実に関する民法第八十八条第二項及び質権者の果実収取権に関する第三百五十条〔二九七条〕のみでは適当に解決出来なかった当面の問題に付き直接具体的の解決を与えんとするにある。従ってこれに依って記名株を客体とする質権に関する限り、利益配当は法定果実なりやの問題が事実上解決されて疑問が残されていない訳である。この事は前稿に記した通り山林を抵当に入れた後山林所有者に立木の収取権ありやの問題が、民法第三百七十一条のみでは適切に解決出来ない欠点を補うために、「立▽木に関する法律」第三条を設けて「立木」に関する限り事実上問題を解決しているのと趣を同じゅうするものである。従って商法改正前の古い著書ならばともかく、最近の著書〔例えば岩田氏『民法総則新論』三六六頁〕にしてなお同条を無視して一般に「配当は果実ではない」と言うような説をなしているものがあるのは甚だ不可解なりと言わねばならない。

三

次に株式売買に関連して利益配当が株式の法定果実なりやの問題を考えて見ると、先ず第一に「未▽だ引渡さざる売買の目的物が果実を生じたるときはその果実は売主に属す」との民法第五百七十五条第一項はこの問題に関して如何に解釈せられ適用せらるべきであろうか。例えば、株式を売買したる後未だ株券の引渡をなさざる間に配当請求権が発生したならばその配当は本条に依って売主に帰属するものと解すべきであろうか。

問題は二に分れる。第一に、会社は売主買主のいずれに配当の支払をなすべきか。第二に、会社が何人に支払うべきかとは別に、売主買主相互間において配当は何人に帰属すべきか。第一問に付いては記名株にあっては株主名簿の記載が事を決する。たとえ名義書換前に株券が既に買主に引渡されていても、会社としては名簿上の株主たる売主に配当の支払をなすべきは勿論である。又無記名株にあっては現に株券を所有し占有する者に支払うべきであるから、未だ株券を引渡さざる売主が株券を提示して支払を請求すれば会社は勿論これに支払ってしかるべきである。

　第二問は、更にこれを具体的に言い換えると、例えば記名株を売買し且つ引渡を了したるも、未だ名義書換をなさざる間に売主が会社から配当受領書の送達を受けたならば、それを買主に引渡さねばならぬか又自ら配当金の支払を受けたならばそれを買主に引渡すべきかの問題となる。この問題は第一段においては当該売買契約の意思解釈に依って決定せらるべきものなること勿論であり、実際には多くの場合当該売買の代金額から推してその意思を明らかにし得るものと思う。しからば、その意思全く不明なる場合には第五百七十五条第一項の規定に従い株券の引渡ありたりや否やを規準として事を決すべきであろうか。形式的に推論して行くと、一応この結果を認むべきもののようにも考えられるが、株式売買の実情から考えるとむしろ反対に解せねばならぬのではあるまいか。恐らくは実際上は反対の商慣習があるに違いないと私は想像している。

四

　次に問題を民法第八十九条第二項に付いて考える。例えば一配当期と次期配当期との中間において株式が売買・遺贈等に因って甲より乙に移転した場合に、その期の配当金は全部乙に帰属するものと解すべきか又は甲乙が本規定に従って「これを収取する権利の存続期間日割を以てこれを取得す」るものと解すべきか。

　移転が売買によって行われた場合ならば、問題は第一段においては意思解釈に依って解決せらるべきものと思うが、取引の実際においては恐らく無記名株にありては配当期当時株券を所有し占有する乙が全部取得し、記名株にありては当時名簿上の株主であり、従って配当受領書の送附を受けた者が全部取得することとなっているのではあるまいか。この場合に、配当は株式の法定果実にあらざるが故に第八十九条第二項を適用すべからずとか、又は法定果実なるが故に適用すべしと言うが如き議論をするのは誤りであって、事はむしろ株式売買に関する商慣習に依って定めらるべきものと考えるのである。

ところが特定の株式が遺贈された後受贈者が配当期の中間に死亡した場合に、次期の配当は全部受遺者に帰属するものと解すべきか、又は遺贈が効力を生じた時即ち遺贈者死亡の時を標準とし「収取する権利の存続期間日割を以て」一部は相続人に、他は受遺者に帰属するものと解すべきかの問題になると、遺言中に別段の意思表示なき限り問題の解決は困難になる。何となれば、売買の場合と異なって、こうした場合に付いては恐らく何等の商慣習もないと想像されるからである。配当を法定果実にあらずとする学者は、恐らく受遺者において全部取得するを当然と考えるであろう。これ等の学者は社債の利息は法定果実として日々に発生するが故に第八十九条第二項に従って「日割を以て」分割せらるるを当然とするに反し、配当は法定果実にあらず株主総会の決議に依って初めて発生するものなるが故に、その発生当時株主たるものにおいて全部取得するを当然なりとするものと想像するが、かくの如くに社債と株式とを区別することが実際上果して実質的に合理的であろうか。私の考えでは株式の場合でも遺贈が効力を生じたる日以前の分だけは日割を以て――それまでの株式所有者たりし遺言者の――相続人に帰属するものと解すべく、従って事実配当を受領した受遺者はその分だけ相続人に償還する義務あるものと考えるのが社会通念に合するように思われるのであるが、一般学者は果してどう考えられるのであろうか。

株式配当金と法定果実

前稿において、私は「法定果実」の意義に関し、従来学者が一般に民法第八十八条第一項の解釈として説いている所に対して、多少の批評を試みた。その主たる目的は、ここでもまた定義規定の意義を明らかにするに当っては、その定義を使用している個々の実質的規定との関連を十分具体的に考える必要があることを説くにあった。それがため、私は専ら株式配当金を例にとってこれを法定果実と見るや否やが第三百五十条〔二九七条〕、第五百七十五条第一項及び第八十九条第二項等の解釈適用上に如何なる関係をもつかを具体的に考えて見た。その結果結論として、大体、(一)配当金を法定果実と解することは実際上無記名株の質権者が第三百五十条に依って配当金を収取し得ることを説明するためには少なくとも必要であって、この点に関する限り配当金を法定果実にあらずとする多数説は不当なること、(二)株式売買の場合における配当金の帰属問題をきめるために仮に配当金を法定果実なりと解して第五百七十五条第一項及び第八十九条第二項を適用して見ると一応或る解決が得られるけれども、実際上は恐らく反対の商慣習があるに違いないと想像されること、従ってこの問題に関する限り配当金が法定果実であるかどうかを論じて見ても結局何の役にも立たないこと等を述べて置いた。

ところが、その後未知の誌友大住達雄氏から私信として「株式配当金の実際」に関して懇切なる御教を頂き、これに依って取引上株式売買の場合に配当金が如何に取扱われているかの実情を明らかにすることが出来たから、一には前稿の足らざる所を補正する意味において、二には私同様この種の実情に通じない読者も少なくなかろうと考え、それ等の方々へ参考資料を供する目的を以て、その要旨を左に掲げさせてもらうことにした。

一、第一に会社と株主との関係ですが、株式配当金は如何なる場合においても株主名簿に記載せられた株主に支払われております。唯株券は盛んに輾転流通し株主名簿は毎日のように名義書替が行われておりますから、何時における株主名簿に記載された株主に支払われるかを極《き》めなくてはなりません。

（イ）一般の場合においては、会社は「営業期末日における株主名簿現在の株主に配当金を支払う」旨を定款に定めるのを普通とします。定款において「営業期末日の翌日から配当金支払に関する定時株主総会終了の日まで株式名義書換を停止する」旨を規定しているのは、配当金を支払う株主を確定するの手段として行われている手続です。

（ロ）会社の規模が大きくなると、営業期末から定時株主総会開催の日まで二ヶ月も三ヶ月もかかることは珍しくありません。この間株主の名義書換を一切停止することは株式の流通性を著しく妨げますから、かかる会社においては定時株主総会開催の前月末日現在の株主に配当金を支払うことを定め、これを定款に規定しております。――例えば六月末日に営業期を終り九月下旬に株主総会が開かれる会社においては、八月末日現在の株主に対して配当金を支払うと云う様に――この場合株式の名義書換停止は株主総会開催の日の属する月の一日――本例においては九月一日――から始まります。

（ハ）無記名株式を発行した場合は商法二二八条に依り、株主総会開催前株券を会社に供託株預り証と引換に株券の返還を受け、同時に配当金領収証の交付を受けることになりますから問題はありません。

二、第二に株券の譲渡人（甲）と譲受人（乙）との関係ですが、これは株式の譲渡が、株式名義書換停止期間開始前に行われたか、開始後に行われたかに依り、配当金受取の権利が何れに在るかが定められます。換言すれば株式の譲渡が書換停止期間開始前に行われれば配当金は乙に帰属し、書換停止期間開始後に行われれば甲に帰属します。――勿論当該営業期における配当金です。

ここに注意すべきことは株式の譲渡とは譲渡債権行為を意味し、譲渡物権行為を指すのではありません。従って何時売買契約が成立したかが問題となるので、何時株券が引渡されたかは問題になりません。遺贈の場合もこの原則で解決出来ます。

名義書換停止が近づいたとき株式の売買が行われると、株券の受渡を急ぎ停止期間開始前に名義書換を了することになっておりますが、売主の都合で株券の引渡が停止期日開始後になったとか、或いは買主の都合で名義書換が出来なかったとか云うような場合、会社側としては勿論株主名簿に記載された株主即ち甲に対して配当金を支払う結果になりますから、甲は配当金領収証を乙に交付するか、又は配当金を受取ってこれを乙に引渡すかせねばなりません。この場合甲は税法上配当金所得者としての認定を受けますから、配当金に相当する金額は自己の所有に加算され綜合所得税を課せられます。この甲に課せらるべき綜合所得税は更に乙に転嫁されなければなりません。転嫁方法として配当金の三分の一ないし半分はこれを甲が留保し残額を乙に引渡すと云うような仕組になっております。

三、株式の値段はこの名義書換停止期間開始を限界として、以前を「配当付」以後を「配当落」と称し、配当落になれば、株式の値段は配当金の額だけ安くなる勘定でありますが、株式の相場は財界のいろいろな事情に因り左右されるので必ずしもこの原則通りに行きません。

四、ついでに公社債のことを申します。公社債の利息は利札の所持人に支払われること当然でありますが、公社債の譲渡があった場合、その利息は公社債を所有した期間に応じて譲渡人譲受人間において分割取得します。公社債の値段は「裸値段」と称し利子を含まない所で決定され、別に経過期間に応じて利子を計算します。例えば三月一日が利子支払期日として三月十一日に公債の売買が行われた場合、二日から十一日に至る十日間の利子を計算して、売買価格とは別に買主から売主に交付する慣例となっております。

五、何時現在の株主に配当金が支払われるかは総ての株式会社の定款の規定している所であり、又譲渡人譲受人間においては名義書換停止期間開始の日を基準として配当金の帰属が定まることは取引界に行われている不文律で、「当該売買契約の意思解釈」などはほとんど容れる余地もないくらいです。

以上を熟読して私の感じたことは、凡そこの種取引の実情を度外視して株式配当金が法定果実であるかどうかを論じたり、それが何人に帰属すべきであるかを考えて見ても、結局それは机上の空論、無用の法律談義に過ぎないと言うことである。しかし、今でも前稿の末尾において論及した記名株式の遺贈と民法第八十九条第二項との関係に付いては論議の余地と価値がなお相当あるように思っている。何故なれば、ここでは売買の場合と違って商慣習を以て事を決する訳にはゆかないように思われるからである。

名義貸与者の責任

一

他人に自己の名義を貸与使用せしめたる者はその他人が第三者に対してなしたる行為に付きその責に任ぜねばならぬとの判例法がある。しかし、その責任の理論的根拠及び責任条件に関しては判例の言う所区々にして明瞭を欠く点多く、学者のこれに関する研究も今なお甚だ不十分である。

この原理を最も明瞭に言明した最初の大審院判決は昭和五年〔1930〕十月三十日のそれである〔『民集』九九九頁〕。この判決は頼母子講の管理人たる名義を他人に貸与したる者をして講の債務に付き管理人としての責任を負わしめるため、民法第百九条及び旧商法第六十五条〔新商八三条〕を援用し、「これ等の規定は取引の安全を保護するため法律行為をなすに当り自己が責任を負担すべき地位に在るが如き表示をなし又は責任を負担するが如き行動をなしたる者は、その真意の如何にかかわらず、これを知らざる者に対してはその責に任ぜざるべからずとの法律の精神に基づくものにして、前示法条の如きはこの精神の一端を明文を以て規定したるものに過ぎざるものとす」と言っている。これは当時小町谷教授が本判決に対する評釈において指摘している通り英法の「表示に依る禁反言」に類似する大原則が広く我国私法の基底に伏在することを極めて明快に言明したものであって〔『判例民事法』昭和五年三四八頁以下〕、名義貸与者の責任に関する判例として画期的のものである。これより先大審院は昭和四年〔1929〕にも自己の支店たる名義を他人に貸与した運送会社の責任を認めるに付いてやや類似の趣旨を説いているが、そこでの理由付けは「けだしその損害の発生は被上告会社が鈴木鉄太郎に許して右支店名義を使用せしめたることに基因するものにして、被上告会社の通常予想し得べき範囲に属するものと云うべく、被上告会社がその損害に付き右の如き責に任ずるものとするに非ずんば取引の安全は到底保つことを得べきものに非ざればなり」と言うに過ぎずして〔昭四・五・三『民集』四四七頁〕、同じく「取引の安全」を理由として名義貸与者に責任を負担せしめているものの、上記五年判決に比べると理論的根拠著しく明確を欠きいわゆる条理裁判の域を脱せざるものであった。

ところが、昭和八年〔1933〕大審院は自動車運送業の営業名義を他人に貸与した者の責任を認むるに付き右二の判例を引用した上、「これと本件の場合と比較対照するに本件は不法行為、判例は法律行為に関するものなりといえども、自己が責任を負担すべき地位に在ることを表示し、又は責任を負担するが如き行動をなしたる者はこれを知らざる者に対してはその表示又は行動の責に任ぜざるべからざる所以において取引上これを区別すべき理由あることなく云々」と論じ〔昭八・七・三一『民集』二四二二頁〕、従来法律行為に付いてのみ認めていた原理を突如不法行為にまで拡張適用する態度を示した。この判決を研究するに当って注意すべきは、同じ大審院が前年昭和七年〔1932〕に本件と極めて類似した事案に付いてこれと反対に名義貸与者の責任を否定した判決を与えていることである〔昭七・一一・一『民集』二〇七六頁〕。これ等の判決における事案はいずれも、自動車営業者が官庁に対する関係その他対外的には恰も雇人を雇入れて業者所有の自動車を運転せしむるが如き形式をとりながら、実は運転手が自己所有の自動車を自己の計算において運転している場合に関している。そうしてその運転手が更に他の運転手を雇って自己に代わり運転せしめている間に事故を起し、その結果被害者から業者に対して賠償請求をしているのが事案の実質である。ところがその同じ問題を、昭和七年〔1932〕判決においては民法第七百十五条の適用ありや否やに依ってこれを解決せんとし、同条の適用あるがためには「使用者と被用者との間に選任監督の関係存する場合に限らるべきこと同条但書に徴し毫も疑いを容れず、従って被用者が更に第三者を使用して自己に代り事業を執行せしめたるときといえども、その使用に付き使用者の許諾を得、使用者において監督をなすべき関係に在りたる場合においてはその第三者が事業の執行に付きなしたる不法行為に付き使用者において損害賠償の責に任ずべきものなるも、その然らざる場合においては使用者はその第三者のなしたる不法行為に付き責任なし」と判示し、上記昭和五年〔1930〕判決の言明せるが如き名義貸与者の責任原理の如きには全然触るる所なく、単に民法第七百十五条の正面解釈から使用被使用関係の存在を否定して業者の責任を否認する結果に到達している。これに反し昭和八年〔1933〕判決はこれと反対の結論に到達するがため上記の通り昭和五年〔1930〕判決が法律行為に関して認めた名義貸与者の責任原理を不法行為にまで拡張適用している。問題の実質的取扱としては吾々はここに判例法の喜ぶべき飛躍的発展を見出し得るのであるが、他面これを理論的に考察するとき「表示による禁反言」的の責任原理が果して不法行為にまで適用せらるべきものなりや否やに付き多大の疑いを感ぜざるを得ないのである。何となれば、法律行為の場合であれば世人は名義貸与者を真実の相手方と誤信し彼の信用人物等に信頼して取引すると言うようなことも起り易いから、取引の安全を保護する目的から考えて貸与者をして責任を負担せしむべしとの論も成り立ち得る。この意味において吾々も、例えば昭和五年〔1930〕判決が禁反言的原理によって頼母子講の管理人たる名義を貸与した者の責任を認めているのを正当と考える。これに反し、昭和七年〔1932〕及び八年の両判決におけるが如き自動車事故に在っては、現に当該の自動車を運転している者が他人の被用者なりや否やは事故発生そのものには無関係である。法律行為の場合ならば、例えば信用ある某々業者の代理人ないし被用者なりと考えればこそそれと取引をすると言うようなことも考えられ、従ってかかる誤信の原因を作った者として名義貸与者に責任を負担せしめると言うことも考えられるけれども、不法行為にあってはかかる誤信と被害の発生との間には何等の因果関係もない。従って昭和八年〔1933〕判決が昭和五年〔19

判決を引用し法律行為における同じように信頼関係を理由として名義貸与者に責任を負担せしめているのは誤りであって、もしも大審院が彼の責任を認むるを実質的に正当と考えるならば別途に理論的根拠を求めねばならなかったのだと私は考えるのである。〔30〕

それかあらぬか、その後大審院が昭和十一年〔1936〕十一月十三日判決〔『民集』二〇一一頁〕において、同じく自動車事故に対する名義貸与者の責任を認めるに当っては、再び問題を第七百十五条の解釈に引き戻し、「上告人（Y）名義の下にAが自動車の運転に従事する以上、その自動車がAの所有に係ればとて又自動車の運転はAの計算においてなしたればとて、Aが或る範囲においてYの指揮の下に立たざるを得ざるは即ち自明の数なるを以て、Y対Aの関係は使用者対被用者のそれなること又言を俟たざればなり」と言っているのは注目に値する事実と言わねばならない。殊にこの事件においては——前の二判決におけるとは異なり——自動車事故の被害者は一般通行人にあらずして当該自動車の乗客であったのであるから、ここでこそむしろ第三者の信頼関係を問題として正面から上記昭和五年〔1930〕判決の責任原理を適用すべきであったと思うのであるが、大審院がその途を択ばずして使用被用関係を広義に解して問題を解決する途をとったのはそもそも如何なる理由に因るのであろうか。

二

以上諸判決を批判的に研究した結果、私が先ず第一に問題として感ずるのは、名義貸与者の責任の理論的根拠は法律行為と不法行為とに付いて別途にこれを求むべきものなりやもしくは同一原理に解決を求むるを正当とすべきやの問題であり、第二にはもし後者を正当とすとせばその際使用せらるべき統一原理は何であるかと言うことである。

　この点に付いて私が現在の所試案として考えている結論は、第一問題に付いては法律行為と不法行為とに通ずる統一的の責任原理を求める可能性もあるしその方がよろしいと言うことである。その理由は先ず第一に頼母子講に関する昭和五年〔1930〕判決が言明している責任原理は偶々当該の事件には適切に当てはまるけれども、同じく法律行為に関している昭和四年〔1929〕の運送会社事件にはそのまま当てはまらない。何故なれば、ここでは荷送人が他人に名義を貸与した運送会社に対して信頼したと云うようなことは全く認められない。信頼と損害との間には何等の因果関係もない。判決は「その損害の発生は被上告会社が鈴木鉄太郎に許して右支店名義を使用せしめたることに基因す」と言っているけれども、小町谷教授も指摘しているように〔『判例民事法』昭和四年一七八頁以下〕同事件においては荷送人は初めから被上告会社そのものをさえ知らなかったのであり、従って同会社に対する信頼と言うようなことは全然考えられないのである。かくの如く法律行為に付いてさえいわゆる「表示による禁反言」的の原理では名義貸与者の責任原理を十分全般的に理論付け得ないとすれば、むしろ別途に統一的原理を求めた方がいいのではないか。そうしてその同じ原理で法律行為たると不法行為たるとを問わず名義貸与者をして責任を負担せしめることを考えた方がいいのではないか、と私は考えるのである。

　次に又、民法第七百十五条の解釈が名義貸与者の責任原因を説明するに付き十分の理論的根拠を与え得ないことも、むしろ別途に統一原理を求むる事を正当とすると言う結論に私を導くのである。使用者責任の理論的根拠を窮局において使用者の選任監督上の過失を求める同条を以てしては到底使用者責任の問題を全体として適当に解決し得ないことは既に周知の事実である。それがため判例も、或いは使用被用関係をなるべく広く解し、終にはその存在を擬制するが如き方法を用いてわずかに使用者の責任を説明したり、又或いは選任監督上の過失をなるべく軽視し、終にはそれを問題とせずに使用者の責任を認めるが如き態度を示している。従って名義貸与者の不法行為責任を無理に第七百十五条の解釈に依って説明しようとしても到底合理的な結果に到達し得ないから、むしろ別途に特殊の統一的責任原理を求むべきであると言うのが私の考えである。

三

以上判例の研究を通して、吾々は大審院が名義貸与者の責任問題を解決するために、一には民法第百九条等の類推に依る「表示に依る禁反言」的の原理を利用し、二には民法第七百十五条の解釈を利用していることを見出す。しかしてこの中前者は、大審院自らこれを不法行為にも適用し得べしと主張しているにもかかわらず、この原理を以てしては法律行為に関する問題をさえ十分全部的に説明し得ざること既に上述の通りである。

そこで私はこれから以下に、大審院が形式上これ等の法的技術を使って名義貸与者の責任を肯定するに当り実質的に考慮したと想像される諸要因を分析的に摘出して、それに批判を加える方法に依って、当面の問題を全部的に解決し得べき発展性ある責任理論の構成を試みたいと思う。

大審院が「▽法律行為をなすに当り自己が責任を負担すべき地位に在るが如き表示をなし又は責任を負担するが如き行動をなしたる者はその真意の如何に拘らずこれを知らざる者に対してはその責に任ぜざるべからず」との原理を主張するに当り、表面上注意しているのは取引安全保護の必要である。善意第三者の保護、即ち貸与せられたる名義を通して名義者を真の行為者本人なりと誤信した、その信頼を保護することが表面上の判決要因となっている。ところが同時に看逃し難いのは、名義貸与行為を取引の安全を阻害するものとして非難し、そのことをも責任肯定の根拠の一としていることである。例えば昭和四年〔1929〕判決が「▽その損害の発生は被上告会社が鈴木鉄太郎に許して右支店名義を使用せしめたることに基因する」云々と言えるが如き、因果関係に名を仮りて実は責任を貸与者に帰せしむるに足るだけの非行が貸与者側にあると言う趣旨を説きたるものと解すべく、又問題の責任原理を不法行為にも適用し得べしと主張している昭和八年〔1933〕判決が「私法上の関係においては上告人は自ら営業者としての総ての責任を負担すべき旨を表示し」云々と言い、「表示」に名を藉り彼自らが自ら一切の責任を負担すべき意思を表示したるが故に、彼に帰責するも可なりと説明しているのも、実は不法に名義を貸与した彼の非行を非難し、それを理由として彼に責任を帰せしめているに外ならないと私は考えるのである。

そこで名義貸与者の非行なる要因が当面の問題を解決するに付き一般的にどれだけの重さをもつものであるかを理論的に考えて見ると、それは非行の程度如何と密接に関係しているように考えられる。即ち非行の程度が高ければそれだけでも責任の根拠となり得るし、これに反してその程度が低ければこれに加うるに何等か他の要因を加うるに依って初めて責任を肯定することが出来る。

先ず第一に、もしも名義貸与者がその行為に依って、第三者を欺罔し特にこれに害を加える意思をもっていたとすれば、彼の非行は明らかに不法行為を構成するものと言い得べく、従ってその非行だけを根拠として彼に責任を負担せしめることが出来る。即ちこの場合には名義貸与者の非行のみが問題となり、別にそれ以上取引の安全保護と言うような要因を考えに入れる必要がないのである。

これに反し、名義貸与者にかかる害意なき場合には、名義貸与行為そのものが不都合の行為であると言う理由だけでは、その責任を根拠付けるのに不十分であるから、大審院は別に取引の安全保護の必要なる要因を求め、それを理由として責任を肯定する態度をとっているのであるが、この方法では問題を全部的に解決し得ざること上述の通りである。そこで私はこの要因とは別に大審院をして特に責任を肯定するに至らしめている別箇の要因が存在するのではないかと言うことを考え、この見地から諸判決を具体的に研究した結果、一の極めて興味ある事実を発見したのである。元来氏名・会社名等はすべて各自の個性を識別する作用を有するものであるから、故なく他人をしてこれを使用せしむるが如きはすべて取引の安全を阻害するものとして或る程度の違法性を帯有する行為である。ところが問題の事案においては、それ以上違法性を増大せしむべき事情が別に存在するのであって、それこそ大審院をして特に責任を肯定するに至らしめた実質的の原因ではあるまいかと考えられるのである。

当面の諸判決における事案を審らかに研究して見ると、そこで問題になっている営業は一の例外もなしに許可もしくは認可営業である。先ず第一に、昭和四年〔1929〕判決における運送会社は運送取扱業者統合の結果設立された会社であるにもかかわらず、会社は自ら営業を行わずして、統合された在来の小取扱業者に支店名義を貸与して営業を行わしめていたのである。第二に、昭和五年〔1930〕判決における頼母子講は警察官署の認可を必要とする。しかるに被告はその認可を得る便宜上講成立前一時、管理人名義を貸与していたのであって、その行為は一面世人をあやまるもの――従って取引の安全を害するもの――として非難せらるべきものであると同時に、他面認可制度を潜脱するものとして明らかに甚しい違法性を帯有するものである。更にその他の判決はすべて自動車事故に関係しているが、そこで被告となっている自動車運送業者はいずれも警察許可に依って営業をなしつつあるにもかかわらず、被用者名義を他人に貸与して密かに自ら営業をなさしめていたのであって、これまた許可制度の目的に反する脱法的行為である。これ等の自動車関係の判決においては、表面上或いは取引の安全保護の必要を理由とし、或いは民法第七百十五条の字句解釈に依って事を解決しているのであるが、それ等の理由付けがいずれも理論的に不十分であることは既に上述した通りである。

かく考えて見ると、今までに成り立っている名義貸与者の責任に関する判例法は名義貸与一般に関する判例法にはあらずして、名義中特に貸与を禁止すべき理由大なる名義を違法に貸与した者の責任に関する判例法に過ぎないのであって、判決中には偶々一般第三者に誤信を生ぜしめ取引の安全を害したと言う点を重く見ねばならぬものもある〔例えば頼母子講に関する昭和五年判決〕けれども、一般的には「取引安全の保護」と言う括弧を以てくるよりはむしろ「名義貸与の違法性」と言う括弧を以てくくり出す方が事の実相に適合した理論的整理が出来、判例法の真義を明確にすることが出来るのではないかと考えられるのである。即ちこれ等の判決は一面において被害者の個人的保護を目的としながら、他面において同時に違法なる名義貸与行為を禁遏することを目的としたものであって、名義貸与者をして責任を負担せしむることがやがて不当の名義貸与行為を防止する効用あることに眼を着けたのが、この判例法の本意であるように考えられるのである。

かつて大審院は「取引所仲買人に非ざる者が仲買人の名義を仮取引所において売買をなすこと」を禁遏するため、かかる売買を無効とする態度を示したことがある〔大正一〇・九・二〇『民録』一五八三頁〕。これに対し私はかかる売買を無効とするよりはむしろ名義貸主をしてかかる売買に属する責任を負担せしめる方が間接に違法行為を防ぐのに役立つであろうとの批評を加えたことがあるが〔『判例民法』大正一〇年四二九頁〕、今私は当面の判例法を考察しながらこのことを想い起すのである。

四

名義貸与者の責任に関する判例に対し以上の如き批判を加えるに依って、私は今後に向って発展性をもつ一の新しい責任原理の端緒を見出し得たように思う。昭和五年〔1930〕判決の主張している責任原理を「表示に依る禁反言」的の原理と解釈することも一の正しい考え方である。しかし、かかる解釈を通してこの原理の発展し得べき局限は結局法律行為に関して取引の安全保護が問題とされる場合に限られること上述の通りである。それよりは不法行為をも含めて広い適用範囲をもつ名義貸与者の責任原理を「違法性」の基礎の上に築くことを試みる方が、法文字句の末に捉われて発展遅々たる我国不法行為法の生成に資する所が多いと思う。

我国の不法行為法の解釈は裁判所及び学者の努力に依って近来ようやく「権利侵害」なる字句に捉わるるの弊を脱却するに至りつつあるけれども、依然として抽象且つ平盤の弊甚しく不法行為の種類に応じてそれぞれ特殊の構成要件を考え以て不法行為法本来の精神を活かすことを怠っている〔この点に付いては後出「不法行為の再編成」参照〕。有泉教授は最近の『京城帝国大学法学会論集』第十二冊第二号中にこの弊を指摘し極めて雄大なる構想の下に「不法行為理論の操作的構成」を企てているが、私の以上の解釈がこの種の構想を組み立ててゆくに付き——極めて些少ながら——一の具体的資料を提供するものとして何等か役に立ちはしないかと考えている。

時効期間の逆算

一

時効利益の抛棄に関する判例を研究しながらいつも感ずることは、そこで使われている理論と技術とに何かしら無理があることである。殊に、抛棄を以て既得利益を積極的に抛棄する意思表示なりと考える当然の結果として、抛棄者が時効の完成、従って時効利益の存在を知ることが必要であるとされているにもかかわらず、その「知ること」を推測しているのは吾々の常識上何としても無理である。「▽時効の抛棄は完成したる時効の効力を消滅せしむる意思表示なれば既に時効の完成したる事実を知るに非ざればその抛棄の無効なるは勿論なりといえども、普通債権が十年の時効に因りて消滅すべきことは一般周知のものと認むべきものなるが故に、右期間の経過したる後に至り、債務者が債務の承認をなしたるときは、時効完成の事実を知りてその承認をなしたるものと一応推定するを妥当なりとす」と言える大正六年〔1917〕二月十九日の大審院判決〔『民録』三一一頁〕の趣旨は今なお判例として維持されている。しかしかつても私が書いた通り、「時効の完成を知らざればこそ履行猶予を求むるのだと見るのがむしろ普通の見方」であって時効の完成を知っていながら履行猶予を求めるようなことはむしろ普通にはないと考える方が常識的だと私は考えるのである〔『判例民法』大正十年四五頁〕。

この無理を除く方法として、穂積博士は時効の効力に関する停止条件説なるものを提唱し、例えば債務が時効にかかっても、援用があるまでは債務は存在する、従ってその弁済は有効である、又、例えば「時効の完成を知らずに債務を承認した場合に付いては、停止条件的説明で行ってもまだ多少の疑問はあるが、ともかく債務がまだ消滅しないでいるのを承認するのだから、それが時効利益の抛棄かどうかと言う問題を惹起せず、時効完成前の承認に準じて時効中断と同じ様な効果を生ずると見るのが不当でなくなりはしまいか」と言うような説明を与えている〔『判例民法』大正十年四八頁〕。

しかし、この説明も――博士自らが認めているように――時効完成後の弁済についてはともかくとして、債務承認については十分筋が通っていると言い難い。なぜなれば、停止条件附であるにもせよ完成後における時効利益者の立場は時効進行中のそれに比べて或る程度まで確実的であって、それに関し抛棄と言うことは考え得られても中断の観念を容れる余地はない。いやしくも中断を認める以上、時効はいわゆる完成後もなお進行していると考えなければ理論上筋が通らないからである。

そこで私は前々から、現在通説になっている時効期間の計算方法即ち起算点から時効期間を計算して完成時点を定める方法の代わりに、裁判上時効が問題になっている時点から逆算して少なくとも法定の時効期間が経過しており、しかもその間に中断事由がなければ時効の効果を認むることとし、従って時効利益の抛棄と言うことはあり得ないと言う風に考えてはどうかと考えているので、以下その考えを略説して読者の批判を乞いたいと思う。

二

元来時効は、除斥期間と異なって、権利の存続期間を予定する制度ではなくして、一定の期間法律の規定する時効事由が存続すると、それを理由として時効の主張を許す制度に外ならないのであるから、裁判上その利益が主張されている時まで法定の時効事由が継続したことが立証されさえすれば、その事由が何時に始まったかを必ず問題にせねばならぬ必要はない訳である。

無論、法律の規定する期間時効事由が存続したかどうかを明らかにするためには、全く時効の起算日を考えない訳には行かない。例えば、普通債権の消滅時効が完成しているかどうかを明らかにするためには、先ず「▽権利を行使することを得る時」〔一六六条一項〕が何時であるかを明らかにした後、その時を起算点として十年が経過しているかどうかを調べる必要がある。しかし、その期間が十年以上に及んでいることが見出された以上、時効完成のために必要な期間は起算点から算えた始めの十年にあらずして、裁判上時効が問題になっている時から逆算した後の十年でなければならない。かかる場合には、当該の時効自由が何時から始まったかを問題にする必要はなく、要するに問題の時点から遡って過去十年間中断なしに時効事由が存続したかどうかを調べさえすれば足りるのである。

取得時効にしても、それが何時から始まって何時に完成したかを問題にすればこそ、事がむつかしくなる。例えば甲所有の土地を乙が買受けてその登記を了した後に至り、丙がその土地を前々から永きに亘り占有していたことを理由として時効取得を主張し、乙に対してその登記に協力すべきことを請求している場合に、通説は当該の時効が何時から始まったかを問題とし、その結果もしも乙の登記前に丙の時効が完成していたとすれば、先に登記を了した乙が勝つこととなり、これに反して丙の占有が甲の所有期間から乙の所有期間に亘って経過し、従って乙の登記後に至って時効が完成した場合には反って丙の請求を認めねばならぬこととなる。即ち時効のためにする占有が早く始まり、従って時効事由が長く続いた場合の方が短い場合に比して反って不利益に取扱われると言う極めて不合理な結果に陥るのである。

この場合、私の主張するように、時効期間を逆算することとすれば、占有が何時に始まったかを問題とすることなく、要するに問題の時点から逆算して時効事由が法定期間継続したかどうかを考えさえすればいいこととなる。そうすれば、右二の場合を同様に考えて、結局逆算した法定期間中に中断事由がなければ、占有の開始時期如何に関係なく、時効の主張を認めていいこととなる訳である。

三

かくの如くに考えれば、時効完成後にその利益を抛棄すると言うことは理論上全くあり得ないこととなり、通説が抛棄と考えている場合も実は中断に外ならないと考え得るに至る。

例えば、普通債権が時効にかかっているかどうかが裁判上問題になった場合に、裁判所としては唯過去十年間に亘り債権不行使が継続したかどうかを調べればいい訳で、その間に請求・承認等中断事由がなければ債権不行使がその十年前何時に初まったかに関係なく、時効を認めていいこととなる。その場合、通説のように、不行使が何時から始まったかを問題にすると、起算点から計算して或る時点に時効が完成したことを認めざるを得ざるに至り、従ってその以前には中断があり得てもその後にはあり得ないと言う結論に到達し、その結果抛棄の有無に関する難問に逢着することとなるのである。

通説は、中断と別に抛棄を認める結果、抛棄を法律行為と考え、従ってその法律行為をなし得るための能力が何であるかを特別に考えざるを得ざるに至る。旧民法第百二条が「成就したる時効を有効に抛棄するには取得したりと推定せらるる権利を無償にて譲渡し又は消滅したりと推定せらるる義務を無償にて負担する能力あることを要す」と規定しているのは正にかかる考え方に基づくのである。時効を起算点から計算してその成就を認めることにすると、理論上抛棄に要する能力はかくの如きものとならざるを得ない訳であるが、常識的に考えると時効完成前の承認に要する能力と完成後の承認即ち抛棄に要する能力とが別でなければならぬと考えることそれ自身が甚だおかしいのであって、私の考えでは完成の前後に関係なく、「承認をなすには相手方の権利に付き処分の能力又は権限あることを要せず」〔一五六条〕、即ち管理能力さえあれば処分能力はなくとも有効に承認をなし得るものと考えたいのである。例えば、準禁治産者が保佐人の同意なしに債務を承認したならば、それが時効完成の前なると後なると関係なく、それに中断の効力を認めていい訳であって、前であれば中断となり、従って時効利益の喪失となるに反し、後であれば抛棄とならず、従って時効利益が喪失されないと考えるのは甚だ条理に反すると言わねばならぬ。しかも通説がかかる不条理を当然事のように考えるのは、時効を起算点から計算して法定期間の満了と共に完成するものと考える理論的考察から来る理詰めの帰結に外ならないのであって、事物の性質に即して事を条理的に考えた結論ではないのである。

四

無論、「時効の効力」を「その起算日に遡」らしめて〔一四四条〕、その利益を何時まで及ばしめるかを考えるに当っては必然「起算日」を明らかにする必要がある。又第百六十二条第二項は「占有の始め善意にして過失なかりし」ことを要求しているけれども、それは要するに当該の時効に要する占有が権原上「善意にして過失なかりし」ものなることを要求しているだけのことであって、権原上悪意もしくは過失を以て始まった占有は何年続こうとも取得時効を生ぜしめない趣旨を規定しているに過ぎない。

かくの如くに考えると、現行民法の解釈論としても、時効の効力を認めるについて常に必ずその起算日を問題にすることは無用であるのみならず、反って有害であって、要するに特に起算日を問題にする必要ある場合の外は、裁判上時効が問題になっている時点から遡って法律の規定する一定期間時効事由が継続したかどうかを調べれば足りると言う考え方が正しいと言う結論に到達せざるを得ない。そうしてかく考えるに依って吾々は無用の理論構成を避け得るのみならず条理の要求に適った常識的の解決に到達し得るのである。

立木の売買と民法第百九十二条

一

民法第百九十二条は動産取引の安全を図るがため前主の占有に公信力を認め、これに依って善意無過失の承継人を保護することを目的とする。従って、同条は取引に依る動産物権の承継、即ち動産の売買もしくは質入の如き場合にのみ適用されるのであって、動産以外の物に適用されないのは勿論、原始取得に適用なく、承継取得といえども例えば相続に因る取得の如く取引によらざる場合には適用されない。これが今日学者一般に依って認められている同条の解釈である。

しからば土地に生立せる樹木を買い取ってそれを伐採した後に至り、該樹木が売主以外の第三者の所有に属することが判明した場合に、買主は第百九十二条を援用してその返還を拒み得るか。

上記の解釈論に依ると、先ず第一に土地に生立せる樹木は土地の一部もしくは土地の定着物なるが故にその売買は動産の売買にあらず、従って第百九十二条を適用すべき限りに在らず、第二に又買い取りたる後樹木を伐採して動産となす行為は承継取得にあらざるが故に、この時点を捉えて動産の承継的取得ありとし、それを理由として第百九十二条を適用することも出来ない訳である。

ところが、立木法の適用を受けない一般の樹木に付いては今なお全く公示方法の規定なく、判例法に依って認められている公示方法も極めて不完全であるため、土地に生立せる樹木を買わんとする者にとって、それが果して真実売主の所有に属するや否やを確かめることが非常に困難である。しかしてこの欠陥に原因して実際上しばしば不都合が起っているのである。

事を実質的に考えて見ると、売買の目的たる樹木が既に伐採されているかもしくはまだ土地に生立しているかに依って、その法律的取扱にかくの如き著しい差異をつけることの合理性が著しく疑われるのであって、前の場合には動産なるが故に第百九十二条の適用を受けるに反し、後の場合には動産にあらざるが故に同条の適用なく、従って善意無過失の買主といえども保護を受けないと言うような微妙な区別を認めることは、木材取引の実情に即しない形式論であると考えざるを得ないのである。

二

この問題に関する大審院判例を研究して見ると、先ず第一に明治四十年〔1907〕十二月六日判決〔『民録』一一七四頁〕は「動産の取得が継受的なりや否やは素より問う所にあらず」との理由に依り土地に生立せる樹木を買い受けたる後伐採してそれを動産化した場合にも第百九十二条を適用して善意の買主に保護を与えている。

次に大正四年〔1915〕五月二十日判決〔『民録』七三〇頁〕は「民法第百九十二条は現に動産たるものを占有し又は権原上動産たるべき性質を有するものをその権原に基づきて占有したる場合に付き適用すべき規定にして本来不動産の一部を組成するものを事実上の行為に因り動産となして占有したる場合に適用すべき規定に非ず」との理由に依り、他人の土地を九ヶ年の長きに亘り善意無過失に占有せる者がその土地に生立せる雑草木を採収したる事案に付き、かれの所有権取得を否定して不当利得返還を命じている。この判決は第百九十二条の適用を動産の承継取得の場合にのみ限るべしとする点において、その後今日に至るまで多く学者に依って賞讃されているのであるが、この判決を研究するに当って、吾々の先ず第一に注意すべきは、この事案においては雑草木が土地に生立せる間にも何等承継取得と認むべきものはなかったことである。明治四十年〔1907〕判決の事件においては土地に生立せる樹木が売買された後伐採されたのである。従って伐採によって樹木が動産化した瞬間を捉えて見ればそこに何等の承継取得も存在しないけれども、売買の瞬間を捉えて考えれば、その時なお土地に定着していたとは言え、ともかく樹木が承継的に取得されているのであって、取引の安全を保護する上から取得者の保護問題を考慮すべき余地は大いに存在するのである。これに反しこの事案においては前後を通じ何等承継取得と認むべきものは存在しないのであるから、そもそも第百九十二条を適用すべきや否やの問題を生ずべき余地は初めから全く存在しない。従ってこの判決が同条を適用しなかったのは理論上勿論正当であるけれども、事案の実質に即して事を考えて見ると、雑草木採収者の保護はむしろ善意占有者の果実取得権に関する第百八十九条もしくは占有物毀損者の賠償義務に関する第百九十一条に依って与えらるべきである。即ち雑草木の採収は時にはこれを天然果実の収取と認め得べき場合がある。その場合には採収者は善意の占有者として返還義務を免れる。又もしそれが果実の収取と認められないとすれば、採収者の賠償義務は善意の占有者として「現に利益を受くる限度」に限られることとなるのであって、要するに第百九十二条を適用せずとも、必要なだけの保護はこれを採収者に与えることが出来るのである。

従って、学者がこの判決を例として、第百九十二条と第百六十二条との間に不合理なる間隙ありとし、一方においてこの判決の採収者を保護するために第百九十二条を適用するの余地なく、しかも他方において第百六十二条第一項を適用すとせば二十年の時効期間は長きに失し、不動産に関する同条第二項所定の十年間に比べて権衡を得ずと論じているのは明らかに間違いであって、上述の通り善意の採収者を保護するためには第百八十九条なり第百九十一条の規定を適用しさえすればいいのである。

ともかく、この判決は当面の問題には全く無関係であることに注意する必要がある。

三

大正十年二月十七日判決〔『民録』三二九頁〕は、甲の所有地上に生立せる甲所有の小松六百本を、乙自己の所有物なりと称して丙に売却し、丙これを伐採したる後に至り、甲より返還請求を受けたる事件に付き、先ず第一に第百九十二条の適用ありとする見地から出発しつつ、しかも次の理由に依って丙は善意無過失にあらず、従って第百九十二条に依って保護を受け得ないと説いている。「立木の所有権が何人に属するやに関し一般的公示の方法を欠くといえども、特別の場合にあらざる限り立木の所有権はその地盤の所有者に属するを普通とするを以て、地盤の所有者が何人なるやを認知することに依り一応立木の所有権の何人に属するやを知り得べく、しかして地盤の所有権は既登記の場合に在りては登記簿を調査することに依り容易にこれを知り得ると同時に、これが調査をなすを以て取引上必要なる注意と謂わざるべからざるを以て、これが調査を怠りたる場合には立木の所有権が地盤の所有者以外の者に属するものなりと信じたりとするもその善意なることに付き過失あり」云々。

この判決に付いて何よりも先ず注意すべきことは、伐採を目的として立木を売買した場合に付き、その立木が動産であるとかないとか言うような細かいことを言わずに、第百九十二条を適用して買主の保護を図り得る余地ありとしていることである。この議論は同条の解釈に関する現在の通説と著しく背馳しているけれども、立木の公示方法が今なお極めて不完全であることを考え合わせて見ると、前主の占有を中心として買主の保護を考えようとするこの考え方には大いに首肯に値するものがあると言わざるを得ない。立木が土地の定着物であって動産ではないと言うような形式論に捉わるることなしに、立木に関する公示方法が実際上極めて不完全なることを考え合せつつ、一面占有を基礎としながら、他面立木の生立せる土地の登記を一の拠り所として買主保護の道を考えようとしているのは確かに立木の性質に適した一見識である。学者が今まで――私もその一人であったが〔『判例民法』大正十年度二二事件評釈参照〕――十分この点に気付かずして、大審院のこの考え方の完成に協力することを怠ったのはむしろ非難に値するものと考えざるを得ない。

次に、昭和七年〔1932〕五月十八日判決〔『民集』一九六三頁〕は甲が乙より乙所有の山林立木を買受け、それに関して何等の公示方法を施さずして放置しある間に、乙の債権者債権保全のため山林の仮差押をなしたる後に至り、甲立木を伐採搬出したる事件に付き、上記大正四年〔1915〕判決を援用して甲の主張を第百九十二条に依って保護するの余地なきことを主張している。この判決は事案の性質上実質的に全く無関係な大正四年〔

915〕判決を援用している点において理論上甚しい過誤を犯している。ここで問題となるのは立木を買受けながらその公示方法を施さなかったものが、その後に至り立木を仮差押した者に対し自己の買受、従って所有権を対抗し得べきや否やであって、問題は全く第百九十二条とは無関係である。従って第百九十二条の問題として本判決を論評している東氏の評釈〔『判例民事法』五二九頁以下〕も明らかに見当違いである。

以上判例の研究に依って、吾々は、大審院が永年に亘り学者一般の説く所と異なって、立木の善意取得者を保護するため第百九十二条を適用しようと苦心していることを発見するのであるが、このことは木材取引の実情に鑑み学者としても大いに考えてしかるべきことである思う。

この点に関する従来学者の判例研究は一般に甚だ表面的であったと言えるように考える。

消極的契約利益

一

ドイツ私法学者のいわゆる「消極的契約利益」negatives Vertragsinteresse もしくは「信頼利益」Vertrauensinteresse なる概念は古くから我国の学者の間にも知られている。それにもかかわらず、何が「消極的契約利益」であるかに付いて学者の説く所今なお一般に明確を欠くのみならず、民法の解釈上如何なる場合に「消極的契約利益」の賠償を請求し得るかの問題を理論的に研究した文献も極めて少ない有様である〔石田『財産法に於ける動的理論』第七章「信頼利益の賠償論」参照〕。これはドイツ民法やスイス債務法のように法典自らがこれ等の点に関して明確なる規定を設けていないことに原因しているのであるが、実際を言うと法典に明確な規定がなければこそ、学者の理論的研究がいよいよ必要となる訳で、さもないと法典が「損害賠償」と規定している場合の中、解釈上果してどれが消極的契約利益に当るのかがいつまで経ってもはっきりしない、のみならず、法典が「損害賠償」を与える旨を明言していない諸場合に付き解釈上消極的契約利益の賠償を許すべき理論的の道がいつまでも開ける見込がないと思う。

私が今更ここにこの古い問題を取り上げてこの小論を書くのはこの点の欠陥が余りにも甚しいと思うからであって、以下に書くことが多少でも学者の注意をこの方面に惹くことに役立てば有難いと考えている。

以下先ず第一に消極的契約利益とは何ぞやの問題を論じ、次にこれが賠償を請求する権利の性質を考え、その上で民法上如何なる場合にその請求が許されるかを論じて見たい。

二

消極的契約利益は契約が初めから無効であるかもしくは取消、解除等に依り遡及的に効力を失った場合に、その無効もしくは失効の原因を知らず、従って契約を有効なるべしと誤信した相手方がその誤信のため蒙った損害である。例えば、相手方が契約を有効なるべしと考え、やがてなさるべき自己の債務の履行の準備のために支出した費用が無効のため結局無駄になったと言うが如き損害がそれに当る。契約が有効でありさえすれば、この種の費用は無駄にならずに済んだ。それが無効もしくは失効のために無駄になったから、その賠償を相手方に与えて無効もしくは失効に因って蒙った損害を多少とも塡補しようと言うのがこの損害賠償を許す制度の目的である。

この損害賠償にあっては契約の無効又は失効を前提として損害を考える。従って、契約の有効を前提としつつ、契約が完全に履行されたならば得べかりし利益が何であるかを考えて、損害を算出する――いわゆる「積極的契約利益」の――考え方とは全然反対の考え方であって、前の考え方に依って算出した損害と同時に後の考え方に依る損害の賠償をも許すが如きことは理論上絶対にあり得ないのである。何故なれば、一方において無効もしくは失効を前提として考えた損害の賠償を許しながら、同時に有効を前提とする損害の賠償をも許そうとするのは矛盾なりと言わねばならぬからである。

ところが従来の教科書中にはこの矛盾を犯しているものが少なくない。例えば、通説に反対して民法第五百四十五条第三項の損害賠償を債務不履行に因る損害賠償にあらずして「契約の解除に因りて生ぜる損害」なりと解している石坂博士がその損害なりとして例示している所を見ると、一方において「債務の履行のために支出せし費用」の如き消極的契約利益を挙ぐると同時に、「債権者が取得すべかりし利益 lucrum cessans もまた債権者が債務の履行あることを期待したるがために被りたる損害と云うことを得べきが故にその賠償を請求することを得べし」と言われているが（『日本民法』二三四二頁）、鳩山博士も指摘しているように（『日本債権法各論』一五五頁）、かかる「取得すべかりし利益」の喪失に因る損害は「債務履行なきことに因りて生じたる損害」であって、「履行あることを期待したるがために被りたる損害」ではない。それは「債務の履行なきことに因りて生じたる損害」として賠償せらるるものなるが故に債務の存在――従って契約の有効――を前提とする。これに反し「履行の準備のために支出せし費用」はもしも契約が有効であれば無駄にならなかったもの、即ち契約が有効であれば債務者にとって損害とはならなかったものである。ところが契約が失効したため、それが無駄になったから相手方をして賠償せしめようと言うのであって、賠償をなさしめる根拠が両者において全く異なっているのである。従って、両者を同時に賠償せしめるのは理論上明らかに矛盾である。

更に他の例を挙げると、第百十七条の損害賠償に関して「単に相手が契約を有権代理と信じたために被った損害即ち所謂消極利益のみならず、契約が有権代理であったならば相手方が受くべかりし利益即ち所謂積極利益までも賠償することである」と言う趣旨の説明を与えている学者が多い〔例えば穂積『民法総論』三九六頁〕。これ等の学者は、本条の損害賠償を消極的契約利益なりとする少数説〔石田『民法総論』四三三頁以下〕に反対して、単に消極的契約利益のみならず、積極的契約利益をも含めて請求し得ると主張するのであるが、消極的契約利益と積極的契約利益とを併せ請求し得ることを認めるのは背理であって、二者は択一的にのみこれを請求し得るものと考えねばならぬ。何故なれば両者は損害の算定に付き全然異別の基礎に立つものだからである。この種の論をなす学者は一般に積極的契約利益の額は常に消極的契約利益のそれより大なりと考え、前者の賠償を与えるよりは後者を与える方が債権者の保護を厚くし得ると考えているらしいけれども、そこにそもそも誤りの元があるのである。元来消極的契約利益と積極的契約利益とは算定の基礎を異にするものであるから、そのいずれが多額に上るかはそれぞれの場合の具体的事情に依って定まるのであって、多くの場合には後者の方が大であるけれども、場合に依っては前者の方が大であることがあり得る。例えば、売買の目的物の価格が暴落した結果仮に債務がその本旨に従って履行されたとしても結局買主としては何等得る所なかりしならんと考えられる場合には、積極的契約利益は零である。それにもかかわらず、買主が自己の債務の履行のため又は売主の債務履行を受けるがためその準備として支出した費用が相当額に上っているような場合には、それを消極的契約利益として請求することを許せば、積極的契約利益の請求を許すよりも買主にとって反って利益である。かくの如くに考えると、消極的契約利益の請求を許すのと積極的契約利益の請求を許すのとは全然別事であって、二者は択一的にのみこれを請求し得べきものなる理を理解し得ると思う。ドイツ民法第百二十二条が消極的契約利益として請求し得る賠償額は積極的契約利益の額を超過し得ずと規定しているのも、前者が反って後者より大なることあるべき場合を予想しているからであって、二者の算定基礎が全然異別であればこそこの種のことがあり得るのである。

民法第百十七条は「履行」と「損害賠償」とを択一的に請求し得べきことを認めているが、そのいわゆる「履行」は現実履行もしくは履行に代わるべき損害賠償即ち積極的契約利益であり、そのいわゆる「損害賠償」は消極的契約利益なりと解してこそ二者を択一的に請求することを許す意味があるのだと思う。学者は「履行」を現実履行に限ると解するが故に、「損害賠償」は消極的契約利益に限らず積極的契約利益をも含むと解したがるのであるが、私の考えでは無権代理人にとって現実履行が可能な場合には現実履行と消極的契約利益とを択一的に請求することを許し、現実履行が不能な場合には、「履行」に代わる損害の賠償請求と消極的契約利益とを択一的に請求することを許すのであって、多数説が現実履行と現実履行に代わる損害賠償とを択一的に請求し得ると解するのも誤りであり、少数説が現実履行と消極的契約利益とを択一的に請求し得ると解するのも誤りであると思う。現実履行が不能な場合には「履行」に代わるものとして積極的契約利益を請求するか又は「損害賠償」として消極的契約利益を請求するか、それを択一的に許してこそ相手方の保護が全くされるのであって、学者が一般にこの理を理解していないのを遺憾に思う。

尚この際特に注意を要するのは、学者の中には消極的契約利益と積極的契約利益との区別と「積極損害」damnum emergens と「得べかりし利益の喪失」もしくは「消極損害」lucrum cessans との区別を混同しているものがいるのではないとか言うことである。今更説明するまでもなく、債務不履行に因る損害即ち積極的契約利益の中に積極損害と考えられるものが含まれることもあり、消極損害と考えられるものが含まれることもあり得ると同様、現に石田博士が正当に指摘しているように〔石田『民法総論』四三八頁〕消極的契約利益の中にも或いは無駄になった費用の如く「積極損害」と考えられるものも含まれるし、或いは又例えば契約有効なるべしと誤信したるがため他より購買する機会を失った結果被った損害の如き性質上「消極損害」と考えられるものも含まれ得るのである。前者の区別は責任原因の区別であるに反し、後者の区別は賠償の範囲に関する区別であるから、その互に混同すべからざるものなること極めて明瞭である。それにもかかわらず第百十七条の解釈として漫然積極消極の損害を請求し得ると言うが如き説明を与えている本を読むと、何となく著者が右の区別を混同しているのではないかと言う失礼な疑念を起したくなる場合がある。

三

次に考えねばならないのは、民法の解釈上消極的契約利益の損害賠償を請求し得る場合如何である。問題は二に分れる。その一は民法が「損害賠償」を請求し得る旨を規定している場合の中そのいずれが積極的契約利益であり、消極的契約利益であるかであり、その二は民法が特に明文を以て規定せざる場合に付き解釈上理論的にこの損害賠償を認むる余地なきかである。

この中前者に対しては、先に第百十七条に付いて論じたように、消極的契約利益の本質を明確にするに依って理論的には容易にその解答を与え得る。即ち、債務不履行を原因とする損害賠償は債務の存在を前提としてのみこれを考え得ること勿論なるが故に、契約が初めより無効なるか又は溯及的に失効して債務が存在せざるにもかかわらず、民法が特に認めている損害賠償は債務不履行に因る損害賠償とは認め難い。従ってそれは消極的契約利益の賠償なりと考えねばならぬ。この理を箇々の規定に当てはめて考えれば、自ら解答は与えられる訳で、石田博士の前掲論文は詳細にこの点を論じている。

しかし、具体的に箇々の場合に当って見ると、その場合認められている損害賠償が果して債務不履行に連関しているのか又は契約の無効もしくは失効に原因するものとして規定されているのか容易に判定し難い場合が出て来る。その最も顕著な例は、在来学者の間に議論の多い第五百四十五条第三項の損害賠償である。

これに関し石田博士は通説に反して解除に因る契約の溯及的失効と債務不履行に因る損害賠償とは理論上相容れないと言う理由の下に、この損害賠償を解除を原因として特に認められた消極的契約利益の賠償なりと説いているが、私はその理由として説いている理論そのものには同意するけれども、ここで問題となるのはその点ではなくしてむしろ解除は契約の効力を溯及的に消滅せしむるや否やであると考えている。

もしも我民法の解除がいわゆる直接効果説的の効力を生ずるものであるとすれば、解除と債務不履行に因る損害賠償とが相容れないのは当然であって、その点博士の主張する通りである。さればこそ、ドイツ民法は債務不履行に対する救済として、契約を解除するか又は履行に代わる損害賠償を請求するか、いずれか一を選択すべきことを規定しているのである。スイス債務法が解除と共に損害賠償を請求し得ることを認めて、その損害を消極的契約利益なりとしているのも同じ考えに基づくのであって、要するに両法とも解除の効果に関して直接効果説をとっているから、この種の規定を置いているのである。

しかし、私は我民法上の解除が果して直接効果説的のものであるかどうかに付いて多大の疑いをもっている。かつても論じた通り『民法雑記帳』一八五頁以下「解除の性質について」、ドイツ民法の解除理論は同法の物権行為及び不当利得の理論と不可離的関係に立つものであって、我民法が同法と同じ物権行為理論をとっていないことが解釈上ほとんど通説的に認めらるるに至った今日、解除理論においてのみ直接効果説を固執すべき理由は少しもない。例えば、特定物売買において目的物の所有権は直接売買の効果として買主に移転する。従って後に至って売買が解除されると所有権移転の効果も初めよりなかりしこととなり、その結果買主が解除前目的物に関してなしたる――例えば抵当権設定の如き――処分行為は無権利者の行為として無効たりしこととならざるを得ないと通説は考え、それより生ずべき第三者の損害を防止する目的で、「▽但第三者の権利を害することを得ず」なる規定が設けられていると解している。しかし、解除の結果「▽各当事者はその相手方を現状に復せしむる義務を負う」のみであって、取消の場合のように契約が「初めより無効なりしものと看做」〔一二一条〕される訳ではない。従って、各当事者はそれぞれ契約に依って得たものを相手方に返還し、相手方をして実質的に契約前と同一の状態に回復せしむれば足るのであり、それには契約の結果受取った物があればそれを返せばよい。又もしその物の上に第三者のために――例えば抵当権の如き――物的負担が設定されているため現実の現状回復が不可能である場合には、それだけを金銭的に賠償して経済上実質的に現状回復を図ればいい訳で、その際事を当事者相互間に限って解決し、第三者に何等の影響を与えざるようにするため「但第三者の権利を害することを得ず」との規定が設けられているのだと思う。

かくの如く、我民法の解除を間接効果的のものとして考えれば、契約上の債務も解除に因って溯及的に消滅したものと考える必要なく、従って例えば当事者一方の履行遅延に因って他方の蒙った損害は解除にかかわらずなおこれを請求し得べしとの論が何等の無理なしに成立ち得る。従って第五百四十五条の損害賠償を強いて解除を原因とする消極的契約利益の賠償なりと解せねばならぬ理由もなくなると私は考えるのである。

この損害賠償を消極的契約利益の賠償なりとする見解は同条の規定内容だけから考えても無理である。何となれば、同条は単に「損害賠償の請求を妨げず」と規定するのみであって、それを請求するがために如何なる要件の具備を必要とするかを全く明らかにしていない。それを請求し得るためには、その当事者が善意無過失なることを要するや否や等につき何等規定する所がない。それにもかかわらず我民法の解除も直接効果説的のものなりとする独断に出発して、その場合認めらるる「損害賠償」は理論上消極的契約利益ならざるべからずと論定し、それから逆に消極的契約利益である以上それを請求するものは善意無過失でなければならぬと言うように議論を進めるのは論理の逆施であると思う。我民法の解除を間接効果説的のものと考えさえすれば、かかる無理をすることなしにこの規定も第五百四十一条等を受けて解除にかかわらずなお債務不履行に因る損害賠償の請求を妨げざる旨を規定したものに過ぎないと言う平明な結論に到達し得る訳である。

四

右に比べて第二の問題はむつかしい問題である。私の考えでは消極的契約利益の本質を究明してその原理の一般化を図らんとする以上、その適用を民法が明定した場合にのみ限ることなく、同じ原理が理論上妥当すべき他の場合にまでその適用を推し及ぼすことを考えなければ、折角の議論も単なる民法法規の分析解釈に止まって建設的価値を失うように思う。

当面の問題につき最も貴重な文献を提供しているイェーリングの議論も、畢竟ローマ法源上極めて特殊的にしか認められていない消極的利益について、これを認むる法的根拠を理論的に究明して「契約締結上の過失」Culpa in contrahendo なりとし、これを一般化するに依ってその適用を広く契約締結に関して起り得べき各種の問題の解決にまで推し及ぼさんとした所にその学的価値があるのであって、そこには一面なお過失主義に捉われ、従って結局においては過失を擬制せざるを得ないような弱点が包蔵されているにもかかわらず、その後多くの学者を動かして実際上にも多大の影響を与えたのはそれがためである。従っていやしくもこの問題を論ずる以上解釈論と立法論とを峻別し、明文なくんば解釈上消極的契約利益の請求を認め得ずとするが如き態度をとるべきではなく、解釈上にまでこの原理を活かして債権法上の基本原理たる信義則の精神を広く発揮せしむべきであると思う。

しかし、それには先ず解決を要すべき二の問題がある。

その一は、法律が消極的契約利益の請求を許す法的根拠を理論的に究明して、その適用の一般化を可能ならしむる理論的基底を立てることである。従来学者は、一面においてこの根拠について種々実質的解明を試みていながら、他面において結局特別の規定に基づく責任なりとの説明に落着いている。石田博士が「信頼利益の賠償責任の根拠」を「実質上の理由」と「形式上の理由」とに分ち、「形式根拠はこれを法律の直接規定に求めねばならぬ」〔四五九頁以下〕と言っているのも、その例であって、かくの如きは畢竟損害賠償の発生原因は原則として契約及び不法行為に限り、それ以外においては損害賠償は特にこれを認むる明文ある場合にのみこれを認め得べしとする従来一般の考え方に捉われているものと評せざるを得ない。それでは、折角——過失、悪意、担保契約等——契約もしくは不法行為的の原理に捉われているドイツ諸学者の議論に対して適切な批判を加えた上、「実質上の理由」に関して立派な自家の見解を立てられても、それを解釈論の上に活かすことは出来ないと私は思う。

第二に、第一の困難を究明した上で起る問題であるが、特に明文のない場合に消極的契約利益の賠償請求を許すとしてその場合の要件を如何に考えればいいかの問題である。それには一面においてこの賠償義務の法的根拠を究明するに依って、その結果理論上当然に必要とせらるる要件の何であるかを論定する必要あること勿論なるも、他面において民法が現にこの種損害の賠償を認めている箇々の規定について分析綜合的検討を加えて賠償要件に関する類型を考え、これとの均衡を考えながら問題を実定法的に考える必要がある。

五

消極的契約利益の賠償を認める法的根拠に関しては在来色々の議論がある。しかし、これを契約特に暗黙の担保契約に基づくものなりとするが如き考え方や不法行為上の責任なりと解するが如き考え方は、例えば穂積博士が第百十七条の賠償責任に関して言われているように「責任の根拠を契約か又は不法行為に限ると考えた」過去の法律観の遺物であって〔『民法総論』三五九頁〕、今では実際上ほとんど支持者を失っていると思われるから、今更改めてこれ等に対して批判を加える必要はあるまい。

民法がこの種の賠償を認めている諸場合を通覧すると、要するにそれは信義則に基づく取引法上の利益調整の原理であって、それが各種の場合に色々の形で現われ色々の働きをしているのであって、全体を通じてその目的を考えると取引当事者の一方に保護を与える代わりに他方に対しそれに因って蒙るべき損害の賠償を与うるに依って法律的保護の偏頗を実質的に調節せんとするにある。

この理を個々の場合に付いて細説すると、先ず第一に、売買における担保責任として売主にこの種の賠償義務を負担せしめているのは、売買その他有償契約の性質上権利の欠缺《けんけつ》もしくは物の瑕疵から生ずべき損害を買主のみに負担せしむるを不衡平なりとし、解除もしくは代金減額に併せてもしくはその代わりにこの種の賠償を与うるに依り当事者相互間の利益を調整せんとしているのである。即ち有償契約の特質たる対価関係の実質的維持を図らんとする衡平的意図が、この種の賠償をこの場合に許している理由であって、売買の目的物が原始的に全部不能に陥っている場合にも特に明文なきにかかわらずこの理を推して賠償を与うべしとの論が多数の学者に依って支持されているのはこの理由に依るのである。

第二に、無権代理人の責任に関する第百十七条の規定はそれ自身直接の目的は多く学者の言う通り代理制度の信用を維持せんとするに在ること勿論であるけれども、一層根本的に考えると、表示に信頼した者が蒙りたる不慮の損害を賠償するに依って意思主義の尊重より生ずべき取引の不安を除去緩和せんとする精神の一の現われであると考えることが出来る。即ち表示に信頼して当該の代理を有権代理と誤信した相手方が表示に相当する法的効果を得ることが出来ないために蒙るべき損害を賠償するに依って、代理人を相手として取引することの安全を図らんとしているのである。しかしてかくの如くに考えると、凡そ取引の安全を保護するため原則として表示主義をとりながらも、表意者の立場を保護するために意思主義を加味して法律行為を無効としている諸場合において、その無効のため相手方の蒙ることあるべき損害を賠償するに因り、意思主義の要求と表示主義の要求との調節を図ることの合理性が広く一般に考えられるのである。

例えば、第九十五条は「法律行為の要素に錯誤ありたるときは無効とす」ると同時に、「表意者に重大なる過失ありたるときは表意者自らその無効を主張することを得ず」と規定し、「要素の錯誤」及び「重過失」なる二の規準に依って法律行為を無効とするかもしくは有効とするかと言う、言わば一か八かの取扱をしているけれども、衡平の見地から考えると無効とするが、因って相手方の蒙るべき損害に対しては賠償を与えると言う中間的取扱の合理性を考えることも出来るのである。即ち法律行為の要素に錯誤あるときは意思主義の要求により表意者に無効の主張を許す事はやむを得ない。しかし又彼に重大なる過失があればその主張を許さないと言うのが同条の一応規定している所であるが、それから形式的に推論すると、表意者に過失あるにかかわらずそれが重過失の程度に至らないと考えられる場合には無効の主張を許すこととなり、表意者の過失に因って相手方が不当に不測の損害を蒙ることを是認せざるを得ない結果に陥る。かかる場合に一面表意者に無効の主張を許しながら、他面相手方に対し消極的契約利益の賠償を与えると言う中間的の立場をとれば、意思主義と表示主義との調節が一層適切にとれて衡平の要求に適合する結果が得られるのであって、民法も決して積極的にこの種の取扱を否定しているとは思われないのである。学者或いはかかる場合における相手方の保護は不法行為を以てすべしとの論をなすものがあるかも知れないけれども、同じく保護を与えるとすれば、無理に不法行為的の構成を試みるよりは、取引法上の利益調整原理として事を考える方が事物の性質上遥かに合理的であると思う。

なおその他石田博士が「立法上認むべき場合」として論じている諸場合〔前掲四四一頁〕の如き、私の考えでは以上原理の適用に依って解釈論としても損害賠償を与うべき理由が成り立つと思われるのである。

第三に、民法は解除もしくは解約によって相手方の蒙るべき損害を賠償するに依り、一面解除もしくは解約せんとするものの立場を認めつつ、同時に相手方の保護を図ることを考えている。第六百四十一条が「請負人が仕事を完成せざる間は注文者は何時にても損害を賠償して契約の解除をなすことを得《う》」と規定し、又第六百五十一条が「委任は各当事者において何時にてもこれを解除することを得《う》」と規定しつつ、同時に「やむことを得ざる事由」なきにかかわらず「相手方のために不利なる時期」に解除したるときに因って相手方の蒙るべき損害を賠償すべきことを規定せるが如きその例であって、これ等の規定には損害賠償を条件として解除を許すに依って法律的保護の偏頗を防ぎ取引関係の衡平を図ろうとしているのである。

かくの如く、法律行為が無効なるか又は失効した場合に、それから生ずべき損害を当事者の一方のみの負担とすることなく、彼の蒙りたる不測の損害に対して賠償を与うるに依って、取引当事者間の利益を調整せんとする思想は民法中各所に散在しているが、それを統一的に捉えてその原理内容を明確ならしむると同時に、その適用せられたる各場合の特殊性を考慮してそれを類型的に分類するときは、ひとり民法の明定ある場合に付き規定内容を明確ならしむることに役立つのみならず、特に明文なき場合にまで解釈上原理を類推して取引関係の衡平を図り取引法の根本原則に信義則の要求を充たすことが出来る。

六

かくして消極的契約利益の賠償を認むべき場合を類型的に分類することが出来れば、各場合に賠償を認むるに必要なる要件を具体的に考えることも可能になる。それぞれの類型に属する場合の中明文あるものに付いてはその要件が法定されているから、それを明文なき場合に類推して要件を具体的にきめることが出来るからである。

例えば、賠償権利者が善意であることは、本賠償原理の性質上すべての場合について必要であるけれども、無過失なるを要するや否やは各場合に付いて必ずしも同一でない。第百十七条は相手方が無過失なるを要する旨を明定しているが、この理はこれと類型を同じゅうする表示に対する信頼に因って損害を蒙った他のすべての場合に類推適用せらるべきものと思う。右と異なって、売主の担保責任として賠償義務を課するに付いては単に買主の善意を要求するのみであって、無過失を要求していないが、これは有償契約の特質に基づく類型的特殊性であると私は考える。従って、上述した原始的全部不能の場合にも同様の取扱を与えてしかるべきものと考えるのである。

次に賠償義務者の側に悪意又は過失あることを要するや否やもそれぞれの類型に付いておのおの別に考えらるべきである、例えば、売主の担保責任に付いては悪意も過失も必要とされていないが、これも有償契約の特質に基づく類型的特殊性であって、その理は他の明文なき場合にも類推し得ると思う。なお無権代理人の責任に関する第百十七条も代理人が自ら無権限なることを知りたることもしくは知らざるに付き過失あることを要求していないが、これも代理制度の信用を維持する目的から特に加えられた考慮であろう。これに反し、例えば要素の錯誤を理由として無効を主張する表意者をして賠償義務を負担せしむる場合には、表意者に過失あるを要すること上述の通りであって、多く学者が言うように消極的契約利益の賠償義務は本質的に無過失責任でなければならぬように考えるのは行き過ぎであると私は考えている。

以上を以て私の構想の素描を終わるが、この問題はも少し広く各場合に付き具体的の考慮を加えて見ると、相当面白い結果が得られるのではないかと考えている。

Clean hand の原則

一

英米の衡平法には Maxims と称して基本原理を格言風に簡潔に言い現わしたいくつかの法規範がある。無論それ等は基本原理を概言的に言い現わしたものに過ぎないからそれが直に裁判規範としてそのまま役立つのではない。それを具体的事件に適用するに当っては適用条件並びに適用範囲に関し先例を考え合わせて慎重なる考究を要すること勿論である。その中の一に「衡平裁判所に入り来たる者は汚れなき手を以て来るべし」He who comes into equity must come with clean hands. と言ぅのがあるが、その意味は要するにいやしくも衡平法の救済を求めんとする者は自らの側にも当該の係争事件に関し衡平的見地より見て非難せらるるが如き行為があってはならぬと言ぅ趣旨で、いやしくも原告に Any wilful act in regard to the matter in litigation which would be condemned and pronounced wrongful by honest and fair-mindes men. があると、彼の手は unclean なりとして衡平的救済が拒絶されるのである。

本文はかかる原理が果して英米の衡平法にのみ限らるべき特異のものなりや、我民法の解釈上同様の原理を認め得ないか、もし認め得べしとせばそれを適用するに付き必要なる条件及び適用し得べき範囲如何等につき多少の考えを述べることを目的とする。

二

公序良俗もしくは強行法規違反の法律行為を無効とする民法第九十条及び第九十一条と不法原因給付の不当利得に関する第七百八条とを比較すると、形式論理的には一の矛盾が発見される。公序良俗もしくは強行法規違反の法律行為が無効であるとすれば、一面その法律行為の効力を基礎とする給付請求の認むべからざるは勿論であるが、他面該行為の効力として給付されたものもまた行為が無効である結果当然法律上の原因なき給付即ち不当利得なりとして返還されねばならぬ筋合である。それにもかかわらず、第七百八条は「不法の原因のため給付をなしたる者はその給付したるものの返還を請求することを得ず」と規定して、この形式論理上当然なるべき筋合を否定している。しからばこの形式上の矛盾は理論的に如何に説明せらるべきであろうか。

この問題に答えている最も古い判例は、明治三十三年〔1910〕五月二十四日の大審院判決〔『民録輯』五六号七四頁〕であって、商法に違反してなされた権利株譲渡代金取戻事件に関し「法律の禁制に違反したる行為に因りてなしたる給付は必ずしも取戻し得べからざるものにあらず、その取戻し得べからざる給付はその行為が性質として当然醜悪なる場合ならざるべからず」と云って、不法原因給付の返還請求を許さざる理由を「性質として当然醜悪」なる行為を自らなして置きながら、それを自己請求の根拠とすることは許し難いと云う点に求めている。しかしてその後大審院は第七百八条の適用に関して、単に当該行為が強行法規に違反しているや否やのみでなく、行為の倫理的意義をも考慮せんとする態度を続けて今日に及んでいるが、この事は正に自己の不徳行為を理由として裁判上法律的救済を求め得ないと言う——Clean hand 原則に相当する——原理を認めて、これを第七百八条適用の規準としているものと考えることが出来る。我妻教授が大正十五年〔1926〕

四月二十日の大審院判決〔『集』五巻二六二頁〕に対する批評中において特にこの事を指摘し、大審院が暗々裡にこの原理に従っていながら十分その事を意識していないことから生ずる不都合を非難していることはこの問題を考えるに付いて特に注意に値すると思う。

なお、その後大審院はこの原理の適用を、ひとり第七百八条にのみ限ることなく更に不法行為を理由として損害賠償を請求する場合にも適用せらるべきことを認め、明治三十六年〔1903〕十二月二十二日の刑事部判決〔『刑録』一八四三頁〕において「従来当院においては民法第七百八条の規定は単に不当利得の場合にのみ適用すべき法則にして不法行為の場合に適用すべき法則にあらずとの見解を採るといえども、本条の規定は単に不当利得の返還請求権に付き制限をなしたるのみならず、不法の原因のため給付をなしたる者がその給付に因りて受けたる損害に付き相手方の不法行為を原因としてその賠償を請求する場合に付きてもまた同一の制限をなすものと解釈せざるべからず、何となれば不当利得の場合においても又不法行為の場合においても被害者にして不正の原因を以て給付をなしたるときは法律は常にこれを保護せざるの趣旨なるべければなり」と云えるを初めとし、次いで明治三十九年〔1906〕六月一日の刑事部判決〔『刑録』六五五頁〕においても同一の趣旨を認めているが、更に最近昭和十五年〔1940〕七月六日の民事部判決〔『民集』一九巻一一四二頁〕が右明治三十六年〔1903〕判決を先例として引用しながら「凡そ甲女が正妻ある乙男と事実上の夫婦関係を結びたるに、正妻が他の男子と姦通して出奔し、離婚手続の準備中にして、且つ乙には真実甲と婚姻する意思なきに拘らず、これあるものの如く装いて甲を欺罔したるに因るが如き場合といえども、右事実上の夫婦関係を結びたるは公序良俗に反する行為にして、乙に正妻あることを知りながらこれをなしたる甲がその結果貞操を蹂躙せられ精神上苦痛を受くることあるも、その損害の賠償を請求するは畢竟自己に存する不法の原因に因りて生じたる損害の賠償を請求するものにして、かかる請求に対しては民法第七百八条に示されたる法の精神に鑑み敢えて保護を与うべき限りにあらず」と判旨しているのは、この問題に関する判例法の動向を示すものとして極めて有意義である。

これ等の判決はいずれも不法行為の被害者が、彼自身の側にも当該不法行為の成立に関し道義的見地より見て非難せらるべき行為あるにもかかわらず、自らその事を理由として賠償請求をなすことを許さずとするものであって、正に、Clean hand の原則に相当する原理を不法行為法上に認めているものと云うことが出来る。

ただしこの昭和十五年〔1940〕の判決に付いて事件の実態を具体的に考察すると、その具体的妥当性に関しては大いに疑いを挟む余地があるように考えられるのであって、私はこの点にこそClean hand の原則を実用するについての困難さがあり又興味もあるのだと考える。本判決は甲女が乙男に正妻あることを知りながら彼と事実上の夫婦関係を結びたることを「公序良俗に反する行為」なりとし、これを理由として彼女の請求を却けているけれども、私の考えでは単に甲女が乙男に正妻あることを知りながら彼と事実上の夫婦関係を結んだと言う事実を抽象的に観察して一概にそれを公序良俗に違反すと評するのは間違いであって、彼女がかかる関係に立ち入った具体的事情を精細に観察して、彼女の行為が――上記明治三十三年〔1900〕の大審院判決が言っているように――「性質として当然醜悪」なりや否やを具体的に制定せねばならないと思う。法廷に自らの非行を開陳することを通常人としては大いに恥じねばならぬ程その行為が道義に反すと考えられる場合にこそClean hand の原則は発動すべきであって、さればこそ明治三十三年〔1900〕の判決も特に「性質として当然醜悪」と言うような強い言葉を使っているのだと思う。本件の具体的事実を見ると、非難せらるべきはむしろ乙男であって、甲女が彼と事実上の夫婦関係に入りたることは通常人の道義感から見て必ずしも不倫とは考えられない。彼女がその事を法廷に主張するのは決して恥ずべきことであるとも考えられない。

大審院はいやしくも乙男に正妻あることを知りながら彼と事実上の夫婦関係を結んだのは公序良俗に反すと主張しているけれども、かくの如きは形式法的な物の見方に堕するものであって、実質的道義的に事実を評価せねばならない Clean hand 原則の精神に背反するものと評せざるを得ない。第七百八条に関する判例法が同条にいわゆる「不法」を単に形式的に強行法規に違反するを以て足れりとせず、実質的に公序良俗に違反すると考えられる場合に初めて同条の適用を許している精神も正にここに存するのであって、乙男に正妻があると言う事実を形式的に見て、甲女の行為を一概に公序良俗に違反すと評するが如きは絶対に間違っていると思う。

要するに、本原則の適用に関しては、も一度明治三十三年〔1900〕の大審院判決が特に「性▽質として当然醜悪」と言っているその「醜悪」なる文字に留意すべきであって、さもないと本原則の適用範囲が空漠として広きに失し、反って法的安全を害する虞れがあると思う。英米衡平法上いわゆる非行 unconscionable conduct の何たるかに付いて極めて詳細なる判例法の存在することなど参考として大いに研究の価値あることをこの際特に附記して置きたい。

なお私は本原則は決して不当利得及び不法行為にのみ限らるべきではなくして、その適用は勿論私法の他の区域にも及ぶべきものと考えている。かつて私は契約法に関し法律違反者自らが自己の違反行為を主張して法律的救済を求めているのを Clean hand の原則に違反すとして大審院判決を批評したことがあるが〔『判例民法』大正十年四三九頁〕、当該事件に対する批評としてそれが具体的に当を得ているかどうかに付いては今日多少の疑いを抱いているけれども、理論として本原則がもっと力強く契約法の領域にもその適用を進めて然るべきであると言うことを今日もなお信じて疑わないものである。

再び Clean hand の原則について

一

昭和十五年〔1940〕七月六日の大審院判決〔『民集』一九巻一一四二頁〕が「民法第七百八条に示されたる法の精神」を不法行為にも類推し得べきことを主張しているのを見た機会において、私はイギリス衡平法における Clean hand の原則と同じものが我民法上にも一般的に存在すると考え、その適用上注意を要する点につき多少の意見を述べたことがある。

Clean hand の原則は、自ら法廷において言明するを恥と感ぜねばならないような非行を理由として法律的保護を求め得ずとする原則である。例えば賭博に負けて金をとられた男が賭博は民法第九十条に反する無効の契約なることを理由としてその金の返還を請求している場合に、民法第七百八条は不法原因給付としてその請求を認めざる旨を規定している。これが Clean hand の原則である。しかし具体的事件にこの原則を適用すべきや否やを決するためには、極めて慎重なる考慮を要するのであって、一面においては当該の非行が通常人としてそれを法廷に開陳することを大いに恥と感ぜねばならぬ程道義に反するや否やを考えねばならぬと同時に、他面においては当事者相互間の衡平関係をも考慮に入れねばならない。例えば、前掲昭和十五年〔1940〕七月六日判決の事案に付いても、大審院は凡そ相手の男が有婦なることを知りながら、それと事実上の夫婦関係に入ることは「公序良俗に反する行為」なりとし、かかる非行を理由として法律的保護を求めることを許すべきでないと主張しているけれども、私の考える所では、先ず第一に事案の具体的性質に鑑み問題の非行がそれを理由として法律的保護を求めることがいかにも道義に反すると考えられる程不都合なものであるかどうかを考えねばならない。第二には又当該の非行に関係したる当事者双方の具体的立場を考慮し、同じく非行に関係したものの中その一方を保護するがために他方が不当に損害を被るようなことがないかどうかを衡平の見地から考えねばならない。しかるに前掲の判決はこれ等の点を十分具体的に考えずに唯相手の男が有婦なることを知りつつこれと事実上夫婦関係に入ったと言うことを抽象的に考えて「公▽序良俗に反する行為」なりと言っているが、かくの如きは明らかにClean handの原則の適用を誤ったものと私は考える。

二

最近大審院は甲男が事業に失敗した結果、債務整理の解決を見るに至るまで、一時妻乙と合意して、事実離婚の意思なきにかかわらず、協議離婚の届出をなした所、その後甲乙が事実上円満に夫婦関係を続けている間に、甲が丙女と通じて終に婚姻届を出したので、乙女から右協議離婚の無効なることを理由として同居を請求した事件につき、次の如き理由を以て原告敗訴の判決を与えている。

「凡▽そ夫婦が協議離婚の届出をなして戸籍の原本にこれを記載せしむるも、倶に真実離婚の意思なくその離婚無効にして届出虚偽なるときは両者に刑法上の犯罪成立するのみならず、その一方が更に第三者と婚姻するときは重婚罪成立し、その第三者は善意なる場合といえども民法第七百八十条に依りてその婚姻を取消さるる等重大なる結果を生ずべきものなることを思えば、夫婦が協議離婚の届出をなしたる場合に真に法律上の夫婦関係解消の意思なくして虚偽の届出をなしたりと云うが如きことは軽々に認定し得べきものに非ず。惟《おも》うに離婚の届出をなす夫婦はその離婚が戸籍に記載せられ爾後一般社会より法律上夫婦に非ざるものとして遇せらるべきことを知りてその届出をなすを普通とし、これに反する例外は極めて稀有なるべきは実験則上容易に想像し得る所なるが故に、事実上夫婦関係を継続する意思を有しながら右の届出をなす場合に在りては、その届出後における関係はこれを内縁関係に止め、少なくとも法律上の夫婦関係は一応これを解消する意思にて、即ち法律上真に離婚の意思にて右の届出をなすものと認むべきを社会の通念とし、極めて明確なる反証あるに非ざればその離婚届を以て法律上の夫婦関係解消の意思なき虚偽の届出なりと認め得ざるべきものとす」云々〔昭和一六・二・三民一『民集』二巻一号七〇頁以下〕。

私はこの判旨に現われている意思解釈理論に賛成し難いし、又事件の実質を見ると何となく第一審及び第二審が原告を勝訴せしめている方に賛成したくなるのであるがClean handの原則を想い浮べながら判旨全体を読むと文字に現われていない裁判所の意図を察知出来るように思われるので、以下にその事を記して見たい。

そもそも自ら戸籍届をなして置きながら、自己の利益のため後からその虚偽なることを主張するようなことを許すのは法律上甚だ面白くないことである。殊に虚偽の戸籍届は刑法第百五十七条の犯罪を構成するのであるから、大審院としては原告の側にも相当同情に値する事情もあるようであるが、それよりも虚偽の戸籍届をなした非行を寛容してはならぬと言うことを重要と考え、しかも前記昭和十五年〔1940〕の判決のように正面から——直接法文に根拠のない——「民法第七百八条に示されたる法の精神」即ちClean handの原則をもち出すことを躊躇して、表面上は意思解釈を技術として間接に戸籍届の虚偽を自己の利益のために主張することを許さない態度を示したのではあるまいか。大審院が「実験則」「社会通念」等を理由として「極めて明確なる反証あるに非ざればその離婚届を以て法律上の夫婦関係解消の意思なき虚偽の届出なりと認め得ざるべきものとす」と言い、結局事実上不可能に近い反証を要求しているのは、これに依って実質的に戸籍届の虚偽を自己の利益のために主張することを禁ずる目的を達せんとしているものだと私は解したい。即ち、大審院は表面上 Clean hand の原則を主張する代わりに、事実認定の方面から間接にその目的を達せんとしているので、そう考えるに依って初めてこの判決の真面目を諒解し得るように思うのであるが、大審院の真意は果してどうであったのであろうか。

不法行為法の再編成

一

学者の研究及び判例に依って吾々に与えられている我国の不法行為法は、英米法のそれなどに比べると、著しく具体性を欠いている。学説及び判例を通して吾々は幾多の抽象的な原理を知ることが出来る。けれども、具体的の事例に付いて、一体吾々は如何なる場合に損害賠償を請求し得べきか、幾何《いくばく》程の賠償を請求し得べきか、又如何なる場合には賠償責任を負わねばならぬか等に付いて、精確な解答を得ることは極めて困難である。換言すれば、学説及び判例に依って構成されている我国現行の不法行為法は甚しく法的安全の要求に背馳しているのであって、この欠陥を補正することは吾々に課せられた重要な仕事であると思う。

なるほど学説及び判例に依って色々重要な原理が明らかにされ又新しい原理が確立された。これに依って、明治の末頃民法第七百九条をドイツ民法第八百二十三条第一項とほとんど同一趣旨の規定なりと誤解し、その結果不法行為の成立し得べき範囲を極めて狭く考えていた時代に比べると、現在の不法行為法は著しい進歩を遂げている。

しかしこの間の進歩は主としてその以前の窮屈な概念法学的ドグマから脱却せんとする方向において行われた。一例を引くと、民法第七百九条にいわゆる「権利」は従来何となく絶対権に限ると言う風に狭く解せられていたのであるが、大正三年〔1914〕私が「第三者の債権侵害は不法行為となるか」〔『法曹記事』一四巻三号五号〕において、不可侵性は権利のすべてに共通する性質であるとの理論の下に相対権絶対権の区別を否定し第三者の債権侵害もまた不法行為となり得べき所以を主張した頃から以後、大正四年〔1915〕三月十日〔『刑録』二七九頁以下〕及び三月二十日〔『民録』三九五頁以下〕に大審院が相次いでほぼ同趣旨の判決を与えたのを第一歩として、「権利」の意義が段々と緩かに解釈されるようになり、終には大正十四年〔1915〕十一月二十八日の大審院判決〔『民集』六七〇頁以下〕を以て不法行為の対象たる権利は「或いはその所有権、地上権、無体財産権、名誉権等いわゆる一の具体的権利なることあるべく、或いはこれと同一程度の厳密なる意味においては未だ目するに権利を以てすべからざるも、しかも法律上保護せらるる一の利益なることあるべく、否、詳しく云わば吾人の法律観念上、その侵害に対し不法行為に基く救済を与うることを必要とすと思惟する一の利益なることあるべし」との理由の下に「法規違反の行為」に因って「老舗」を「他人に売却することを不能ならしめ、その得べかりし利益を喪失」せしめたる場合に付き不法行為の成立が認められた前後から、いわゆる「権利」の何たるかを問題とせずに、「権利侵害」とは違法に他人の利益を害することであると考える見解が漸次に有力となって今日に及び、その結果不法行為の成立すべき場合は以前に比べて著しく拡大せらるるに至ったのである。

この一例で解るように、今や我国の不法行為法は、漸次に概念法学の影響を脱して、極めて包容的な内容をもつに至っているのであるが、同時に他の一面において具体的事例について不法行為の成否、如何、請求し得べき賠償額如何等に対する解答を判例学説に求めると、実際上案外困難を感ずるのが現状である。概念法学的な形式的拘束を脱して、不法行為の成否を決する規準、賠償額決定の規準等は著しく合理化されたけれども、それ等は概ね抽象的原理から成り立っているため、具体的事例に対して直に具体的判定を与えることに適せず、法的安全の見地よりすると、甚だ不満足な状態に陥っているのである。

二

学者は判例の研究に依って色々と不法行為に関する判例法を探求しているけれども、その研究態度は大体において不法行為法の体系編成を今までのままにして置きながら、唯判例を列挙的に蒐集分類して、わずかに人々の具体的事件に対して適確な具体的解答を求める法的安全の要求に答えんとしているに過ぎない有様である。

この欠点を救うためには、先ず第一に根本的に原理の編成替えを行う必要があると思う。現在のように不法行為成立の一般的要件として機械的に権利侵害、過失、因果関係、損害等の諸要素を列挙しているに過ぎない有様では、これ等の諸要素それぞれに付いて如何にそれを支配する原理の更新を企てようとも、又如何にそれ等に関する数多くの判例を蒐集列挙しようとも、かくして得られるものは依然として具体的事件に対する具体的解答を与えるには縁遠い抽象的原理に過ぎないかもしくは理論的発展に適しない事実の集積に過ぎないものとなり終わるように思われる。私の信ずる所では、是非共不法行為制度の根本精神を十分に考え直して、これを支配する原理の編成替えを行う必要がある。それがためには不法行為構成要件として従来考えられている各種の要素の本質に対して根本的の検討を加えて、それ等が不法行為構成要件の全体系上に占むべき地位を考え直す必要がある。さもないと、判例を如何に蒐集研究して見ても、結局得られるものは理論的発展性を欠く事実の集積に過ぎないものとなると思う。

例えば、従来学者はしきりに一面無過失賠償責任の必要を説くと同時に、他面判例中過失責任の名の下に実は無過失責任を認めている事例少なからざるを指摘し、その際裁判所が利用している法律技術に興味をもったり批判を加えたりしているけれども、現行民法の下において実際上必要なる場合に無過失責任を認め得べき理論的根拠を論証し、且つこれを認むべき場合・条件等を理論的に論定するがためには、そもそも初めに溯って現行法上「過失」が如何なる意味において不法行為の構成要件中に加えられているかを理論的に検討する必要がある。

次に必要なことは不法行為を一般的概念としてのみ考えずに、不法行為の中に各種の範疇あることに着眼しその種類を分別すること、なお刑法において各種の犯罪を区別し、これに依って一々不法行為の構成要件に関して総論的研究をなすと同時に、他面各種の不法行為に付いて一々それに特別な構成要件を考究することである。

権利侵害・損失・因果関係・過失等が不法行為の一般構成要件であると言っても、各種の不法行為を仔細に分類して見ると、それ等各種の要素が必ずしもすべての不法行為につき常に同等の比重を以て参加しておらず、或る種の不法行為に付いては甲要素重くして乙要素軽く、又反対に或る種の不法行為に付いては乙要素重くして甲要素軽きが如き事例はいくらでも見出し得る。

現に民法自らも、監督者の責任、使用者の責任、土地工作物竹木所有者占有者の責任、動物占有者の責任等に関して特別の構成要件を規定し、これ等の場合に成立する不法行為を特別のものとして規定している。私はこの例に倣って、従来一般に第七百九条の適用を受くるものとして概括的に取扱われている不法行為を適当なる標準に依って分類し、かくして分類された各種の不法行為に付いて、それぞれその構成要件如何を特殊的に考えて見ると、従来唯拡がる方面にのみ押し進んで、ややともすると法的安全の要求と相容れない不法行為法発達の傾向に向って、一の合理的な矯正を加え、これに依り今後の不法行為法の発展に一新生面を開き得るように考える。

現在ではかくの如く各種の不法行為を分類せずに、不法行為を第七百九条の規定する構成要件に依って成立する一種類のものと考えている。実際の事例について、各種の構成要素が、著しく比重を異にして現われているのを見ても、それを理論的に捉えることが出来ず、従って理解し得ない有様であるから、折角綿密な判例研究を通してもわずかに非科学的な列挙的記述を得られるだけであって、その結果不法行為問題の解決はすべて裁判所の主観と熟練とに任されているが如き――法的安全の見地から見ると――甚だ好ましからざる現状が生まれているのだと私は考えている。

以下右二の点をも少し詳細に説明して論旨の明確を期したいと思う。

三

以上で明らかなように、我国現行の不法行為法に関して、今日吾々が最も注意せねばならないのは、判例学説を通して段々に作り上げられたその伸縮性と法的安全の要求とを如何に調節すべきかの問題である。我国の不法行為法は今では判例学説の力に依って概念法学的の窮屈さから追々に脱却して十分実際の必要に応じ得るまでの伸縮性を備えるに至っている。しかしその結果必然その反面において法的安全の立場から見ると何となく頼りなく思われる安全要素の不足が痛感される状況に在る。この伸縮性と安全の要求とを如何に調節すべきか、これが我国不法行為法今後の発展のため吾々に課せられている最大の問題であると私は思う。

しからば、この問題を解決するに付いて吾々の考えねばならない事柄は何であるか。色々あると思うが、何よりも先ず第一には不法行為の構成要件に関する研究を深めることによって、如何なる場合に不法行為成立すべきかを判断する標準に関する原理の内容を具体化し多面化し豊富ならしむることであり、その第二は不法行為の効果に関する研究を一層緻密ならしむるに依って、如何なる場合に如何なる賠償を要求し得べきかを判断する標準を一層具体化することである。

四

構成要件の問題に関して、私が考えている再編成上の考察は、刑法が各種の犯罪に付いてそれぞれ特殊の構成要件を規定するに依って法的安全の要求に応えていると同じように、各種の不法行為を適当に分類してその各々に付きそれに適応する構成要件を特殊的に組み立てることである。

判例研究が吾々に教える所に依ると、不法行為各種の構成要件は個々の不法行為に付いて必ずしも同一でない。例えば同じく「権利侵害」と言う言葉で言い現わされているものが、各種の不法行為に付いて必ずしも同一の内容をもっていない。又要求せらるる「過失」の程度の如きも不法行為の種類に依って非常に違っていることが見出される。しかもそれ等の差異は個々の事件に付いて特殊的に見出されるのではなくして、不法行為の種類に応じて一定の差異が現われているように思われる。この判例の教える所を規準として各種の不法行為を分類し、その各々に付いてその構成要件如何を、特殊的に考究すれば、これに依って一面伸縮性の長所も利用し得るし、他面同時に法的安全の要求を充たし得るよう、構成要件に関して新規な組み立てを案出し得ると思う。

理論的に考えても、民法第七百九条以下の規定する構成要件の各部分たる権利侵害・損害・違法性・過失等の諸要素はそれぞれ互に独立したものではない。教科書における理論的記述においては各要素が各々離れ離れに考えられ説明されているのが普通であるが、実を言うと各要素は互に有機的に関係をもって結局統一体としての構成要件を組成すべき使命を有するものである。従って例えば甲なる不法行為の構成要件としてはAなる要素が最も重くBはむしろ軽きに反し、乙不法行為に付いては反対にBが最も重い要素をなしていると言うようなことが理論的には勿論あり得るのであって、ABCD等各種要素の構成要件としての価値は各種の不法行為に付いて均一的ではなく、不法行為の種類に依ってその価値にそれぞれ差等のあることがむしろ当然なのである。従って各種の不法行為を適当に分類し、そのそれぞれに付いて構成要件のことを特別に考えることは、理論的にも単に可能であるばかりでなく、むしろ必要であると言うことが出来る。

五

我民法の規定する不法行為法は個人賠償主義を根本の原則としている。即ち被害者の救済を常に必ず何人か或る個人の個人的責任とする考え方をとっているのであって、例えば刑事補償法が規定しているような社会全体の協力に依って被害者に社会的救済を与えると言うような考え方をとっていないのである。従って、被害者救済の必要が如何に大きくとも、同時に責任を負わされる人の立場をも考慮することが絶対に必要であって、例えば後者に付いて免責的の事由極めて顕著なるものがあれば、前者救済の必要が如何に大きくとも結局救済を与え得ないのが民法の立前であって、構成要件に関する民法の諸規定は畢竟この両者の要求を調節する規準を定立しているものに外ならないのである。

この規準に関する民法の考え方を概説すると、先ず一方被害者に付いては彼の被害が法律上救済を与えるに値するや否やを決定するために、彼の被害が「権利侵害」に因る「損害」なりや否やを判断すべきことを命じていると同時に、他方責任を負わしめられる者の側に付いては、先ず第一に当該の損害を賠償することを彼の責任に帰せしめることを相当と考え得る程度に、彼は当該の被害事実について縁のある人間であるかどうか——即ち「因果関係」の存否——を考えよと命じ、第二に一応縁のある人間であるとしても「故意過失」がないとか「不法行為能力」がないとか主観的に見てどうも責任を負わせる訳にゆかないと言うような事情がありはしないかどうかを考えよと命じ、更に第三に一般社会見解上道義的に見て彼が責任を負わしめらるべき立場に立っているかどうか——即ち「違法性」の問題——を考えよと命じているのである。

しかしてこれを綜合的に考えると、一方において被害者が法律上救済に値するだけの立場に立っているかどうかを考えると同時に、他方加害者の側に何等かの免責事由がありはしないかどうかを考えしめるために、各種の構成要件要素を規定しているが、結局民法の考えていることはこれ等諸要素の綜合的考慮に依って被害者及び責任者双方の立場を調節しようとしているのである。従って、構成要件の綜合的考究によってその調節原理の統一的基本が何所にあるかを究明することが出来れば、それに依って個々の場合に付き不法行為責任の成立を認むべきや否やを制定する綜合的規準は自ら見出される訳であって、そうなれば構成要件の各要素は不法行為のすべてに付いて常に均一的の価値をもつものではなくして、甲種の不法行為に付いてはA要素重くしてB要素軽く、乙種の不法行為においてはＡＢの要素が非常に重いためそれだけでも民法の規定する上記の綜合的規準に達していると思われる場合にはC要素を全く無視して不法行為の成立を認めても何等民法の精神に反せざるのみならず、反ってそうすることが民法の精神に適合する所以であると言うようなことも考えられるようになるのである。

この間の理合は、現在でも「権利侵害」とは要するに違法なる加害に外ならぬと言っている判例学説上の通説が部分的には既にこれを認めている訳であるから、私はこの考え方を更に一歩進めて不法行為構成要件の各要素のすべてを綜合的に考え、これに依って不法行為の種類に依り個々の要素相互の間に差等のあり得べき理を一層明らかにする必要があると考える次第である。

不法行為の構成要件に関する民法の規定を解釈するに当っては、従来通説がなしているように個々の構成要件を引き離して個別的に考えることなく、法定の構成要件全体を綜合的に考察して責任の有無を決する態度を執らねばならぬこと上述の通りであるが、この理は更に不法行為の効果たる損害賠償額の決定にもこれを押し拡めて適用する必要がある。

六

現在通説は不法行為と相当因果関係に立つ損害が賠償せらるべき損害額であると説いている。更に具体的に言えば債務不履行に関する第四百十六条の類推に依って賠償額を定むべきであると考えている。即ち損害賠償額は因果関係の考慮に依って客観的に定まるものであって、その他の不法行為構成諸要素は賠償額の決定には全く無関係であり、従って例えば殺人が故意に因るか過失に因るかの如きは賠償額の決定に対しては全く無関係な事柄であると一般に考えられており、又例えば加害行為の違法性即ち一般社会見解上道義的に非難に値する程度の大小の如きも賠償額の決定には無関係の事柄であると考えられており、なお又例えば被害者責任者それぞれの貧富如何の如きも賠償額決定には全く関係なき事柄であるように説かれているが、裁判の実際において不法行為は現在果してかくの如くに運用されているであろうか。私にはどうしてもそう考えることが出来ないのである。実際には学者が全く無関係だと考えている各種の要素を綜合的に考慮に入れて、どれだけの賠償をなさしめれば被害者の救済としても十分であり、責任者に対する制裁としても一面十分であると同時に気の毒でもないかと言うようなことを調節的に考えて賠償額が決定されているのであり、又そうなければならないと私は考えるのである。

現に過失相殺に関する民法第七百二十二条第二項の規定は被害者責任者双方の立場を調節的に考慮して賠

償額を決定すべきことを規定しているのであって、そこにいわゆる「過失」が主観的意義における過失を意味するのか、それとも又客観的の因果関係を意味するのかと言うようなことは従来学者の好んで論争する所であり、従って又被害者が無能力者である場合に彼の「過失」を斟酌すべきであるとかないとか言うようなこともしきりに学者によって論議されているが、上述した不法行為法の根本義を考えに入れて過失相殺の規定を実質的に考えて見ると、民法の意図する所は、要するに被害者責任者双方の立場を綜合的に考慮して賠償額を決定すべしと言うに在るのだと私は考えている。従っていわゆる「過失」が主観的意義における過失の意味であるかどうかと言うようなことを問題にするのがそもそも間違いであって、加害行為被害事実の実情に鑑み加害者のみを非難することも来ず、被害者側にも悪い所があれば、それをも考慮に入れて賠償額を決定し、これによって被害者責任者双方の立場を調節的に考えると言うのが、この規定の根本精神であると私は考えるのである。

被害者責任者それぞれの貧富如何の如きも理論的には全く無用のことのように考えられているけれども、例えば慰藉料請求事件に関して従来裁判所の実際になし来れる所を研究して見ると、被害者責任者双方の社会的地位、財産状況その他の具体的事情を綜合的に考慮して、要するにどれ程の賠償をさせれば責任者に対する制裁としても必要にして十分であり、被害者に対する救済としても十分且つ相当であるかと言うことが問題にされているのであって、この理は独り慰藉料に関してのみならず広く賠償額決定のことが問題になるあらゆる場合に適用せらるべきものであり、又実際にはすでにかくの如き考慮の下に賠償額が決定されているのだと私は考えるのである。

要するに、裁判の実際では被害者責任者双方の立場を調節的に考えて賠償額を決定しているにもかかわらず、学者は理論的にこの裁判所が実際になしている所を説明し得ず、又説明せんとする意図をもっていないのが現在の実情であって、これでは学者が如何に不法行為に関する判例を研究しても、責任原理の実相を明らかにすることは出来ないと私は考えるのである。要するに過失、違法性その他の諸要素を綜合的に考えて責任の有無を決せねばならないと同じように、賠償額を決定するに付いても被害者責任者双方の立場を全体的に考えて、どれ程の賠償をなさしめれば、被害者に対する救済としても適当であり、責任者に対する制裁としても適当であるかを考えねばならないと言うのが私の考えである。

七

賠償額算出の規準方法が具体的に明確にされていないことも我国不法行為法の大なる欠点である。吾々は法的安全の見地から是非共この欠点を補正する必要がある。

不法行為と相当因果関係に立つ損害が即ち賠償額であると言う一般原則は何人も認むる所であるが、これを個々の具体的事件に当てはめた場合に如何なる規準方法に依ってその賠償額を算出すべきであるかに関しては、学者の研究も不足であり、判例法としても何等確立されたものがない。現に判例がなしつつあるように第四百十六条を類推するにしても規準の不明確さは少しも捕正されない。私の考えではここでも不法行為の種類を分けて、それぞれの種類に付き賠償額を算出する方法を明確にする必要があるのだと思う。

現在殺人の不法行為に付いては、被害者の推定生残年齢と推定収入額とを基礎として一定の方式により賠償額を算出すべきであると言う判例がほぼ確立しているが、こう言う風にその他各種の不法行為についてもそれぞれそれに適した算出方法を考案せねばならない。

商品売買の債務不履行に関しては明治三十八年〔1905〕十一月二十八日の判決『民録』一一輯一六〇七頁以降多数の大審院判決があって、それ等に対しては吾々もしばしば批判を加えたことがあるが、その中例えば大正十年〔1921〕三月三十日判決〔『民録』二七集六〇三頁〕に対する評釈として「私は（イ）被害者にしてもし実際転売に依って利益を得たるなるべしと推測するに足るべき何等か具体的の事実あるにおいてはその利益を損害中に加算すべきである。（ロ）これに反しかかる事実なきにおいては、（1）被害物件が転売の容易な物品であるかどうか、（2）被害者が商人であるかどうか等その他転売の機会の有無に関するプロバビリティーを測算すべき具体的根拠を審査したる上転売したるならんとのプロバビリティー多き場合には被害当時より判決当時に至る間の平均価格を損害として賠償せしむべきだと思う」〔『判例民法』大正十年度一三六頁〕と言い、又昭和二年〔1927〕七月七日判決〔『民集』六巻四六五頁〕に対する評釈中に「本判決は賠償額の決定に関してなるべく具体的標準を示さんとしている大審院近来の傾向に合致するものであって、かつて大審院が漠然たる抽象的標準により自由裁量的に賠償額を決定していた時代に比すれば非常なる進歩を示しているものと言うことが出来る。しかしながら同時に賠償額の決定は如何なる範囲の賠償を与うるを妥当とすべきかの裁量問題と密接なる関係を有するものであって、一面科学的且つ具体的なる標準によって、損害額を精密に計算するの努力を必要とすると同時に、『信義誠実の原則』の適用によって適当の調節を加うるの必要あることを忘れ得ない。かつて大審院が抽象的標準によって漠然と賠償額を決定していた時代にはこの二の働きは混淆せられつつもなお無意識的に旨く行われていた。これに反し今日の如く具体的標準によって損害額を精密に決定せんとする努力をするようになると、ややともすると衡平原則による調節が忘れられ勝ちになる虞れがある」〔『判例民事法』昭和二年度三六〇頁〕と述べているような考え方は不法行為にももちろん適用せらるべきである。同じく動産所有権侵害の不法行為にしても動産の種類如何その他具体的の各種事情を精細に考慮に入れて賠償額を決定せねばならない。

学者は判例研究をしていながら、とかく一般的理論を捉えることにのみ専念し勝ちであって、多数判例を具体的に研究してその間に不法行為の種類に依って自ら賠償額決定方法に関しそれぞれ特殊の考え方を執らねばならないと言うことを今なお十分に認識していない。賠償額決定に関して法的安全が甚だ欠けている現状はこの学者の態度にも因る所が多いのだと私は考えている。

不法行為と「法なければ罪なし」の原則

「法なければ罪なし」nullum crimen sine lege の原則に類似した原則が、不法行為についても存在すると言う考えが、何となく一般民法学者の頭を支配しているように想像される。

この問題に関してドイツの刑法学者リストがその名著『不法行為論』(Franz von Liszt, Die Deliktsobligationen im System des Bürgerlichen Geserzbuchs, 1898) の中で述べている所を紹介すると同時に、私の考える所を多少書き添えて置きたい。

不法行為を比較法的に研究した人は誰でも知っているように、ローマ法では各種の不法行為が別々に規定されている。そのそれぞれに付いて特殊の構成要件が精細に規定されている。従って不法行為のすべてに通ずる統一概念が現われていない。これに反してプロセイン普通法やナポレオン法典は不法行為を統一的に規定している。しかしてドイツ民法はこの中間の立場をとって、先ず初めに外形上我第七百九条に相当する第八百二十三条第一項の規定を置くと同時に別に特殊の不法行為を規定している。草案理由書はこの立場をとった理由を説明して、ＢＧＢはフランス民法のように「漠然たる原則」を置くを以て満足しない。「賠償義務の前提要件を一層精密に限定し、これに依って裁判官の判定に対し確固たる法的基礎を与えんとするものである」と記している。

しかるに、リストはかかる規定をもつドイツ民法の下でも不法行為の統一概念を求め得べきであり又求むべきであると云う。しかしてその理を説くがため、先ず初めに nullum crimen sine lege の原則が刑法にのみ限らるべきものであって、不法行為法に適用なき所以を力説している。

彼は曰う。刑法では一方において犯罪の一般的構成要件を規定すると同時に、特殊の刑事政策的考慮から各種の犯罪を区別してそれぞれに付き特殊の構成要件を精細に規定している。しかしてかくの如き特殊の構成要件に直接該当する行為なき限り絶対に犯罪の成立を来たすことなしとするに依って、国権の専擅から人民の自由を守り、刑法をして犯人のマグナ・カルタたらしめることを意図しているのである。これに反し民事においては個人と個人とが独立しているだけであるから、裁判官に体化された国権が対立する個人のいずれかを専擅的に優遇する虞れはない。従ってここでは nullum crimen sine lege 的の原則は全くその必要なく、個々の不法行為を区別してそのそれぞれに付き特殊の構成要件を精細に規定せんよりは、むしろ不法行為の統一概念を求めてその一般的構成要件を明らかにすることが望ましい。ローマ法の列挙主義は単なる歴史的発展の産物に過ぎずして、模倣に値すべき合理的根拠をもたない。理由書はフランス民法の原則が「漠然」としていると云っているけれども、ドイツ民法の第八百二十三条第一項が既に同じく漠然としているではないか。しかも刑法の経験を利用しさえすればかかる統一的不法行為概念を以て十分事は足りるし、裁判にとっても良い結果をもたらすことが出来る。第八百二十三条第二項及び第八百二十六条の諸規定の如きはむしろ削除してしかるべきものであろう云々。

リストはこう言う考えから、不法行為の統一概念を求めてこれを「法的に保護せられたる他人の利益」

fremde rechtlich geschützte Interessen の「有責且つ違法なる侵害」jede schuldhafte, rechtswidrige Verletzung と定義している。しかしてこの概念を組み立てている個々の構成要件に刑法学の知識を利用して精密なる検討を加え、これを基礎として不法行為に関する諸規定を体系的に理解するに依って、不法行為制度を一貫した原理に依って貫かれた統一的且つ合理的のものたらしめようとするのがこの意図であったように思われる。

これは——最も善き意味における——概念法学的企てである。十分に組織立てられていない不法行為に関する諸規定に科学的検討を加えるに依って先ず分析を行い、これに依って得られた原理と概念とを材料として理論的に構想せられたる新しい組織を組み立てることに依って吾々は法文文字の束縛から解放されて事物の実体を合理的に考察することが出来る。これが概念法学の凡そ解釈法学に寄与した最大の功績であることは周知の事実であるが、リストが本書において企てている所は正にこの方法に依る不法行為法の再編成に外ならないのであって、この限りにおいてこの企ては確かに成功しており、その不法行為法学の発達に貢献した所は極めて大きいと私は思う。

しかし、概念法学の方法としての価値には一定の限度がある。概念法学的方法に依って達成し得る事柄には限りがある。だから本書においても著者は個々の構成要件を説くに精緻である割合に、これ等の構成要件を有機的に組み合わせて不法行為制度を全体としてもっと活々と活かしてゆこうとする理想的の態度を示していない。これは刑法学者としてのリストを知る人の眼から見ると、甚だ物足りなく思われる点であるが、これは恐らく氏がその専門外である民法学の分野に立ち入るに当り、当時そこで一般に行われている「方法」を、先ず初めに十分に検討することなしに、そのまま襲用したために生じた欠陥であると私は思う。

一体不法行為の統一概念を求むるためには、最初にまず不法行為制度の文化的使命を実質的に考察して自らその全体を合理的に構想し、その上でその全体を捉えるに足るべき統一概念を自ら案出する態度をとるべきであるにもかかわらず、リストがこの際とった態度は甚だ独断的であって、自ら批判的に統一概念を求めると称しつつ、実は不知不識の裡に在来の諸法典に現われている不法行為概念に捉われて独断に陥っているのである。

氏が不法行為制度の使命なりとして挙げているものは、第一に「被害者の権利範囲内に生じたる障害を除去復旧すること」Ausgleichung der in der Rechtssphäre des Verletzten eingetretenen Störung であり、第二には「不正の鎮圧に依って法秩序を守ること」Schutz der Rechtsordnung durch die Bekämpfung des Unrechts であって、特に注目すべきはこの第二の使命を殊更重視していることである。民事裁判としての損害賠償にもこの種の作用あることは素より言うを俟たないが、これを特に重視するときは結局過失主義の不法行為観を脱却することが出来ず、又適法行為に依る「不法行為」〔本書二八〇頁以下「適法行為による「不法行為」」参照〕と言うようなことは到底初めから考えることも出来ないようなことになるのは当然であって、さればこそ「不法行為とは法的に保護せられたる他人の利益の有責且つ違法なる侵害」であると言うような定義が独断的に生まれるのであり、ひいては動物の持ち主に課せられた無過失責任〔八三三条〕を不法行為の範疇から追い出さねばならぬようなことになるのである。

吾々の考えをもってすれば、この種の事例に当面した場合にはむしろ何故にこの場合に限って無過失責任が規定されているかの理由を実質的に考慮し、これに依って例外を例外として合理化しながらむしろそれに発展の途を開き与えると同時に、それをも包容し得べき統一概念を求めてこそ初めて学的に正しい結果に到達し得るのだと思う。しかるに、リストは自ら抱懐する伝統的の過失主義不法行為観に出発して損害賠償の不正鎮圧作用を不当に重要視し、これがため結局極めて偏狭な統一概念に到達して、例外を例外として活かすことも出来ずにいる。かくして nullum crimen sine lege の原則を否定して実質的なる不法行為の統一概念を求め、これに依って不法行為の再編成を企てたはずのリストが、新たに概念法学的の拘束に陥って再び不法行為法を停頓せしめる素因をここに作っているのである。

我国現在の不法行為法が社会現実の要求に副わず、しかも学者能くこの局面を打開するの道を見出し得ざるが如き状態に陥っているのも、畢竟上述リストに見るが如き概念法学的独断にわざわいされているのである。概念法学的に再編成された不法行為法に更に科学的な厳密なる批判を加えて新たな見地からその再編成を企てることこそ現在吾々に課せられている重要な学的責務であると私は思う。

殺人と賠償額算定方法

殺人の不法行為における損害賠償額算定方法に付いては被害者の推定生残年齢と推定年収額とを基礎として、言わば被害者その人の生命の価値を金銭的に評価するような考え方が現在の通説になっている。しかし私はむしろこれとは反対に被害者の死亡に因って遺族の蒙るべき損害を算定する考え方を正当なりとし、民法第七百十一条は殺人の場合「被害者の父母、配偶者及子」に特に精神的損害に対する賠償として慰藉料を請求し得べきことを規定しているけれども、これとは別に、被害者の死亡に因って遺族の蒙りたる財産的損害の賠償請求を許すべきであると考えている。この理を説明するために私はかつて梅博士の所説を紹介し、現行民法の解釈としてもこの考え方に立ち戻るべきが正当である趣旨を説いて置いたが〔本書七六頁以下「不法行為としての殺人に関する梅博士の所説」〕、その後判例を研究していると、この種の考え方が現に判例の上にも現われていることが発見されたので、ここに紹介して私の主張を支持する一資料として置きたい。

昭和七年〔1932〕十月六日の大審院判決は、電車に轢殺された者の内縁の妻及び当時なお胎児であった私生児から雷車会社に対して損害賠償を請求している事件に付き、内縁の妻及び私生児は法律上民法第七百十一条にいわゆる「配偶者及子」に相当しないから同条に依って慰藉料の請求をなし得ないけれども、彼等が「被害者の生存に因りて得べかりし利益の喪失に因る賠償」はこれを請求し得べき理を説いている〔『民集』一一巻二〇二三頁〕。

本件においては、被害者の内縁の妻も私生児も共に法律上被害者と親族関係なく、従って又法定相続人たる資格をもたないから、轢死の結果被害者本人に付いて生命権侵害に因る損害賠償請求権が発生した上、それが相続人に移転するのだと言う従来通説の論法では原告を救い得ない。そこで残された手段としては、内縁の妻及び私生児も実質的には第七百十一条にいわゆる「配偶者及子」と択ぶ所なき地位にあるものであるから、同条を類推して同様に慰藉料の請求を許可すべしと言うか、又は被害者の死亡に因って内縁の妻及び私生児が事実上直接に被った損害を第七百九条に依って請求し得べきであると言うの外ない訳である。ところが大審院としては恐らく内縁の妻及び私生児を「配偶者及子」と同様に取扱うことは第七百十一条の列挙を濫りに拡張するものであると考えたのであろう、「被害者とその内縁の妻との間に生したる子は、父の認知なき以上その胎児なりし当時の加害者に対し慰藉料の請求をなすことを得ざるも、被害者の生存に因りて得べかりし利益の喪失に因る賠償を請求することを得るものとす」と言って第二の道を択んでいるのである。

穂積博士は本判決に対する評釈〔『判例民事法』昭和七年度五五五頁以下〕において、大正十一年〔1922〕六月三日の大審院判決〔『民集』一巻二八〇頁〕が民法第三百十条にいわゆる「扶養すべき同居の親族並びに家族」の中に内縁の妻を含ませている先例を引いて「その筆法で行けば第七一一条の『配偶者及び子』という中に内縁の妻及び未認知の私生児を含ませられないこともない」と言ってむしろ第一の道を執るべかりしことを主張しているが、一方において生命権侵害に因る損害賠償を第七百九条の解釈として認めていながら他方において第七百十一条の列挙を拡張的に解釈すべきことを説くのは矛盾であると思う。生命権侵害に因る損害を生命の財産的評価に依って算出し、これに依って遺族を救済する立前をとる以上、第七百十一条の慰藉料はそれとは別に新たに同条列挙の者にのみ与えられるのだと考える方が筋が通っていると思う。

従って私は大審院が第二の道をとったことをむしろ賢明なりと考えるのであるが、唯この筆法で内縁の妻及び私生児に「被害者の生存に因りて得べかりし利益の喪失に因る賠償」請求権を認めることにすると、直に起る疑問は内縁の妻及び私生児既にしかり、何ぞ正式の「配偶者及子」その他被害者の遺族一般に同様の請求権を認めざる理あらんやと言うことである。「被害者の生存に因りて得べかりし利益」をもつ者は決して内縁の妻及び私生児にのみ限るべき訳はない。いやしくも「被害者の生存に因りて得べかりし利益」をもっていた者は何人でもその賠償を請求し得べきが当然でなければならない。唯そうなると、加害者は一面において生命権侵害の故を以て生命の評価額を賠償せしめられると同時に、他面これ等の「得べかりし利益」の賠償をせしめられることとなってその責任が重きに過ぎることとなる。そこで私は前の文章で主張したように生命の評価額を賠償せしめる通説の考え方を捨てるのが最も正しい道だと考える次第である。

団体責任の原理

一

自然人にあらざる団体が自然人と共に社会を構成しつつ他のものとの間に各種の社会関係を結成している。自然、それ等の諸関係に関連して他人に損害を加えることがあり得るのは勿論であるが、その場合にはそれを団体自らの不法行為と考えて団体それ自身に賠償責任を帰せしめるのが条理上当然である。責任は活動に関連して当然に発生する。団体として活動するものは必然また団体として責任を負わねばならぬ。団体として大いに活動するが故に、個人を離れて別に大なる責任を負わねばならない。ここに吾々が常識上団体責任の存在を認識してその法律的取扱を如何にすべきかを考察せねばならない契機が存在するのである。

しかるに、現行民法はこの点に関し団体が偶々法人格をもっている場合についてのみその取扱方に関して特別の規定［四四条］を置いているに過ぎずして、非法人団体の不法行為に関しては何等の規定をも設けていない。その結果通説はこの問題を大体次の如く解しているように思われる。

第一に、法人格を有する団体の不法行為が、団体の機関を構成する人に依って行われた場合には、民法第四十四条に依って団体そのものの不法行為が成立する。これに反し行為者が機関構成者以外のものなるときは、団体がかかるものの使用者として民法第七百十五条所定の責任を負うべきである。従ってこの場合には「但▽使用者が被用者の選任及びその事業の監督に付き相当の注意をなしたるとき又は相当の注意をなすも損害を生ずべかりしときはこの限りに在らず」なる同条第一項の但書の規定の適用がある。

第二に、団体が法人格を有せざるときは第四十四条は全く適用されない。この場合には法律上団体の存在を度外に置き、すべてを個人的関係に還元して考えるから、例えば人格なき社団の機関に相当する人が社団のために職務を執行するに付き他人に損害を加えた場合にも、これを社団それ自身の不法行為と考えることを躊躇し、高々執行者個人の責任を認め得るに過ぎない。又かかる社団の被用者が職務執行上他人に損害を加えた場合に付いても、法律上社団それ自身を使用者と考えて第七百十五条の責任を負担せしむることを躊躇し、高々社団幹部の中何人か個人を使用者と考えて彼に責任を帰せしめることを考え得るに過ぎない。

二

この通説の考え方に関して、吾々が先ず第一に検討を要するのは、団体の不法行為能力と法人格との間に何等かの不可離的関係ありや否やである。

なるほど団体が法人格を有する場合でなければ、団体それ自身が法律上賠償義務の主体となり得ないのは勿論である。しかし団体が法律上賠償義務の主体となり得るや否やの問題と団体それ自身をして実質的賠償責任を負担せしむべきや否やの問題とは全く別箇の事柄であって、吾々が先ず初めに考えねばならないのは第二の問題である。しかしてこの問題が肯定的に解決された場合に初めて、法律上何人をして賠償義務を負担せしむべきかの問題が起り、偶々当該の団体が法人格をもっていれば団体それ自身を義務の主体となし得るに反し、もしも法人格をもっていなければ団体自らを義務者となし得ないから更に別途の考慮に依って団体関係者中何人かを法律上の賠償義務者とする必要が感ぜられるのである。この故に、団体に法人格ありや否やは団体の不法行為、従って責任を認むべきや否やとは全く無関係の事柄であると言わねばならない。

元来吾々が特に団体について不法行為の成立を認める必要を感ずるのは、団体が社会構成の単位者として現に他人と取引しその他各種の関係において関係しその間自ら他人に害を加えることがあると言う事実の認識に基づくのである。一定の加害事実に対する責任を直接加害行為をなしたる自然人に帰責するを以て足れりとせず、直接その自然人の属している団体それ自身の責任と考えなければ吾々の常識が満足しない場合があると言う所に、吾々が団体それ自身の不法行為を認めざるを得ない事実的根拠が存するのである。従ってその場合当該の団体が法人格を有するや否やは全く問題にならないのであって、人格なき社団財団人団等といえどもいやしくも社会的に団体として存在し、団体として活動し、従って団体として他人に害を加えたと言う事実がありさえすれば、吾々は直に団体それ自身の不法行為を考え得るのである。民法第四十四条は法人に不法行為の責任を帰責し得るための法的条件を定めているだけのことであって、同条が存在するの故を以て団体責任は団体が法人である場合にのみ認めらるべきであると言う議論が成り立つ余地がないのは当然である。

要するに、団体の不法行為能力と団体が法人格を有するや否やとは全く無関係の事柄であって、非法人団体それ自身に付き不法行為の成立することを否定すべき理論的根拠は少しも存在しないのである。

三

次に通説は、団体が法人である場合にはその機関の行為が即ち法人の行為であり、従って機関の不法行為が即ち法人の不法行為である。これに反し法人に使用せらるる者は法人それ自身にあらずして法人の外にあるものであるから、彼等の行為は法人の行為にあらず、従って彼等の不法行為もまた法人の不法行為にあらず、法人は唯使用者として民法第七百十五条の責任を負担するに過ぎず、従って法人が被用者の選任監督上相当の注意をなしたるときは同条第一項但書の規定に依ってその責を免れ得ると説いているが、団体責任の根本を実質的に考えて見ると、同じく団体を構成して団体のために働いているものに付き特に機関を構成するものと否とを截然区別して、前者には第四十四条を、後者には第七百十五条を適用すべきであると言う考えに対しては深い疑いを挟まざるを得ない。殊に上記の通り団体責任は非法人団体に付いてもこれを認め得べく、第四十四条はこれを非法人団体にも類推適用し得べきものであるとすれば、団体責任と第百十五条との関係に関して更に一層立ち入った検討を加える必要があると思うのである。

かつて田中耕太郎教授も指摘しているように〔『判例民事法』大正十五年五六〇頁以下〕、「現代的の複雑なる大企業においては企業者と被用者との距離は甚だ大である。被用者が使用者のために活動し得る範囲は大企業の性質に応じて使用者の側の特別の授権即ち心理的要素より独立し客観的に定めらるることを要求する〔中略〕、被用者の不法行為に因り使用者が責に任ずるのは企業の有機体性――それが法人たると個人企業たるとを問わぬ――より来るのであり、この意味において民法第七百十五条第一項但書の使用者の側の選任監督に関する挙証は事実上有名無実であるのみならず、法規上においても意義を失いつつある」。換言すれば、第七百十五条は「使用者と被用者とが接近し、使用者が被用者に対し各個の場合において指揮命令し得る状態」を前提として設けられたものであって、一定の企業が組織化され団体化されていればいる程、当該企業の不法行為問題は同条適用の外に置かれるものと言わねばならない。

即ち組織化された団体にあっては――法人格を有すると否とにかかわらず――すべて団体のために行動するものの行為は、それが当該団体の性質に応じ客観的に観察して団体そのものの行為と認めらるる限り、当然に団体そのものの責任を生ぜしめるものと解せねばならない。その行動するものが、偶々理事その他の団体の機関を構成するものであれば、その行為は当然団体の行為であり従ってその責任を生ぜしむるも、それ以外のものなるときは高々第七百十五条に依って団体の責任を生ずるに過ぎずと解するが如きは、けだし団体責任の原理に徹せざるものと評せざるを得ない。

無論、団体の中には、極度に組織化された団体性の極めて濃厚なものから、使用者対被用者の個人的契約的結合に過ぎずと考えられるものに至るまで、段階的に色々の種類があるから、何所までが民法第七百十五条の適用を許し得べきものであるかを截然区分することは実際上甚だ困難であるけれども、少なくとも団体性が濃厚となるに伴って段々と事が第七百十五条の適用外に置かれるようになると言う原理は解釈論としても極めて重要であると私は考えるのである。

四

すべて団体は、法人格をもっていると否とにかかわらず、その性質上客観的に見て団体の行為を構成すと認めらるべき一切の行為に対して責任を負わねばならぬ。しからば、かかる行為に因る被害者は、法律上果して何人を被告として賠償請求をなし得べきであるか、又如何なる財産がかかる賠償義務に対して責任の関係に立つのであるか。

この問題は団体が法人格をもっている場合には極めて明瞭である。即ち被告は当然に法人化せられたる団体そのものでなければならないし、責任関係に立つ財産も法律上法人そのものに属する財産に限らるべきは当然である。これに反し、団体が法人化されていない場合には、法律上具体的に何人を被告とすべきか、又何人の財産を責任関係に立つものとして取扱うべきかに付き困難な問題が起る。

民事訴訟法第四十六条は「法人に非ざる社団又は財団にして代表者又は管理人の定めあるものはその名において訴え又は訴えらるることを得《う》」と規定しているから、団体中特に「社団又は財団にして代表者又は管理人の定めあるもの」と言い得る程度に組織化されているものについては、訴訟上何人を被告とすべきかに付き何等問題を生じないけれども、その程度まで組織化されていない団体には同条を適用し得ないから、自然解釈上むつかしい問題が残されることになる。

この点に関して現在私の抱いている試案は、かつて私が「三の団体型」なる小論において説いた通り〔本書五五頁以下〕、先ず第一に団体をゲゼルシャフト的なものとゲマインシャフト的のものに区別し、その内前者の中に高度に団体化されたもの即ち「社団」的のものから単なる契約的結合に過ぎない「組合」的のものに至るまでの段階的差別あることを認めた上、社団的のものについては上記の民訴第四十六条を適用ないし類推適用して団体そのものを被告とするを許すべく、これに反し組合的のものについては更にその中に団体性の比較的強いものと純粋なる契約的結合に過ぎずと認むべきものとの区別を認め、後者については結局民法第七百十五条を適用して組合員中実質的に「使用者」の立場に立つものを被告とすべく、これに反し前者については組合員全員を共同被告とするか又は民訴第四十七条に依って組合員の中より「総員のために〔中略〕被告となるべき一人又は数人を選定し又はこれを変更すること」を許すべきものと考える。

なお家団の如きゲマインシャフト的団体については、その内部的組織が一般にゲゼルシャフト的団体におけるが如く形式的に明定されていないのを通例とするから、結局当該団体の組織上事実的にその首長ないし代表者たる地位に在るものを被告とするの外なく、偶々かくの如きものが不明なる場合には民訴第四十七条に依って「被告となるべき」ものの選定を許せばいいのだと私は考える。

但しこれ等の場合には、結局実質的に訴求されているものは団体そのものに外ならずして、形式上被告とされているものは団体のために形式的ないし信託的に被告の地位に立っているに過ぎないから、仮に原告が形式上選んだ被告が不適当であるとしても、結局彼の訴求の実質的相手方である団体の同一性が明らかである限り、その故を以て訴を却下すべきではなく、必要あらばむしろその補正を許すべきものと考える。

五

なお団体に対する賠償請求に対し物的に責任関係に立つものが団体それ自身の財産であることは素より云うまでもないが、非法人団体にあっては団体財産と団体員の固有財産との間に判然たる区別を認め難い場合が少なくないから、実際上には色々と困難な問題を生ずる虞れがある。形式上団体員の名義になっていても、実質的に団体の財産たるものは、勿論責任関係に立つが故に、その間の判定に付き慎重の考慮を要すべきは勿論であって、軽卒に権利の形式的所在にのみ捉われてはならない。

もっとも執行法上の理由から、例えば非法人団体に対する賠償請求に付き、団体員甲を被告とする勝訴の確定判決を得ても、それを債務名義として他の団体員乙に対して強制執行を行うことは許されないから、原告としても被告の選択につき十分の注意を施す必要があるし、裁判所としても終始訴が実質的には団体そのものを相手方としていると言う実情に留意して形式的理由のため執行上の都合が生ずることなきよう適宜の処置をする必要があるのだと思う。

第Ⅲ部

（附録）

法源としての学説

一

解釈法学上学説はこれを法源の一と考えることが出来るか。この問いに対する我国通説の答は「否」である。しかるに他方法律解釈論として解釈の創造的作用を認むる傾向はむしろ漸次に強化しつつある。この二の事柄の間に何等の矛盾なしと言い得るであろうか。学説が実質的に法の創成に寄与することを認むる以上、その寄与は如何なる形式において行われるのか、レーゲルスベルガーの適切な言葉を借りて言えば、学説は単に法的意見 Rechtsansichten を述べるに過ぎないのか、それとも又法的原則 Rechtssätze を作るのであるか、「裁判官が法的意見に依って裁判せずして法的原則に依って裁判する」と同じように、法学者もまた「法の内容」Inhalt des objektiven Rechts 即ち法的原則を発展せしめるものではあるまいか［Regelsberger, Pandekten, I, S. 88］。学説が法の創成に寄与するという意味が単に法的意見に依って間接に法の発展に貢献すると言うだけのことであれば即ちやむ。いやしくも学説から直接法的原則が生まれると言うのであれば、その如何にして如何なる形式において生まれるかの点を理論的に明らかにする必要がある。

学説の法源性に関する問題を全般的に論ずるためには、法律史及び学説史上の事実に付いて特に叙説を要すべき事柄が少なくないのであるが、本稿においては専ら現代においては何故に学説の法源性を否定する意見が通説をなしているかの点を理論的に討究して、この問題が未だ決して窮局的に解決し尽されているものでないことを明らかにすることに論述を限局したいと考える。

二

学説史上当面の問題が最も顕著な形で論議の対象となったのは第十九世紀前半におけるドイツ法学界であるが、当時同国法学界の大勢を制していた歴史法学派の法に関する見方から始まって、法を社会の所産と考え、法学の研究対象たる法を社会の内的秩序として現にその社会の社会関係を規律する法それ自身なりとする実証的社会学的法律思想が漸次に有力化したことが、学説の法源性を否定する考えを通説化するに最も力強い影響を与えたのである。

実在の社会関係はすべて法に依って規律されている。その法的規律あるに依ってのみ社会は成り立ち得る。この理が明らかにされたのは法の社会学的研究の結果であるが、もしも解釈法学的意味における法、即ち裁判その他法的判断の典拠たるべき法がこの社会学的意味における法と同一物でなければならないとすれば、学説から直接法が生まれることを認め得ないのは勿論、立法から社会学的意味における法が生まれることさえ容易にはこれを説明し難い。この故に法を以て民族精神 Volksgeist の発現に外ならずと解し、法は習俗言語と同じく一般的人間関係の広い基礎の上に民族生活の中から発展し且つ民族共同意識の中に活きていると言う考え方を提唱したサヴィニーは立法からいわんや学説から法の生まれる所以を説明するに付いて相当の苦心をしているのである。

サヴィニーは言う、「立法は民族法 Volksrecht の機関である」、立法者は民族の外に立つものにあらずしてその中心に立つもの、従って「民族の精神、意向、需要を自己の内に集中」しているものである。この故に吾々は立法者を「民族精神の真の代表者」wahre Vertreter des Volksgeistes と考えねばならない〔Savigny, System des heut. röm. Rechts, Bd. I, S. 39〕。この考え方は当時一般に行われた素朴な代表原理に依る説明に外ならないのであるが、その後国家の異常なる発展に伴って、その間に理論の形式に多少の変化こそあれ、漸次に通説化して今日に及んでいる。

次にサヴィニーは学説の法源性を説くについても同じ代表原理を利用している。曰く、法発生の当初においては民族それ自身の内から直接に法が発生するけれども、文化の発展につれて民族のすべての活動が漸次に分化し、かつては共同的に行われていたことが各種階級に分属するようになると、法のためにも法曹Juristenなる特別の階級Standが生まれることとなる。かくしてかつては民族全体の意識の中に生きていたものが法曹の意識に帰属するに至り、この点において民族が法曹に依って代表されることとなり、法は「その大綱においては民族の共同意識の中に生存を続けつつ、その個々の詳細なる仕上げ及び適用は法曹階級の特別の仕事となる」[Savigny, Vom Beruf unserer Zeit für Gesetzgebung und Rechtswissenschaft, S. 12 ff., System des heut. röm. Rechts, Bd. I, § 14]。

つまり本来は民族全体の精神の発現に外ならない法が、社会の複雑化、従って社会的分業の発達につれて漸次に一部分民族の代表者としての法曹の手に移属し、かくて法曹の手に帰した法が代表Repräsentationの原理に依って民族の法と看做されると言うのがサヴィニーの説明であるが、この同じ考え方はプフタに依っても述べられている[Puchta, Gewohnheitsrecht, I Theil, S. 165-166, II Theil, S. 18-20]。

このサヴィニー及びプフタの解説に理論的無理があることは今日から見れば初学者といえども容易に指摘し得る所であるが、当時彼等にしてなおこの種の解説をなさざるを得なかった所以のものは、ドイツの当時の政治法律社会の諸事情が一面において法を民族精神の発現として解することを要求しつつ、同時に他面学説の法源性を肯定する実際的必要が存在したからである。そうして彼等は当時の政治ないし法律思想として一般に力を持っていた代表の原理を利用してこの二の要求の矛盾を解決せんと試みたものに外ならないのである。

このサヴィニー及びプフタの解説に対して当時直に有力な批判を加えたものはベーゼラーである。彼はサヴィニーが法曹階級の発生を社会進化の一般的過程として説明していることが歴史的事実に反することを主張し、特に法的智識を有する者が法の取扱上重用されたことは如何なる時代に付いても認め得る現象であると同時に、文化の発展と共に必ずしもすべての国に特別の法曹階級が発生したとも認め難いと説き、ローマにおいて法曹階級が法律制度全体の上に支配的勢力をもっていたのは特に帝政時代の政治的特質と関連して発生した特異の現象に過ぎないし、政治理論的に見ても決して理想的な望ましい事柄ではないと主張する。かくして彼は真の法創成が法曹に依って行われるのは、帝政ローマにおけるが如く特に法曹が意識的に法の創成に参加することを認められた場合か又はローマ法承継時代のドイツにおけるが如く法曹に依って承継され、そうして改造されたローマ法に対して慣習法が「法的裁可」rechtliche Sanktion を与えた場合に限ると説明している〔Beseler, Volksrecht u. Juristenrecht, S. 67 ff., S. 85 ff.〕

しかしてこのベーゼラーのサヴィニー及びプフタに対して加えた批判を遠く後代において再びとり上げたフランスのジェニーは、ベーゼラーの所説に対して一応の敬意を表しつつその所論の不徹底を指摘して、法曹階級それ自身に直接慣習法を創成する力なきことを指摘し、法は活きた生活からのみ発生するのであって、理論的思弁から発生するものでないこと、なお自然科学がその発明の資料として利用する自然的要素を自ら創成し得ないのと同様であると説いている〔Gény, Méthode d'interprétation, t. II, p. 62 et suiv.〕。

かくの如く歴史法学派以降の法学者はすべて社会学的意味における法、即ち社会の内的秩序としての法を以て法学的意味における法と同一物なりとする。その結果サヴィニー、プフタの主張するが如き代表原理に依る技巧的解説を以てするの外、学説から法が生まれることを認め得ない立場に置かれているのである。従ってかくの如き理論的立場に立つ限り、学説の法源性を認めることは理論的に不可能であって、この問題を論議の対象とするためには少なくとも先ず如上の立場を捨てて、解釈法学における法源の意味に付いて別段の考慮を加える必要がある。

三

次に当面の問題を考えるに就いて看逃し難いのは、一の国家その他政治社会――（以下は事柄を簡単にするため単に国家と言う）――における政治の一部として行わるる裁判その他広義の司法的作用はその国家ないし社会の内的秩序たる法を規準として行われねばならぬとする思想が現代法学上の通説をなしていることである。

この思想に依ると、一国の裁判はその国の主権に妥当根拠をもってその国に妥当する法のみがその国における裁判その他法的判断の典拠となり得る。ところが、一国が如何なるものを以てその国における裁判その他法的判断の典拠とするかはその国の法政策的考慮に依って任意に定めらるる事柄であって、慣習法その他直接当該国家の主権に法的妥当の根拠を置かない法に典拠力を認めた事例も随所にこれを見出すことが出来る。

例えば我法例第二条は一定の条件の下に慣習法に「法律と同一の効力」を認めているが、元来慣習法はその行わるる社会それ自身の社会力に法的妥当の根拠を置くものであって、国家がそれに対して如何なる態度をとるかに関係なく、それ自身として法的性質を有するのである。法例第二条あるの故を以て、法にあらざるものが法となるのでもなければ、国家法にあらざるものが国家法になるのでもない、国家の外において性質上法たるものを国家がその独自の法政策的見地から法源と認めて、これに国家的裁判その他法的判断の規準たるべき地位を認めているに外ならないのである。

なお例えば、一国が新たに領有した土地の上に政治を行う場合において、その国が如何なる法に依って裁判を行うかもその国自らが法政策的見地から任意にこれを定め得るのであって、その国自らの法に依って裁判すべきことを定めることが出来るのは勿論、従来その土地に行われた慣習法に依ると定めることも出来れば、又それまでその土地を統治した国の法をそのまま適用すると定めることもできる。「台湾に施行する法律の特例に関する件」〔大正十一年勅令第四〇七号〕第五条が「本島人のみの親族及び相続に関する事項に付きては民法第四編及び第五編の規定を適用せず別に定むるものを除くの外慣習に依る」と定めているが如きもこの一例であって、この場合にもこの規定あるの故を以て直に慣習法が国家法となると解すべきではなくして、慣習法がそのまま社会の法としての性質を保有しつつ国家の裁判上典拠として利用せらるるに過ぎないものと解すべきである。

以上は国家の裁判所が当該国領土内に行わるる社会の法を規準として裁判を行う場合であるが、更に進んでは一国の裁判所が当該国家ないしその領土内の社会において全く法たる性質をもたない資料に法規を求める実例さえも数多くこれを見出すことが出来る。例えば明治初年の我国裁判所は条理の名の下にしばしば外国法に法規を求めた。民法法典の規定は施行前既に法規として裁判所に依って利用されている。小作法草案の定むる所が小作争議の調停上法と同様に利用されたことも顕著な事実である。ユスティニアヌス法典の西欧諸国への影響ないし継受、同法典の解釈なりとして学者の説いた所が法規として裁判上法源性を認められたこと等この種の事例を広く世界に求めればほとんど枚挙にいとまがない程数が多い。

これ等は要するに、法規の必要あるにかかわらず自国の法律中にこれを見出すことが出来ない場合に、政治的に言えば全くその国の法と認め難い資料からまでも法規を求めることが法政策的見地から許されることを示すものであって、近代国家の発展に伴い法治主義的司法の思想が普及するにつれて、一国の裁判はその国の法令に依ってのみ行われるべきものなりとする考えが通説化し、その結果如上の事例を甚だ異例視する傾向が有力になっているけれども、視野を現代国家の現実に限局せずして広く歴史を顧ればこの種の考え方が結局単に現代国家に即した法政策的理想を物語るに過ぎないことを見出し得るのである。

四

以上に述べた通り、現在の通説は一方において解釈法学上の法と社会学的意義における法とを同一視し、同時に他方一国の裁判はその国の主権に妥当根拠を置く法に依ってなさるべしと考えているから、学説の法源性を問題にすることさえ理論上不可能な状態に置かれているのである。

ところが現実を見ると、近代諸国の法に付いても到る所にスイス民法第一条にいわゆる bewährte Lehre und Überlieferung（solutions consacrée par la doctrine et la jurisprudence）が法の根幹をなして力強く存在するのを見出す。学説判例を通して伝統的に発生確立した法的原則が技術的自然法とも称せらるべき法的公理として、しばしば国境を超えてまで、法一般を支配し、単に過去より伝統して現在を支配するのみならず、更に判例学説を通して日に日にその生長を続けて行く事実を看逃し難い。

先ず第一に、この法的原則と立法との関係を考えると、近代諸国の立法にして伝統的な法的原則を主要材料として構成されていないものはほとんどない。立法者はしばしば判例学説を排斥する。例えば一七九四年のプロイセン Allgemeines Landrecht 序章第六条には「今後の裁判においては法学者の意見又は以前の判例を顧慮すべからず」との規定がある。これ等は畢竟過去の法的混乱を整理せんとする法典編纂者の法政策的見地から出た規定に外ならないのであって、これがため法典が実質的に過去の伝統から切り離されるのでもなければ、判例学説を通して将来に向って法的原則が更に発生発展してゆくことを止め得るものでもない。法典編纂の直後は一時学説の活動が停止して純粋に註釈的な仕事のみが学者の仕事であるが如き観を呈するけれども、その間においても解釈の名の下に日に日に新しい法的原則が創成されてゆくのであり、時日が経過するにつれてその傾向は漸次に強化するのである。

次に判例と学説とは両々相俟って法的原則を創造する。判決はしばしば学説中に法的原則を求めるが、学説は又判決中に言現わされた法的原則に批判を加えてこれを純化し一般化し補足して一般的妥当性の強い上位の法的原則を形成し、かくして bewährte Lehre und Überlieferung が作られてゆくのである。

なお慣習法が社会学的意味における法として現に社会を規律している事実は何人もこれを否定し得ないけれども、慣習法上の規範が解釈法学的意味における法的原則化してゆく過程を事実に付いて観察すると、そこに必ず裁判官ないし法学者がその法則化に参加していることを見出す。社会の内的秩序としての慣習法が直に自働的に自然に法的原則化するのではない。裁判官ないし法学者がこの内的秩序としての法を資料として法的原則を形成し、かくして初めて解釈法学的意味における法が出来上るのである。

五

パウンドは「われわれは法規と並んで、そして法の一部として、技術のみならずさらに、理論および理想に関する教えられた伝統なる素因のあるのを認めざるを得ないのである。この教えられた伝統こそは、法規をして実効的にその機能を果さしむるものであり、また法規による正義達成を可能とならしむるものである。成熟または発達した法は、国家、すなわち、権威的な立法機関と永続的な裁判所とを具えた政治的に組織された社会の存在を措定するのみではない。それはまた職業的な法律家、すなわち、弁護士および訴訟代理人のみならず、教えられた伝統を論理的に展開し、解説して、それを後世に伝える理論的著作家および教師の存在をも措定するのである。法の歴史において重要な出来事は、法規のみならず、法がなんであるかを示してくれる専門法律家の興起なのである」〔高柳氏訳 Pound, The future of law, p. 47-48〕と述べているが、これこそ学説の法源性に関する最も率直な所説である。

現在我国の通説は一面において解釈の法創造性を認めんとする傾向に向いつつ、そのいわゆる法を社会学的意味における法と同一視しているため、学説から解釈法学的意味における法が生まれる所以を理論的に認め得ない立場に置かれている。その結果神学者がバイブルの教うる所を資料として神学的教理を形成したと同じように、ユスティニアヌス法典の規定する所を資料として形成された法的原則が政治的権威と無関係にその実質的価値の故を以てそのまま法として権威を認められたるが如き中世西欧諸国の事例を特異な例外的現象に過ぎないと考えているけれども、特異なるものは当時これ等諸国の政治事情であって、法それ自身ではない。元来法源の問題は法政策的の問題であるから、政治事情が異なるにつれて法源に関する政策が変化を示すのは当然であって、法学者はその変化する政策の外形のみに捉われて法源の問題を考えてはならない。今日我国においても、bewährte Lehre und Überlieferung は厳として法の一部をなしつつ日に日にその生長を続けている。形式こそ違え、学説はこの意味において明らかに法源たる資格を保有している。レーゲルスベルガーが言うようにこれに低位の法規 Rechtssätze mit minderer Geltungskraft と言う名称を付すべきや否やの如きはむしろ末の問題に過ぎない。

適法行為による「不法行為」

一

不法行為における根本問題は、或る人の蒙った損害に対して賠償を与えることが法律上正当なりと考えられるか否かの問題と或る他の人をしてその賠償義務を負担せしめることが法律上正当なりと考えられるか否かの問題との調和的解決に存する。しかしてこれが不法行為法の根本問題をなしている原因は現行民法が不法行為に関して個人賠償主義をとっている点に存在する。個人賠償主義即ち何人か個人をして賠償をなさしむることによって被害者救済の目的を達する主義をとっている以上、吾々は被害者に救済を与うるを正当とするや否やの問題だけを切り離して考えることが出来ない。その問題を考えるためには同時にそれと不可分的に何人をして如何なる条件の下にその賠償義務を負担せしむるを正当とすべきかの問題を考える必要がある。しかして民法第七百九条の規定する「権利侵害」の要件は実にこの二の問題に対して統一的解決を与えることを目的として与えられたものであって、この意味を正当に理解することは即ち吾民法上の不法行為に関する根本問題を正当に解決する所以である。

言うまでもなく「権利侵害」の要件は一面において被害者に救済を与うるを正当とするや否やを決定する標準として定立されたものであるが、同時に他面においては加害者をして賠償義務を負担せしむるを正当とするや否やを決定する標準たるべき役目をもつものである。しかして従来の通説は専ら前者の標準として「権利侵害」を見ているのに対して、むしろこれを主として後者の標準に役立てようと試みているものが末川教授の「権利侵害論」であって、これによると「権利侵害」は即ち「違法」を意味するものとして理解され、従って被害者に侵害の客体たる「権利」ありたりや否やが問題とされずに、むしろ加害行為が違法であるかどうかが不法行為となるや否やを決する主たる標準となるのである。

これは明らかに吾不法行為法の解釈上一大進歩を意味するものであって、大審院判例近来の趨向に向って理論的根拠を与えるものと言うことが出来る。しかしながら不法行為の成立要件として違法性を要求することは畢竟加害者をして賠償義務を負担せしめることを正当視する根拠をここに求めんとするものに外ならないことを考えて見ると、吾々は更に一歩を進めて加害者をして賠償義務を負担せしめる根拠を違法性にのみ求めることが果して妥当であるかどうか。違法性はなくともなお別に賠償義務の負担を正当視せしむるに足るべき何等かの根拠があるならばこれを理由として不法行為を成立せしめることが可能ではなかろうか。しからばその根拠とは何か。この点に関して多少の卑見を述べるのが本文の目的である。

二

一九〇四年フランスのプラニオル教授は Revue critique 誌上で同国における不法行為に関する最近学説の進歩が主として判例の変遷によって促されたものであることを述べているが、今日吾国の事情も非常にそれに似ていると思う。唯違うのは裁判所のSOSしきりなるにもかかわらず学説の救援が十分その要求に伴わないうらみがあるだけである。社会の現実的需要に直面する裁判所は条理上無下にその要求を担み得ない。しかも同時に判例学説上の通説を無視する訳にゆかないから、やむを得ず或いは過失を擬制したり、或いは故意に過失の問題に立入ることを避けて議論を進めたり、又或いは違法性の存在を説くがため色々廻りくどい説明を与えねばならない立場に置かれる。しかもこの事の故を以て吾々は濫りに裁判所を非難し得ない。新しい社会事情に応じて新しい法理に基づく裁判を与えねばならない切実な必要を感じつつしかも濫りに判例学説上の通説を無視し得ないのが彼等の立場に外ならないからである。この実際に当面して正に重い責任を負うものは学者である。裁判所のなしたる所に理論的根拠を与えてこれに発展性を与え以て今後のために資すべきは正に解釈学者の任務でなければならない。

従来吾国の学者にして不法行為の成立要件の中より違法性を排除し得べきことを説いたものには、先に牧野博士あり〔『法律に於ける進化と進歩』、一八九頁〕、又近くは我妻教授がある〔『現代法学全集』三七巻四一七頁以下〕。もっとも我妻教授は「不法行為における違法性は行為そのものを絶対に許さざる意味ではなく『因って生ずる損害を分担せずしてこれをなすことが公序良俗に反する』との意味に解すべきものである」と言う考えによって、法律上許されたる行為ではあるが、しかも因って生ずる損害はこれを賠償せねばならぬと考えられる場合にもなお違法性ありと考え得ると言う説明を与えているが、いわゆる適法行為に因ってなお賠償責任の生じ得べきことを主張している点において実質上牧野博士とほとんど同様の立場に立つものと言うことが出来る。

なおかつて美濃部博士は、大正五年〔1916〕五月十六日の大審院判決〔『録』九七三頁以下〕が電車会社が行政庁の許可によってなしたる架橋工事に因る漁業権侵害を理由とする損害賠償請求事件において不法行為の成立を否認したのに対し「▽本判決は軌道特許及びこれに伴う特許命令書の効力を誤解し、これに依りて第三者の有する物権をも侵害するを妨げずとなせるものにして、甚しき不当の見解なるべし。軌道の特許は唯国家が企業者に対して軌道布設の権利を設定する行為にして、国家と企業者との間にのみその効力を有し、第三者に対し対抗し得べき権利を設定するものに非ざるは言を俟たず」と説き、命令書にして「▽もし第三者の権利を侵害するに非ざれば絶対に履行するを得ざるものなるときは、その命令は法律上の不能を命ずるものにして、その限度において当然無効」なりとし、従って漁業権者の承諾を得ずして架橋工事をなし、因って漁業権を侵害したりとせば不法行為の成立すべきは当然であると説いている〔『法協』三五巻三号一七五頁以下〕。この説は当該行為を違法なりとするものであって、直接適法行為に因る賠償責任の可能性を説いたものではないけれども、少なくとも外形上適法なる行為がなお賠償責任発生の原因となり得べき理を説いたものとして注意に値する。フランスのシャルモン教授は同様の事案につき「かくの如き行政許可は第三者の権利の留保の下においてのみ賦与せらるべきものなるが故に、それによって第三者が損害を蒙った場合にはその賠償を請求するを妨げない」〔Charmont, Transformations du droit civil, p. 204〕と言う趣旨の説を述べているが、この考え方によれば美濃部博士のように第三者の権利を侵害する限度において特許命令が無効になると言うように考えることなく、命令は命令としてそれ自身有効であるが、因って発生すべき第三者の損害だけはこれを賠償せねばならぬと言うように考えて、適法行為に因る賠償責任の可能性を説くことが出来るのである。

なお平田博士は鉱害に因る賠償責任の法律的根拠を説くに当って、鉱業権者は「鉱害をなし得る権利」を有せざるが故に鉱害には違法性阻却事由存在せず、従って不法行為の成立を妨げざる旨を説いている〔『鉱害賠償責任論』九五頁以下〕。所説なお違法性を以て賠償責任発生の必須要件なりとする通説の説く所を脱却し得ざるものであるが、適法なる鉱業権行使行為の結果必然に生ずべき損害に対して絶対的に賠償責任を負担せしめんとするものであって、実質的にはやはり適法行為に因る賠償責任を認むるものの中に数えることが出来ると思う。

三

大阪アルカリ株式会社の毒ガス事件に関する大正五年〔1916〕十二月二十五日の大審院判決は、適法行為による賠償責任の問題を論ずべき好適の機会をもちながら上告人のその点に関する上告論旨を回避し、むしろ過失問題を論点の中心として被告会社の責任を否認しているけれども、牧野博士も指摘している通り、「ここで問題となる責任の基本は決して過失の有無ではない」。「もし現代の科学的技術が完全に毒ガスを除去し得るならば、その技術を全うしたところには即ち過失なきところには損害の発生がないはずである。その場合には過失主義で問題が完全に解決し得られる。しかし、現代の技術はそれほど完全でない。しかもその工業は公益上経済上これを許さねばならぬとすれば、その科学的技術のやむを得ない欠点に因って生ずる農民の損害は工業そのものに附随する欠点として工業そのものが負担せねばならぬものではなかろうか」〔前掲一九三頁〕、即ち問題は過失の有無にあらずして、適法行為なるにかかわらず因って生ずる損害に対してだけはなお賠償責任を生ぜしむるを妥当とすべきではないか、即ち違法性の問題がむしろ問題の中心に立っているものと考えられるのである。

法律上許されたる一定の行為を行う結果必然的に他人に損害を与うべき場合には、最早賠償責任の根拠を過失に求め得ない。問題はむしろ適法行為なるの故を以て賠償責任を否定するか又は適法行為なるにかかわらずなお特別の理由によって賠償責任を認むるかの点に存するものと言わねばならぬ。

元来不法行為における「違法性」の要件は――「過失」の要件と同様――一定の権利侵害の結果を或る人に帰責するを法律上正当とするや否やを決定するための要件である。この故に理論的に考えて違法性なきもなお帰責の正当さを基礎附くるに足るべき何等か他の事由があれば、必ずしも違法性にのみ拘泥することなく、その事由を根拠として賠償責任を肯定し得る訳であるが、現行民法そのものの解釈としてはなお別に現行民法が違法性以外の事由を帰責原因とすることを解釈論として禁じているかどうかを問題とせざるを得ないのである。何故なれば民法が違法性なき場合には絶対的に賠償責任の発生を否認する主義をとっているとすれば、理論はともかくとして解釈上違法性なき所に賠償責任を認めることは出来ないからである。

ところがこの点に関して吾々の先ず第一に注意せねばならないことは、現に民法自らが幾多の場合に行為を適法としつつなお損害賠償を命じていることである。その事例として吾々の最も注目すべきものに隣地者関係に関する第二百九条第二項、第二百十二条、第二百三十二条等の諸規定がある。これ等の規定においては一方において隣地の立入・通行等を適法として許しつつ、しかもこれによって隣人の蒙るべき損害に対して賠償をなすべきことを命じている。その精神は、隣地者相互の関係において、一方の立入・通行等に対する需要が必須ないし重要にして、しかもこれがため他人に対して必ずしも多大の損害を与える虞れのない場合には、一面一方に立入・通行等を許しこれによってその需要に満足を与え、しかもこれによって他人の蒙るべき損害に対して賠償を与えることが社会的見地から見てむしろ有利なりと考えられる点に存するのであって、より大なる利益の前により小なる利益を屈せしめ、しかも後者に対しては賠償を与えて調節を計ることが結局社会全体の利益から考えて望ましいと言う点に基礎を置くものである。しかしてこの種の考えによって互に相牴触する権利を調節し調和せしめる必要は独り隣地者関係に関してのみならず、世上幾多の場合にこれを見出し得るのであって、この種の考えの類推を正当ならしむる事例はむしろ日に日にその数を増しつつある。

元来民法第七百九条以下の諸規定及びこれに関する従来解釈上の通説はすべて個々の権利が互に孤立して存在する法律社会を想定して不法行為理論を立てている。その法律社会では権利はすべて互に孤立して存在するが故に、甲の権利は乙と無関係に、従ってこれと牴触することなしに存在し得るものと考えられている。従って権利の行使はすべて適法であると同時に他の権利を侵害することはないと考えられているのである。ところが権利の孤立的存在と言うようなことは法律家の幻想の中にのみ存在し得る事柄であって、実際上甲権利と乙権利とは相関係せざるを得ない。互に相矛盾し相牴触せざるを得ない。そこでかつては事実互に矛盾すべき権利相互間には必ず上下の関係が法律上確定されているものと考え、上位の権利の前には下位の権利屈せざるべからずと言う原理によって容易にその矛盾を調和し得るものと考えられていた。

ところが権利相互の間には必ずしも上下の関係が法定されていない。互に対等的に対立すると考えられる権利が互に矛盾する事例が頻発するにつれて、人々はその矛盾を調節すべき方策を考える必要に迫られ、その結果案出されたものが権利濫用の法理である。この法理は権利そのものの上下関係によって事を決することをなさず、権利の行使された機会を捉えてその際における具体的実情に鑑みて具体的且つ個別的に矛盾を解決しようとする考え方である。ところが実際社会には権利相互の上下関係が法定せらるることなく、しかも相互間の牴触が必然的に発生する事例が少なくない。即ち権利がその行使の或る形態においてのみ他の権利を害するのではなく、いやしくも甲の権利を認める以上必然に乙の権利を害するにきまっている場合が少なからず発生する。この種の場合には権利行使の或る形態を捉えて矛盾を調和せんとする権利濫用の法理は最早役に立たない。何となればこの場合には権利の存在そのものが必然に他の権利を害するのであって、権利の或る行使が例外的に他の権利を害するのではないからである。

ここにおいてか吾々はこの種の民法が初めから想定しなかった事例を適当に処理するため、この種の事例の特徴を捉えてこれを定型化し、以てこれを法律的に規律し得べき新しい法理を創設することが要求され又許されるのであって、全く異なった社会関係を想定して定立された従来通説の不法行為理論を以て直にこの全然関係を異にする新事例に臨まんとするのがそもそも非常な間違いである。甲権利の存在が必然乙権利を侵害する、しかも甲権利の存在を許すことが社会経済上利益多しとして要求されるならば、その存在によって乙が必然侵害されるとしても甲そのものを禁ずる訳に行かない。ところが甲の存在を許すと必然乙が侵害されるから、乙にはその侵害によって蒙るべき損害の賠償を与えつつ、なお甲の権利の存在を許して両者の調節を計ることが、要求されるのであって、適法行為による損害賠償の法理はここにその理論的根拠を有するのである。しかして私がかつて述べた通り〔「法律解釈に於ける理論と政策」『民法雑考』一頁以下〕、すべての法規は唯その規律対象として想定された関係にのみ適用せらるべきものである。その想定された関係以外の関係に対して直に法規を適用せんとするのは誤りである。この種の関係を規律するがためには、裁判官その他法律的判断者がその関係の特質を考究した上これに適応する法律規範を創造し、これを適用するによって裁判その他法律的判断を与える必要がある。

今ここに提唱されている適法行為による「不法行為」の原理も正にこの事例の一に属するものであって、「権利そのものが必然に他の権利を侵害すべきにかかわらず、その権利の存在を許すことが社会経済上価値ありとして要求される場合には、一面その権利の存在を許しつつ、これによって蒙るべき他人の権利に対しては損害賠償によって調節的救済を与うべし」と言うのがこの原理の内容である。

四

庄川事件に関する大阪地方裁判所の判決を見ても〔『法律時報』五巻四号六五頁以下の拙稿参照〕、又東京の地下鉄事件に関する東京地方裁判所の判決を見ても、又鉱害事件一般その他丹那燧道開掘による田用水涸渇の事件を考えても、今や吾々は適法行為による「不法行為」の原理を徹底的に考えねばならない切実な必要に当面していることを痛感する。この拙文が多少共この問題の解決に貢献することが出来れば幸いである。

音響・煤烟等の災害と法律

一

音響・煤烟・臭気・震動・高速度交通機関・地下作業に因る地盤変動等に因る災害から社会を救う必要は現在極めて重要であるにもかかわらず、従来我国においてはこの点に関する学者の研究も不十分であり立法また甚だ不完全であって、十分社会的要求を満足せしめ得ない状態に在る。私はこの現状を打破するために、先ず第一に無過失賠償制度を樹立すべきことを要求する。

第二に災害予防の制度を充実すべきことを要求する。

しかして第三には予防並びに救済の簡易迅速を計るため調停ないし仲裁制度の設置を要求する。

以下これ等の諸点に付いて多少の解説を加えたいと思う。

二

この種の災害に対して十分な救済を与えるために無過失賠償制度を設ける必要あることはつとに多くの人々の主張する所であるが、それにもかかわらず立法が毫も促進されないのは、一面においては理論上の無理解が依然として一般を支配し、他面においては現実に対する認識の不足が一般に存在するからであると思う。

ここに理論上の無理解と言うのは、特に無過失賠償制度を設けずとも、権利濫用法理の活用や過失の擬制に依って大体必要な解決を与え得ると言う考えが今なお人々の頭を支配していることを指すのである。ところが厳格に理論的に考えるとこの種の災害に対する救済は到底これ等の方法ではこれを与え得ないのである。先ず第一に権利濫用の法理は、権利行使は不法行為にならないと言う伝統的な原理の上に立ちつつ、権利行使もなお或る条件の下においては違法性を帯び得べきことを主張し、これに依って不法行為の成立を認めんとするものである。ところが今吾々が問題にしている災害においては、権利の行使が常に必然的に他人を害するのであって、単に例外的に他人を害することがあり得るのではない。単に例外的に他人を害することがあり得るのであれば、権利濫用の法理を以て適当に事を解決し得るけれども、権利の行使が常に必然的に他人を害する場合に対してはこの法理も最早何等の価値を有しない。この場合に対して適当な解決を与えるためには、違法性を成立要件としない損害賠償原理を必要とする。何故なれば、この場合においては一面において権利として許されている行為が常に必然的に他人を害するのであって、行為は――他人を害するにもかかわらず――常に適法と認められねばならない。従って不法行為の成立要件として違法性を要求する伝統的な原理に捉われる限り、理論上問題を適当に解決する途は全く存在しないと言わねばならないからである。

次に注意を要するのは、或る種の災害に関しては、立法が無過失賠償制度の樹立を怠っている間に、現に事実上無過失賠償が広く行われていると言う事実である。鉱害賠償の如きその最も顕著な例であるが、自動車・電車等の災害に対し現に警察官の仲介に依って事実上支払われている賠償の如きもまたその一例と見ることが出来る。かくの如く無過失賠償は現に事実上相当広く行われており、しかもその実行は法規に基礎を置かない関係上とかく不合理に陥り易いのである。この故に吾々はこの際むしろ無過失賠償制度を設けて事を機械的且つ合理的に解決することが、被害者にとっては素より加害者にとっても却って有利であると考える。しかして為政者がこの現実に付いて正しい認識を得さえすれば、この点に関する立法問題は容易に解決せらるべきものと私は考えている。

三

この種災害の予防法に関しては、先ず第一に現在の保安警察的取締が十分科学的に組織されていないことを指摘せざるを得ない。元来この種の災害は結局において不可避的なものであるにもかかわらず、その原因たる事実は多く科学的にこれを計量し管理することが出来る。科学的方法を用いさえすれば、警察的取締を必要なる最大限度まで及ばしめることも出来るし、不必要なる制限を最小限度に止まらしめることも出来る。しかるに、ここでもまた警察的取締はとかく徒に強権的ないし自由裁量的であって、その限度を科学的に規定する用意を欠き易い。その結果、一面においては必要なる制限が必ずしも行われずして、他面不必要な制限が無用に人々を苦しめるような弊害を生じ易いのであって、私はこの弊の一日も速やかに矯正除去されることを希望してやまない。

次に予防問題に関して注意すべき他の一の事柄は、この種災害の予防は災害が大規模であればある程官憲の仲介に依ってすべてを全体的に処理することが望ましいにもかかわらず、現在では一面上述の如く警察的取締が必要なる最大限度に及び得ない関係上、個々の被害者の個々的な救済請求を無秩序に許さねばならないことになっている事実である。請求せらるる救済が損害賠償である限り、或いはなおそれでも差支ないけれども、個々の被害者が個々的に妨害除去もしくは予防の請求をすることを許すとしたならば、加害者側の企業利益はこれに依って不当の妨害を蒙る。しかも現行法の下においてはその請求を制限することは少しも考えられていないのである。吾々は決して被害者のかくの如き請求を絶対的に禁止すべしと言うのでない。警察的取締の組織化によってかくの如き無秩序な個々的請求を無用ならしむべしと言うのである。現在では警察的取締が科学的に組織されていないため、自然個々の被害者の個々的請求を許さざるを得ない状況にあり、しかして無秩序な個々的請求は企業に対して不合理な妨害を加える結果となるのである。この故に吾々は、一面警察的取締の合理的充実によって災害予防を完璧ならしむると同時に、それと連絡して個々の被害者の無秩序な個々的請求を禁止することが、現下の実情に鑑みて極めて必要であることを自信するものである。

四

終にこの種の災害、殊にその小規模なものを予防し且つこれに対して必要な救済を与えるためには、特別の調停ないし仲裁判度を設けることが最も合理的であると私は考える。

例えば「隣のラジオ」から受ける迷惑、隣家の風呂場から起る烟害等々、一律的規準に依って取締るには余りに小規模であり、又当事者双方の具体的事情を適当に斟酌して具体的に考えさえすれば調停的に十分解決し得べき事柄が実際には非常に多いにもかかわらず、現在では裁判所に訴えるの外法律上確実にこれを解決する途が全く開かれていない。その結果隣地者相互の間に無用の紛争が永続する事例は実際上極めて多いのである。無論現在でも警察が多少調停的作用をやっているけれども、かくの如き法規に根拠をもたない調停は到底普遍的たるを得ない。この故に、私はこの種災害の救済並びに予防を計るべき簡易方法として特別の調停ないし仲裁判度が設けられることを希望するものであって、一面上述の如く組織的に災害の全体的予防を図ると同時に、調停ないし仲裁によって個々的紛争の個々的解決を図るならばこの種災害の問題は十分これを合理的に処理し得べきことを確信するものである。

法律と慣習——日本法理探究の方法に関する一考察

一

日本法理の探究、日本法理学の樹立を目指して各種の方法が学者に依って提唱せられつつある。のみならず今ではそれ等相互の間に批判が行われる段階にまで立ち至っている。必ずや近き将来それ等の方法を通してそれぞれ相当の成果が挙げられるであろうことを私は期待している。

しかし、それ等の方法はいずれも或る正しさをもちながら、しかもいずれか一つだけが排他的にその権威を主張し得るものにあらずして、いずれもその効用において局限をもっている。従って、それ等の各個についてそれぞれその局限を検討しながら、そのすべてを併用することが恐らくは目的達成の最も正しい仕方であるように私は考えている。

従って、私は今まで諸学者に依って提唱された方法の外に更に別途の方法を呈示して諸君のお考えを願うことが必ずしも無意味でないと考えるのであって、その意味において私はここに兼々考えている「慣行調査に依る方法」の骨子を説明して諸君の批判を乞う次第である。この方法も無論その効用において或る局限をもっているに違いない。しかし、他の方法と併んで、他の方法では到底得られない或る特別の成果がこれに依って得られる見込みがあると私は考えている。

私がこの方法に思い至った主たる動機は、数年前東亜研究所の委嘱に依って北支の農村慣行調査を開始するに当り、先ずその準備として従来各方面において行われた慣行調査の報告書類や、慣習法理論に関する多くの文献を渉猟している間に、段々と「社会秩序の力学的構造」なる構想が熟して来たことに関連している。

依って、以下に先ずその構想の概略を説明するため、右調査準備書の一節を引用したい。

「法的慣行は如何なる態様において存在するか」。

「本調査は現在の支那社会に実効性をもっている法規範、即ち現在の支那社会諸関係を現に規律し成立せしめている法的慣行を、動きつつあるがままに如実に捉えることを目的とする。単に旧慣即ち既に死滅しもしくは死滅せんとしつつある伝統的慣行を調査するのが吾々の目的ではない。しかし、調査の実施に当ってはしばしば一定の慣行が現に実効性をもつものなりや又は既に過去のものに過ぎざるやに付き疑いを生ずる場合少なからざるべきことが予想されるから、凡そ法的慣行なるものが如何なる態様において存在するものなるかを理論的に考えて置く必要がある。」

「法的慣行はいわゆる生きた法律に相当するものであるから、元来固定不動の形において存在するものではなくして、現実の生活と共に流動的に生きているものである。伝統的にして従って固定的傾向をもつ在来の秩序と日に日に生成発展してやまない新しい社会形成力との接触面に不連続線的渦流の形で発生し動きつつあるものこそ法的慣行存在の実相に外ならないのである。殊に現在の支那におけるが如く、一面において遠い過去に由来する伝統的要素が依然として力強く残っており、しかも他面において政治的、経済的その他各種の原因から日々起生しつつある革新的要素が力強く働いている場合に付いては、そこに発生する渦流の広さ及び動きも相当大きいものと考えねばならないから、それを記述的に捉えるについても絶えずその点に留意し、伝統的なものと革新的なものと相争う様を画きつつ、実相を動きのままに画き出すことに全力を尽す必要がある。死滅しつつある法的慣行、起生しつつある法的慣行、それ等をその動きつつある方面に留意しながら画き出すことが吾々にとって最も重要なる任務であると言わねばならない」。

即ち、実在の社会秩序は静止不動の形において存在するものにあらずして、各種社会力の力学的な相克持ち合いに依って成り立っている。一定の社会に規律を与えるために働きかけている政治力は、その社会に固有な伝統力並びにその社会を支配する社会法則、経済法則と接触しながら、一定の秩序を形成しつつある。その状恰も高気圧と低気圧とがその接触面に不連続線的の渦流を形成するに類似し、一見静的に安定していると思われるものも実は相克する力の持ち合いに過ぎず、多くの場合には力と力とが互に働き合いつつ絶えず安定を求めながらも安定と動揺との連続の中に動きながら秩序が形成されてゆく。比較的固定した社会においては力の平衡に依って安定した秩序が継続的に定立されるけれども、ここでもその安定は力と力との持ち合いに依って成り立っているのである。これに反し、多少とも変転期に在る社会においては力と力との相克による動揺が目立つけれども、この場合でもその動揺の間に絶えず安定を求めながら秩序が形成されてゆくことが見出される。

生きた法律としての法的慣行は実にかくの如き在り方において存在するのであって、この事実を認識しながら特定社会の法的慣行を調査するとき、吾々はその社会の特質を理解し得ると同時に、その社会における政治力の現われとしての法律がその社会に働きかけている実相を機能的に捉え得るのである。

中央政府の政治力の社会に対する滲透不十分な支那社会に付いて、その特質を理解する一の方法として、以上の観点よりする法的慣行の調査を行うべきことを吾々が提唱したのは実にこの理に基づくのである。

二

しからば、この種の方法を用うるに依って、吾々は如何にして日本法理の特質を捉え得るか。

その理を明らかにするため、物理現象の比喩を用いる。一定の物に一定の力を加えると一定の抵抗がある。

従ってその抵抗を測定するに依ってその物の性質を探知し得る事は周知の事実である。最近地下資源を迅速簡易に探知する方法として大いに利用せられつつある物理探鉱法は実にこの理の応用に外ならない。又プリズムを以て特定の星が発する光を分析するに依ってその星を組成する物質を探知する方法もまたこの理を応用したものに外ならない。

吾々はこの理を社会現象に類推して社会の特質を探知しようと言うのである。例えば、我国においては明治維新この方一方において欧米の文化が輸入されると共にそれに特有な経済法則、社会法則が逐次に流入し、不可抗的の力を以て強く我国社会を支配するに至った。それと同時に明治政府は欧米の法制に模倣して新たに各般の制度機構を樹てた訳であるが、これ等の新しい社会法則なり、政治力に依る新制度の実施に対して、我国固有の伝統力は果してどの程度まで抵抗したであろうか。その抵抗の実情を事実に付いて精確に測定し得るとせば、吾々はこれに依って我国固有の伝統力が何であるかを探知し得る訳であり、これに依って我国社会の特質を明らかにし得ると同時に、ひいては我国社会に妥当する法の特質、即ち日本法理のあるべき姿を考える基礎を与えられる訳である。

以下に具体的に例を挙げてその理を説明する。

先ず第一に、吾々は判例を研究するに依って、裁判官がそこで駆使している法理念と法技術との実情を知ることが出来る。その裁判官はすべて欧米風の法学に依って教育されたものであり、その運用する法令もまた主として欧米のそれに模倣して制定されたものである。それにもかかわらず、彼等がその運用の間に示している法理念は必ずしも欧米のそれと一致することなく、駆使する法技術にも自ら我国らしい特質が見出される。これ等の特色を精確に蒐集し分析するに依って、吾々は一面において裁判の対象たる我国社会の諸事情がそれに固有なる特質の故に自ら裁判官を動かして裁判の上にかかる特色を現わさしめる理を捕捉し得ると共に、他面においては日本人としての裁判官に特有な法的の考え方が何であるかを察知することが出来る。かくして我国の社会に固有なる伝統の力と日本人としての裁判官とが欧米風の法制と法学に対して不知不識の裡に如何に抵抗したかを知るに依って、吾々は日本法理の基礎たるべき日本的特質を科学的に測定し得る訳であって、この意味において吾々は明治この方の判例を個々に付いて具体的にしかも全体として組織的に研究する必要を痛感し、何人かの手に依ってその仕事が実行されることを希望してやまない。

第二に、吾々は我国についても民間の法的慣行を調査するに依って法律が実際上どの程度まで行われているかを知り、これを通して我国社会の国家的規律に対する抵抗力、従ってその特質を知ることが出来ると考えている。凡そ一国の法律が実際上その社会に行われる程度は当該法律の社会的妥当性と当該国家の政治力の強弱とに比例して定まるべき理であるから、我国の如く政治力の滲透程度が極めて高い国においては法律の実際に行われる程度も支那などに比べて遥かに高い訳であるが、それでさえ法律は必ずしも立案者が企図した通り完全には行われないのが実情である。例えば民法親族篇及び相続篇の規定の如き、特に戸籍制度の力を借りて実際上かなりの程度まで民間に徹底して行われているけれども、それにもかかわらず民間には法律の規定と異なる習俗が今なお相当広く行われていることを否定し得ない。従って、かかる習俗を科学的に調査すれば、それを通して身分的規律に関し我国の社会が如何に国家の法的規律に抵抗するかを知り得る訳であり、これに依って我国社会の特質、従ってこの社会に適合する法原理と法技術とを見出し得る訳であると私は考えている。

これを要するに、判例なり民間の法的慣行なりを組織的に調査研究すれば、必ずや明治この方我国の法制並びに法学を圧倒的に支配している西洋風の法理念並びに法技術に対して我国の人及び社会が如何に抵抗したかを知ることが出来、これを通して自ら凡そ法に関して日本的な特色を明らかにし得ると私は考えるのである。

三

以上に述べた私の考え方を正しく理解してもらうためには、従来我国の一般教科書に記されている慣習法理論に対して、一応の検討を加える必要があるように思う。けだし、それ等の教科書は多くそのいわゆる慣習法の本体を明らかにすることなく、唯漠然法源の一として法律の外に慣習法の存在することを認めているに過ぎず、しかもその慣習法は私のいわゆる生きた法律としての法的慣行と本質的に全く別のものであるように考えられるからである。

従来一般の教科書が記す所に依ると、政治的に組織された社会としての国家に依って制定され強制される有権的規範としての法律に対して、国家の政治力とは無関係に社会における永年の慣行を通して発生し、従って組織せられたる国家の政治力の代わりに輿論その他社会的諸力に依って支持されている慣習法の存在することを認むる。しかも慣習法は常に法律に対して劣位の関係に立ち、わずかに法例第二条、商法第一条の規定するが如き範囲においてのみ、法律と同一の効力を認められるに過ぎない。従って又慣習法は法律を廃止する効力をもたない。

慣習法に関するこの種の考え方は、明らかに第十九世紀末葉におけるドイツ私法学の所説を継承するものであるが、しかもドイツにおける当時の慣習法論がその形をとるに至るまでの沿革を説くものほとんどなく、殊に第十八世紀以降ドイツにおける慣習法論が先ず法律優位論から初まって慣習法優位論に移り、やがて又法律優位論に復帰した学説変遷の裏面に働いた政治的契機を全く看逃していることは、何と言っても科学的に見て覆い難い欠点であると言わねばならない。

ドイツにおける慣習法理論の歴史的動きを回顧して見ると、先ず初めに第十八世紀末葉における法律優位論は、自然法論を武器とする当時の革新的政治力が理性の法的表現としての法律を以て既に崩壊に瀕していた旧秩序の擁護者たる慣習法を打破せんとする政治論に外ならなかったことを見出す。従って、そのいわゆる慣習法は判例法をも含む旧秩序的法規範全体に外ならないのであって、今日吾々が言う生きた法律としての法的慣行とは全く別物である。

次に、サヴィニー、プフタを頂点とする慣習法優位論は、自然法論に対する反動として行われた立法反対論に外ならないのであって、その際行われた法典論争も畢竟旧秩序に伝来する gemeines Recht を以てドイツ統一法を形成せんとする主張と自然法論に基づく立法を以てドイツ国法を統一せんとする主張との争いに過ぎなかったのである。従って、その論争の主たる契機は政治的であって、そのいわゆる慣習法もまた今日吾々の言う生きた法律としての法的慣行とは全く別物である。

更に第十九世紀末葉における法律優位論は、当時着々として制定法体系が整備しつつあった実情に即応して生まれた司法政策論に外ならないのであって、国家の制定法体系がかくの如くにして整備されることとなれば、最早慣習法の力を借ることなしに「法律に依る裁判」が可能となり、又その方が司法経済的に考えても便宜であると言う実情を反映しているのである。従って、当時の論争は最早法律と慣習法との優位争いではなくして、ロマニストとゲルマニストとが法典編纂上優位を争う論争となっていたのである。

これを要するに、第十八世紀末葉以降ドイツに行われた慣習法をめぐる論争は主として政治論であって、そのいわゆる慣習法は吾々の言う生きた法律としての法的慣行とは別物であり、これに関する議論はほとんどすべて法律学が社会学、民族心理学等の洗礼を受ける以前の独断論であって、一般に著しく科学性を欠いている。無論、その間にも例えばベーゼラーの『民族法と法曹法』(Beseler, Volksrecht und Juristenrecht) の如き著作を通して早くから吾々の言う生きた法律に注意を向ける傾向のあったことはこれを看逃し難いのであるが、大勢はほぼ上述の如き状態に止まっていたのである。

四

なお終に、以上の議論において私はしばしば国家の政治力と社会を支配する社会法則との対立・相剋、従ってそれ等相互間に成立する力の均衡と言うことを述べているが、それに関連して国家と社会との関係に関して従来広く行われている考え方に対して一応の批評を加え、この点に関する自説の一端を述べて予め誤解を解く用意をして置きたいと思う。

国家に対して社会の独自的存在を主張する考え方の原生態は既に第十九世紀における歴史派の法律家の間にもこれを見出し得る。彼等は、分析派の法律家が専ら政治的に組織せられたる社会の機関に依って設定強制せらるる有権的規範を以て法なりとし、かかる組織せられたる権力に依って直接支持せられざるものは法にあらずと考えるのに対して、政治的に組織せられたる社会とは全然独立した起源をもち、従って主として法規の背後に存する社会的圧迫——輿論・服従の慣習・同輩の不満等——に依って支持せらるる慣習的規範を以て法の本体なりと考え、これに依って社会が国家の政治力、従って政治組織を離れて独自的に法を生み出すことを認めているのである。

しかし、国家に対して社会の独自的存在を主張する考え方が、第十九世紀以降今日にかけて有力化した主たる原因は、第十九世紀以降隆々たる勢いを以て世界を風靡した世界経済が国境を無視して各国に経済的自然法則を強要し、各国内部の政治に対してかかる法則が不可抗的の力を以て優位を示し、経済法則・社会法則の支配する社会が政治に対して不可抗的な権威をもつに至ったと言う事実にあるのだと私は考えている。

従って、国家と社会との対立を認める考え方は、一面において世界主義的であると同時に、他面においては経済の政治、従って法律に対する優位を主張する唯物論的傾向に傾く。しかもこの種の考え方が有力化した理由は、第十九世紀における世界、従って各国の実情にかかる考え方を裏付けるだけの客観的事実が厳として存在したからである。

従って、世界経済秩序が破綻し崩壊しつつある最近において、特にかかる秩序の世界的支配を否定する諸国の内部に、政治の経済に対する優位を主張する考え方が有力に擡頭するに至ったのは当然のことであって、これが国家と社会との対立を肯定する考え方を邪道視する思想を有力化せしめた主な原因である。そうして、かかる国々における政治がこの線に沿うて導かるべきは勢の当然であり、理の自然であると私は考えている。

しかし、この国家と社会とを区別する考え方は、凡そ国家のことを考究する方法として一の長所をもっているのであって、それを全的に拒否するが如きは、科学的の態度と言い難い。けだし、経済秩序の世界的支配を否定して事を一国内の問題としてのみ考え得るとしても、一国内にもまた自ら一定の経済法則が行われ、社会法則が行われる事実はこれを否定し得ないのであって、それ等の存在を一応肯定しながら、その本質を明らかにした上それを政治的に利用する所にこそ政治本来の面目があり使命があると考えられるからである。物質文化の方面においては、先ず物理学化学その他のいわゆる基礎科学に依って自然を支配する法則を明らかにした上、その法則の利用し得べきものを適当に利用して文化目的を達成してゆこうとする所に技術科学の使命があると考えられている。これと同じように、吾々が政治・法律のことを考えるに当っても、一応は先ず基礎科学的の見地から経済法則・社会法則を明らかにすることに努力した上、それを政治目的に利用する方策を考察すべきが当然であって、実際政治は意識すると否とに関係なく常にかかる方法に依って行われているのであり、実用科学としての政治学・法律学はこの方法に依って研究せらるるに依ってのみ科学の名に値するものとなり得るのである。さもない限り政治は独善に陥り、政治・法律の学は独断に陥って、実際上の支障に逢着し易く実用価値を発揮し得ないことになるのだと私は考えている。

勿論、経済ないし社会法則は絶対のものではなくして、政治の立前如何に依ってはこれに相当の変化を加え得べきものなること勿論であるが、それにもかかわらずこれ等法則の支配を全然無視して、何事も政治力を以て自由自在に形成し得べしと考えるが如き思想に陥ることは厳にこれを戒めねばならぬ。そうして、かかる弊害に陥ることを防ぐためには、政治力の表象としての国家と社会法則の表象としての社会とを一応分離せしめ対立せしめながら、国家・政治・法律のことを考究することが科学的の方便として最も適当だと私は考えるのである。

無論、国家と社会とを分離し対立せしめると言っても、科学的考察の方便に過ぎないから、そのいわゆる国家は政治・法律の面よりする観察のフィルターを通して映出される仮象に過ぎず、又そのいわゆる社会は経済文化の面よりする観察のフィルターを通して映出される仮象に過ぎないのであって、実在するものは独り社会的実在としての「国そのもの」に過ぎない。この理を我国を例として説明すれば、実在するものは日本国であって、これこそ「国体日本」もしくは「本体日本」とも言うべきものの本元体それ自身である。しかし、この実在としての本体的日本を政治・法律の面から観察すると「法治国日本」が映出され、経済・文化の面から観察すると「社会日本」が映出される。しかして――上述した国家と社会とを、分離対立せしめる考え方に依ると――前者が国家に相当し、後者が社会に相当するのであって、「法治国日本」は即ち日本国の政治法律的に組織せられたる機構に外ならず、「社会日本」は又日本国の社会法則に依って支配せられる経済・文化の面に外ならないのである。即ち二者いずれも科学的観察の方便に依って映出される仮象に過ぎないのであるが、しかも我国の政治・法律を科学的に研究して正しきを求める上から言うと、「国体日本」

に淵源する日本的原理に飽くまでも最高最後の指導原理を求めながら、それを中心として一方に「法治国日本」を置いてその政治的要請を考え、他方に「社会日本」を置いてその社会的要請を考え、両者を対立せしめつつしかも交互の働き合いを通して安定と秩序とが形成されてゆく理を正しく認識する必要があると思う。

かくして飽くまでも国体日本の道義的原理を基本理念としながら、一面において社会日本、即ち社会法則の支配を一応肯定しつつ、しかも同時にこれを理解し克服して政治的に利用することに努力してこそ、法治国日本の法秩序を道義的にしてしかも合理的ならしむべき科学的の道が開かれるのだと私は考えている。

しかして、かくして道義的にしてしかも合理的なる法秩序を形成する構想こそは、今日吾々に課せられた重大任務であると私は信じている。けだし中外に施して悖らざるの理は、常に道義的なると同時に合理的でなければならないからである。

立法学に関する多少の考察——労働組合立法に関連して

一

我国には凡そ立法のことを科学的に研究した文献がほとんど存在しない。法令立案の実際も専ら関係官吏の職業的熟練によって行われているのみであって、その熟練による立案能力が実質的に如何なるものであるかを分析的に研究したものは皆無である。従って彼等の能力が如何にして養成されるかについての科学的反省もなければ、その能力を養成する方法の科学的考究も全く行われていない。時に学者が法令の立案に参画せしめられることがある。又学者の中には立法の名技師として特にその名を謳われているものも少なくない。しかしそれ等の学者の如何なる能力が如何なる意味において立法に貢献するのかを科学的に考察したものは全くない。優れた法学者が必ずしもすべて優れた立法者ではない。解釈法学者として優れた能力をもつもの必ずしも優れた立法者とは言い難い。この事実は真に吾々をして、その特に立法者として優れた能力とは何か、又かかる能力は如何にして養成されるか等の諸問題を想起せしむるに十分である。これにもかかわらず従来我国にはこれを問題として特に研究したものが全く見当たらない。

要するに、従来我国の法令立案は昔の刀匠が専ら経験と熟練と勘とに依って刀剣を鍛えたと同じように、何等科学的自覚の下に科学的操作に依って行われていない。これを工科方面の技術諸科学が専ら物理学・化学等自然科学に依って得られた自然に関する科学的知識を基礎として科学的に技術的文化財の創成に力め、又臨床医学が専ら基礎医学的探究に依って得られた科学的知識を基礎としつつ疾病に対する対策を科学的に案出せんと努力しているのに比べると、すべてが甚だ非科学的だという感を禁じ得ない。

元来法学の目的は正しき法の探求にある。正しき法を実定法上に実現することにある。換言すれば、立法の上に又司法その他法運用の上に正しき法を実現することこそ凡そ法学窮極の目的でなければならぬ。従って法学の中心を成すものは実用法学としての立法学及び解釈法学であって、これと法史学・比較法学・法哲学・法社会学等その他の法学諸部門との関係は工科の技術諸科学と理科の基礎的科学との関係、又臨床医学と基礎医学との関係に類似したものでなければならない。

しかるに、従来我国法学者の学的努力は、先ず第一に解釈法学に集中されて、同じく実用法学の一翼を成すべき立法学は全く注意の外に置かれている。第二に、法史学・比較法学・法哲学等に関する学的業績の中には相当高く評価し得べきものも決して稀ではない。しかし、これ等の基礎科学的諸部門と実用法学とは互に深い科学的密接さをもつものとして考えられておらず、これ等諸部門の研究が進歩すればする程、反って何となく実用法学と縁遠くなるのが当然であるように考えられているのが、従来の実情である。無論、物理学・化学等が一応は全く実用目的を離れて科学のための科学として研究されると同じように、法学における基礎的諸学にとっても全く実用目的を離れて科学のための科学として研究することが許されねばならぬ。凡そそれ等の諸科学は、余りに卑近なる実用目的に結び付け過ぎると、反って進歩しない。研究者としては全く実用目的を忘れて、研究対象の究明に専念してこそ、真に学的価値の高い研究成果を挙げ得べきこと、従来幾多経験の教える所である。従って法学における基礎的諸学も、一応実用目的を離れながら、科学のための科学を目指して研究されることは毫も差支ないのみならず、むしろ望ましい訳であるが、立法学・解釈法学の如き実用法学の方面からはむしろ積極的に基礎的諸学の成果を摂取することに力むべきである。かくして実用法学自身を極力科学的ならしむると同時に、基礎的諸学の研究者に絶えず実用目的からの呼びかけを与えて彼等の研究に刺戟と生気とを与えることはこれ等諸学の進歩にとってもまた望ましいことである。しかるに、従来我国の実用法学はほとんど全くこの方面の努力をしていないのである。無論基礎科学の研究者が目先の実用目的にのみ注意を奪われることはよろしくない。しかし時に実用方面から呼びかけて実用目的への目醒を与えることも、ややともすれば象牙の塔の中に科学的甘夢を貪る弊に陥り易い基礎科学者に学的刺戟と反省の機会を与えその学的活動を促す所以であること、さればと言って実用方面からの注文が多過ぎて、凡そ実用目的に副わざる研究の価値を無視もしくは軽視するが如き風潮が起ると又反って悪影響を与えること等、その間の微妙な関係について我国の科学者一般は戦時科学動員の実績から幾多の貴重なる教訓を与えられたはずである。

同じことは、実用法学と基礎的諸法学との関係についても理論的には当てはまる訳であるが、我国従来の実情においては、実用法学の一部門たる解釈法学のみがその実用的価値のために不当に重視されたのみならず、解釈法学者の多くは実定法そのものの中に自給自足的安逸を貪って基礎的諸法学の成果を摂取する努力を忘れ、それ等諸学の研究者も実用目的へのつながりを忘れて、専ら科学のための科学を求めることを誇りとするが如き有様であって、大学法学部の教育においても解釈法学と基礎的諸法学とは全く互に遊離して教授されている実情である。

かくの如きは、一には我国の法学が明治以降欧米法学を模倣的に受け入れた初めから欧米法学当時の風潮たる法実証主義的傾向の全面的影響の下に解釈法学万能の弊に陥った結果でもあるが、二には明治以降最近に至るまで我国の政治的・経済的・社会的秩序が専ら安定を求めて高々部分的補修に依って既存秩序の維持を図るを以て満足し、法学者にとってほとんど何等重要な創造的活動も求められない状態にあったことの結果である。しかし、こうした情勢の下においても、もしも法学者が常にもっと立法のことに関心を払い、彼等がその間判例の研究に費した精力、又戦時中統制法令の解釈に向けていた努力の何分の一なりとも立法改善の方面に向けていたならば、ひとり実際上立法の改善に貢献する所大なりしのみならず、法学及び法学教育の面目も恐らく現状とは著しく異なったものとなっていたのではないかと私は考えるのである[*1][*2]。

この現状を、第十九世紀の前半三、四十年の長きに亘ってイギリスの立法をベンタム並びにその弟子等が全面的に指導して、産業革命期におけるその国の政治と経済とに新しい法秩序を与えることに成功したのに比べて見ると、素より時代の相違する当然の結果であるとは言うものの、現在法学界の一隅に身を置くものとして誠に感慨に堪えないものがある。

欧米においても、第十九世紀の後半社会問題の擡頭が既成の個人主義的法秩序を根元から揺り動かした時代に、もしもベンタムの如き創造的天才がその間の法革新を指導したとすれば、その後における労働立法・公益事業法その他の社会的諸立法の発展に対して法学の寄与し貢献した所は極めて大きかったものと私は考えている。しかるに、実際にはこの間における革新的立法は主として政治家の手に依りて行われ、法学と法学者とはわずかに立法技師として技術的補助者たる地位に甘んずるが如き憐むべき状態に陥ったのである。無論時代は変っている。その間の社会的・経済的・政治的欲求はベンタムがいわゆる「功利の原理」principle of utility の論理的展開を以て解決を与え得た当時のそれに比べて遥かに複雑になっている。従ってこの新しい欲求に対応してこれに十分の満足を与え得べき立法の原理と技術とを案出するためには、ベンタムの場合のように一人の天才の思弁的創造力を以てしては到底満足な業績を挙げ得ないこと勿論である。しかしこの際忘れてならぬことは第十九世紀末葉における欧米法学界はベンタムの当時に比べて既に比較にならぬ程豊富な法的資料を具備していたことである。第十九世紀における経済学・社会学・史学・心理学・民族学・人種学等人文諸科学の発達に伴う法史学・比較法学等の顕著なる発達は法学者をしてこの革新期における立法を指導する役割を果たさしめるに足るべき豊富な法的資料を用意して彼等の利用を待っていたのである。従ってもしもこの間に優れた天才的の学者が出て多数学者の協力の下にこれ等の資料の組織的蒐集と科学的整理とを行い、真に立法学の基礎科学たる役目を果たし得るだけの法社会学とその学的成果を実用目的に結び付ける法技術の学とを発達せしむることに成功していたならば、恐らくこの革新期における「自然法の再生」Renaissance du droit naturel と相俟って法学が全面的に革新的立法を指導する地位を獲得し得たであろうと私は考えるのである。[*3] しかるに、実際上当時そうしてその後の法学者は実定法の忠実なる侍女たるを以て満足し、折角の好機に折角の資料を抱えていながら終に法学をして保守の学、現状維持の学なる汚名に満足せざるを得ない現状に陥らしめたのである。

今我国は敗戦を契機として展開された一大革新期に当面している。今なおすべては混沌として更生の曙光をさえ見出し得ない悲境にあるけれども、この間に鬱然として革新の気運の漲りつつあるは何人もこれを否定し難い現実である。更生日本の礎石たるべき重要立法の企ては今や次々に（マヽ）と吾々の眼前に展開しつつある。この間に処して法学の、そうして法学者の果たすべき役目は相も変らぬ政治の技術的侍女たるを以て尽きるものと考えていいのであろうか。この混沌たる革新の胎動期に当面して吾々法学者のこの際果たすべき任務は、科学の力に依って矛盾の内に統一を求め、混沌の内にうごめく諸々の力を法的に結集し、更生日本の政治と経済を指導して一定の計画の下に一定の方面に向って歩ましむべき法原理と法技術とを創造することにあるのではあるまいか。ダイシーが言っているように、革新期のイギリスを動かしたものは無論ベンタムではない。しかしもしもベンタムのように敏感に時代の動きと社会的欲求とを洞察しこれに具体的の満足を与え得べき具体的な法的指導原理を与えるものがなかったならば、イギリス当時の革新もあれ程の速度と円滑さの裡に進行しなかったであろうことを、この際吾々は心より想い起すべきである。[*4]

私は以下に、現在我国が当面しつつある革新的立法の一である労働組合立法の問題に関連して、[*5]平素立法学について考えていることの一端を記して、同学の士の批判を求め、出来ればこれを機会として我国法学者一般の学的関心をこの方面に惹き付ける機縁を作りたいと念願している。[*6][*7]

二

我国の法学文献中立法学のことを論じているものは、私の知る限り、木村亀二氏の「立法政策[*8]」あるのみである。素より辞典の一項目として書かれた短文のこと故問題を全面的に詳論していないが、(一) 法律史・比較法学及び法律解釈学が立法政策の基礎を構成していること、(二) 立法政策は法律哲学と密接な関係をもっているが、後者は可能なる法の理想の体系的認識を目的とするに反し、立法政策は「実定法の存在を基礎として法の理想たる当為を実現することであり、法の理想たる当為を規準として実定法の存在を改造すること」であること、(三) なお立法政策と「社会の現実的事情の認識たる社会学、特に経済学」との関係に付いて立法政策は「法の理想の形式的構成要素たる正義と合目的的性と安定性とを自己の必然的要請とせねばならぬ」が、それを具体的に妥当に実現するためには更に「実質的に社会の現実的事情に適合せしめられることを要する」から「社会学、特に経済学を必須的要件」とせねばならぬ。そうして立法政策が真に立法政策たるためには「正義・合目的的性・安定性が単に現実の社会的経済的諸事情を肯定する」に止まることなく、「現実の社会的経済的事情の認識の上にこれを改造――構成――指導するものたることを要する」こと等、凡そ立法学に関して理論的に考えらるべき要点、特に立法学とその他の法学諸部門との関係、経済学等諸科学との関係を概説している。

純技術的の問題を除けば、凡そ立法学に関して理論的に考えらるべき事項のほとんどすべてが手際よく掲記されているから、以下には便宜この方式に従って、立法学と法哲学・法史学・比較法学等の法的諸学、並びに経済学・社会学等の文化諸科学との関係に関する理論的考察を多少共深めることを通して立法学の規模と内容とを究明することに力めて見たいと思う。

先ず第一に吾々は、立法学は法哲学と如何に関係するか、立法者の法哲学的学識が如何なる意味において立法に貢献するかを考えねばならぬ。

木村氏はこの点に付いて立法政策は「実定法の存在を基礎として法の理想たる当為を実現すること」であると言っているが、実際上法哲学の課題たる法の理想の体系的認識が如何なる意味において、又如何なる仕方において、立法政策的に役立つかについては考究を要すべきことが極めて多い。

ジンツハイマーは、立法学の任務を与えられたる社会的欲求のためにその実現に適する法形式を探求するにありとし、所与の社会的欲求の正邪を批判することは社会哲学の任務であって、立法学の任務ではないと主張する。即ち氏に依れば、立法学は法形式の学たるに止まり、従って法哲学と立法学との間には実際的にはともかく理論的に互に何等の連関がないことになるように考えられる。

ところが私の見る所では、法哲学を仲介として社会哲学と立法学とが相連関する。社会哲学がそのまま直に立法に働きかけるのではなくして、社会哲学的理念が法学的醇化作用を通して法学的原理に発展するとき、それが初めて立法の上に実現し得るのである。例えば、アダム・スミス並びにその学徒の主張するlaissez-faireの社会哲学はベンタムに依って principle of utility なる法的原理に醇化せらるるに依って初めて立法原理として実定法上に実現し得たのであって、法哲学の立法に対する実際的任務と立法学に対する理論的連関とは正にこの点に存するのだと私は考えている。

実際問題としても、立法者はしばしば一定の立法をなすに当り、それをめぐって相闘い相矛盾する二以上の社会的欲求について選択もしくは調節を加えて当面の立法に対する統一的の法的原理を形成せねばならぬ立場に置かれる。例えば、現在問題になっている労働組合立法にしても、これをめぐる社会的欲求の相剋は極めて顕著であって、立法者がそこに選択もしくは調節的操作を加えざる限り、一定の法的原理の下に一貫した立法を実現せしめることは出来ない。しかしてかかる選択もしくは調節的操作はそれ等の社会的欲求に向って正邪の批判を加え得べき法哲学的素養あるものに依ってのみ可能であって、ここにもまた法哲学と立法学との連関が見出される。

殊に今後吾々の当面すべき社会は、ベンタム時代のそれと違って、混沌と相剋とが全面的に支配する社会である。輿論の大勢は革新に向って動きつつあるけれども、大勢を支配する社会哲理は、未だ確立されていない。この間に処して一面輿論の動向を洞察しながら自ら一定の社会理念に基づき一定の法的原理の構成適用に依って輿論を誘導し、これに依って革新に円滑さと速度とを与えることこそ今後の立法者に課せられる困難にしてしかも栄誉ある任務であると言わねばならぬ。この意味において私は立法者が法学的識見をもつことの必要をこの際特に強調したいのである。

なお一定の社会的欲求に満足を与える方法として法を必要とするかもしくは法が最も適当な方法であるか、又仮に法を必要とするとしてもその法を強行する方法として刑罰の如き法的制裁が適当であるか、それとも又社会道義・輿論その他社会的制裁に放任して置く方が適当であるか等の問題の如きも、平素から法の問題を法哲学的もしくは法社会学的に研究している学者にして初めて善き解決を与え得るのであって、この種の学的素養なき人々はややともすれば万事を法を以て解決し得るものと考え、又もしくは刑罰を以て臨みさえすれば何事についても法の実現を期し得るように考え勝ちである。例えば今回議会に提出された労働組合法案中には法的制裁、殊に刑罰規定を伴わない規定が少なくない。これに対しては恐らく――法律家をも含めて――世間に相当批評があり得ることと考えるが、吾々としては、例えば「労働組合の代表者又は労働組合の委任を受けたる者は組合又は組合員のため使用者又はその団体と労働協約の締結その他の事項に関し交渉する権限を有す」とする第九条の如き、これに違反して団体交渉を拒否するものに対する制裁として刑罰は最も不適当な方法だと考える。何となれば、使用者が単に刑罰を恐れる動機から団体交渉を受け付けると言うようなことでは到底結果において満足な交渉妥結に到達し得るとは思えないからである。それよりは、他方において従来とかく団体交渉を望む労働者側に加えられつつありし警察的干渉が法案第二条の結果として今後行われないようになれば、団体交渉拒否の結果反って事態の悪化すべきことに対する危惧から右第九条の精神が自ら実現されることとなるのではないかと思う。又労働委員会に関する第二十六条が委員会の権限として団体交渉の斡旋を規定し、第二十八条は委員会に関係者を呼び出す権限を与えているから、委員会がこの権限を適当に利用しさえすれば、使用者側の団体交渉拒否に因る事件の停頓を打破して交渉に導くことが出来易いのではないかと吾々は考えているのであって、この種の微妙な考慮は練達した法学的素養をものにして初めてこれを能くし得るのである。私はこの意味において凡そ立法者の資格としてこの種素養の絶対的に必要なる所以を高調したいのである。*9

三

次に立法者が現行法について深い知識を有する必要あることは素より当然である。何となれば、先ず第一にすべて立法は現行法秩序全体との調和を考慮して行われねばならない。又第二には現行法の欠陥を知るものにして初めてその欠陥を補填するに足るべき適切な立法を考えることが出来るからである。なお立法に当りそれに必要な法的技術が現行法中に見出される以上、立法者としても極力それを立法上に利用すべきが当然であって、これもまた現行法に精通したものにして初めて能くし得る所である。

しかし、それにも増して重要なことは立法者が法史学的並びに比較法学的知識を豊富にもたねばならぬことである。現に従来我国立法においても立法者がこの方面から多大の資料を得ていたことは広く人々の知る所である。

しからば、この種の知識は果して如何なる意味において立法に役立つのか。この問題を十分に検討するに依って、吾々は従来の法史学並びに比較法学的研究における欠陥を見出し、これを是正してその研究成果を立法上に役立たしめる道を考え得る。

先ず第一に、吾々はこれ等諸学の研究成果から立法の具として役立つ色々の法的技術を学びとることが出来る。各国各時代の法制が実際に使っている法技術を抽出して我が立法の具とするに足るべき法技術を考えることが出来る。しかしてかかる法技術に関する知識を豊富にもっていることは立法者にとって必要欠くべからざる要請であって、技術の貧困がしばしば社会の現実に即しない立法を生み出す原因となっていることは特に注意を要する事柄である。

しかしこれにも増して重要なことは、吾々が法史学及び比較法学に依って、かつて人々が一定の社会的欲求に応えるために如何なる法を制定したか、又一定の法の制定が実際社会的に如何なる結果を生んだか等、法とその背景たる社会的事情との相互関係に関する知識を事実に付いて知り得、これに依って自らの立法を考えるに付き極めて有益な資料が与えられることである。しかしこの意味において立法に役立つ法史学及び比較法学は従来一般に見る如き比較制度学的のものであってはならぬ。殊に労働組合法の如き各国それぞれの特殊な政治・経済・社会的諸事情と密接に連関して内容付けられている法制を唯形式的に比較することはひとり無意味であるのみならず、かかる形式的比較に依って得られた知識に依って軽々しく他国の法制を模倣することは極めて危険である。けだし労働組合は大体資本主義諸国に共通する自然発生的現象であるけれども、その様相及び実際的活動は国々に依って著しく特殊性を示しており、各国の法制も自然それぞれその特殊性に応じて特殊の内容をもっているからである。

最近現に今問題になっている労働組合立法の審議に際しても、一部の人々から一九二九年のイギリス労働争議及び組合法を引例として労働組合の政治活動に対して厳重な制限を加うべしとの論が主張されたのであるが、かくの如きは右のイギリス法が第一次大戦後における同国特殊の経済事情とその間労働組合の演じた過激な行動とに即応して制定されたものであることを無視した暴論である。

この故に、吾々は我国今後の立法に科学的基礎を与えるがために、一面において帝国議会法制局ないし司法省もしくは大学等に完備した比較法研究所の附属せらるることを要望すると同時に、比較法学的研究が形式的な比較制度学の域を脱して法社会学的のそれにまで進展する日の一日も速やかに到来せんことを希望してやまないものである。

四

なお立法が社会的経済的諸事情に関する精確なる認識の上に考えられねばならぬことは改めて言うまでもない。従って今後我国の立法を科学的ならしめるためには、実際立法のことに当る人々自らが立法対象たる社会的経済的諸事情について精確なる知識をもつことに一層の努力を払う必要あること勿論であるが、同時に彼等に資料を提供すべき科学的施設が完備される必要がある。この際吾々は我国の戦時諸立法が統計の欠乏のために如何に多くの欠陥を露呈したかを想起すべきである。[*10]

無論かくの如き資料施設は立法対象の種類に応じて色々の種類があるべきであるが、例えば労働立法に関して言えば広く経済、特に労働に関する統計を整備すると共に、組合規約・労働協約・労働契約等の文書を蒐集した施設が絶対に必要である。現に吾々が今回労働組合法を立案するに当ってこれ等資料の不備に依って如何に苦しめられたかは局外者の想像以上である。

なおこの際吾々は従来我国の政府当局者が一定の立法が社会に対して実際如何なる影響を与えたかを事実に付いて科学的に跡付けする努力を怠っていることが如何に立法の適時にして適正な動きを阻止しているかの事実を指摘せざるを得ない。戦時中経済統制の不円滑を是正する目的を以て行われた査察の如き事業が立法一般の実績に関して常時組織的に実施されることは今後の立法を適正ならしむるに付き絶対に必要である。従来我国の実情を見ると、当局者は一般に或る法律を立案用意するに際しては比較法的資料の蒐集や社会的経済的事情の調査に相当の努力を払うにかかわらず、一旦法律を制定実施してしまうと後からその実績を組織的に調査するような仕事を十分やらない。法律が制定され、そうしてその実施に必要な予算がとれさえすれば能事終る。法律実施の結果がどうであろうとも官僚は一般にこれに対して多くの関心を払わない。これでは何時まで経っても科学的立法の実現を期し得ないのは当然である。

なお終りに、立法の資料として社会的経済的諸事情を調査してその結果を立法上に利用するに際してはその間に事実の法学的把握なる法学者にのみ特有な操作が行われ、それあるに依ってのみ立法が可能であることも立法学の理論的考究に付いては特に注意を要する事柄である。事実の法学的把握は裁判の実際においても常に行われている事柄であって、裁判官が一定の法規を適用して事件の法的処理をなすに当っては、必ず先ず複雑多様を極むる具体的事実の中から夾雑物を除去して法規の適用に必要なだけの法的事実を選択構成する必要がある。即ち一回起生的現象に外ならない具体的事件を「種」として把握する。即ち他にも同種の事件が起り得るものと仮定しながらその一例として当面の問題に対する法的処理を考える。これが裁判のすべての場合に行われる心理的操作であって、熟練した裁判官はすべて夾雑物の多様性に眩惑されることなしにかかる操作を立派になし遂げる能力をもっている。

この種の法学的把握は立法にとっても勿論絶対に必要である。立法対象たる社会的事実は極めて複雑多様である。例えば社会的事実たる労働組合は決して一様の単純な組織をもっていない。その実際的活躍も多種多様を極めている。労働協約にしてもその具体的実体は複雑多様であって、決して一律的な内容をもっていない。しかしこれ等の事実を対象として立法を行うに当っては、具体的事実の中から法的規律に不必要な夾雑物を除去して法的規律に必要にして十分なだけの法的事実を選択し、それを種として型として把握し構成する必要がある。そうしてかかる法学的把握が行われた上で、吾々は初めてその法的事実に適当する法的技術を考え得るに至るのである。例えば、多数の具体的労働協約を分析的に観察した結果その中に債務的部分と規範的部分との別あることが法学的に把握されるとき、吾々は初めてそれぞれの部分を規律するに適する法的技術を考え得るに至るのであって、旧時の労働協約法が一般に在来の契約法理に捉われて規範的部分に対する適切な法的取扱を考え得なかったのはこの種の法学的把握に欠くる所があったからである。

なおかかる法学的把握を適正ならしめるためには、現に立法の対象となっている事実に対して社会学・経済学等が与えている科学的把握を利用することが便宜でもあり必要でもある。しかし各種の科学にはそれぞれ独自の目的があるから、同種の事象を考察の対象とするに当っても、それぞれ特殊の規準に依って科学的把握が行われる。例えばシドニー・ウェッブが労働組合に与えた有名な定義は労働組合の性質並びに活躍を社会学的に叙説する目的を以て形成されたものに外ならないから、これを直に採って立法上に利用することは出来ない。立法上労働組合を定義するためには特に立法目的に即した法学的把握が行われることが必要である。従って、右ウェッブの考えた定義と一八七一年のイギリス労働組合法が考えている定義とが合致していないことは毫も異とするに足りないのであって、法上の定義としては唯法律の規定する取扱を与えられる労働組合が如何なるものであるかを明らかにしさえすれば足りるのである。しかしてかかる法学的把握は当該法律の規律目的を理解する人のみ能くこれをなし得るのであって、ここにもまた法学者にのみ特有な能力が働いて善き立法に貢献し得るものなることを銘記すべきである。

（昭和二十年〔1945〕十二月八日）

＊1　吾々は第十九世紀の後半以降イギリスの政府当局者並びに議会人が絶えず法令立案機構の改善に努力し、それが同国立法の合理化に多大の貢献をしている事実を Ilbert, Mechanics of law making（1914）に依って教えられている。我国の法学者がもっと立法のことに関心を払い、少なくともこの種の機構改善を促進することに努力

していたならば、そうしてもしも法令の立案が関係各省もしくは法制局の官吏の手に依って事務的に、従って単に伝統と慣行とを追うのみにして事の改善に何等の注意も払われないような仕方で行われる代わりに、イギリスに見るが如き有能なる専門の立案官 draftman を養成し、これをあらゆる法令の立案に実質的に参画せしむるようなことを実行していたならば、戦時中既に吾々一般が官民共に苦しめられたような統制法令の粗製濫造を防止することにも大いに役立ったのではないかと私は思う。

＊2　ドイツ法学者の実定法万能主義 Rechtspositivismus が立法学を法学及び法学教育の外に閉め出し、その結果法科大学をして「官吏養成所」に堕落せしめたこと、そうしてもしも大学が立法学の重要性に目醒めて法学を社会的生活諸問題の解決に協力せしむるの道を開くならば、大学が再び「豊富なる現実の法的創造に対する喜びを以て青年学徒の精神を満足せしめ得べき科学的教育機関」になり得るであろうことを Sinzheimer, Ein Arbeitstarifgesetz（1916）, Vorwort III-IV, S. 3. は力強く主張しているが、所論はそのまま直に我国の現状に当てはまると私は考えている。

＊3　この種の法的資料を使って立法学的役割を果たそうとする試みは、実際上たとえ部分的に過ぎなかったとは言え、全く皆無ではなかった。欧州各国における比較法学会の活動はその一例であるが、ことにベンタムの伝統を承けつぐイギリスの議会立法官イルバートの主唱のもとに創立された同国の比較法学会の仕事の如き最も注目に値するものの一つである（Ilbert, Mechanics of law making, 1914, pp. 44）。もしもこの時期にもっと優れた法学者が現われて大規模な立法学研究所的の機構を作っていたならば、法学の立法に対する指導的地位は新たに大きく築き上げられて今日に及んでいるのではないかと私は考える。

＊4　Dicey, Law and opinion in England during the nineteenth century（1905）、特にベンタム主義が如何にして当時あれ程の力を以て一般に受け入れられたかを説いた一六八頁以下参照。

＊5　特に労働組合立法に関連して事を論ずるのは決して偶然的興味に出《い》ずるのではない。今後続出すべきこの種の新しい立法要求を充たすがためには、在来の伝統的な官僚的立法機構とその無反省な遣り方とを根本的に改め、法学者のこの方面への進出を絶対に必要とすると考えるからである。

＊6　立法学に関する私の全体的構想は今なお十分に熟していない。これは一にはこの問題を考えるに付いての参考文献が我国はもとより欧米にも極めて少ないことに原因している。以下にその乏しい文献の中から重なるものを掲記して同好の士がこの問題を考えるについての参考に供したいと思う。

先ず第一にベンタムの立法学に関する主著Bentham's Theory of legislationは今なお十分に未読せらるべき価値がある。彼の主張の実質は時代の相違する今日にそのまま当てはまらないのは勿論であるが、そこに動く考え方の天才的ひらめきから学び取るべき多くのもののあることを忘れてはならぬ。なおベンタムの業績を説いて剰す所なき前掲ダイシーの名著が精読に値するもののあるは勿論である。

なおベンタムには別に法令起草の形式方法を論じたMonograph, Bentham's Works (Bowring's edition), IIIがある。原本は極めて難解な本であるが、Ilbert前掲書九一頁以下に記された解説と批判とを通してその梗概を知ることが出来る。

イルバートの前掲書は彼のイギリス議会立法官としての豊富な経験と深い学殖とに基いて書かれたものであって、凡そ立法学のことを研究する者にとっては必読の名著である。理論的であると言うよりは実際的であるから、ドイツ流の理論的分析的の行き方に慣れた我国学者の眼には物足りなく思われる欠点もあるが、その内容の豊富さと所論の具体性とはドイツのこの問題に関する文献の貧弱さに比べて比較にならぬ程大きい価値をもっている。なおイルバートにはこの外Legislative methods and forms (1901) なる別著がある。

ドイツにおいては法理学教科書の一部にこの問題に関する多少の論述を見出し得るの外、文献は量においても質においても――これをその他の法学文献の豊富なのに比べると特に――貧弱である。その中において紙数わずかに四十八頁の小冊子ながらZitelmann, Kunst der Gesetzgeburg (1904) は、問題を全面的に取り上げており、所説極めて簡短ながら、示唆に富む所見少なからず、教えられる所が多い。次にSinzheimerの前掲書は労働協約に関する著者永年に亘る研究の結果を資料として労働協約法私案を提供したものであるが、その前提として巻頭に著者の立法学理論とその労働協約立法への応用を示している。これまた極めて簡潔な概論に過ぎないけれども、右Zitelmannと共に必読の好著と言うことが出来る。なお立法学のクラシックスとしてZitelmann

はBenthamと列べてRoberts von Mohlの名を挙げているが、恐らく氏のGesellshaftswissenschaft u. Staatswissenschaft（Z. Staats W. VII）を指すものと思うが、筆者はまだ不幸にしてこれを読んでいない。

＊7　本文においては主として立法学の基礎的問題について多少の理論的考察を述べるに止める。Ilbertが主として説いている純技術的の問題――Zitelmannはこの問題のために上記冊子の大半を費している――には説き及ばないが、決してその問題としての価値を軽視するものでないことを一言して置きたい。

＊8　『岩波法律学辞典』四巻二七二七頁所載。

＊9　Ilbert, Mechanics, p. 16-17. もこのことに言及している。

＊10　この点に関してはドイツのチーテルマンが同国の刑事統計が既に相当貴重な結果を生みつつあるのに比べて民事法統計が全く欠けていることを非難している所（Zitelmann前掲書一二頁）を参照されたい。

末弘厳太郎（すえひろ・いずたろう／1888-1951）

民法学者、労働法学者。判例研究、法社会学の創始者とされる。1912年東京帝国大学法科大学独法科卒業。アメリカ等に留学。1920年法学博士。1921年東京帝国大学法学部教授。穂積重遠と学部内に民法判例研究会を設立。1946年退官。1947年中央労働委員会会長。主著『物権法』『農村法律問題』『労働法研究』『民法講話』『民法雑考』『嘘の効用』『法窓閑話』『法窓雑話』『法窓漫筆』『法窓雑記』『法学入門』『民法雑記帳』『続民法雑記帳』『日本労働組合運動史』等。

実情の民法学　民法雑記帳正続新選

刊　行　2024年12月
著　者　末弘厳太郎
刊行者　清　藤　洋
刊行所　書 肆 心 水

東京都渋谷区道玄坂 1-10-8-2F-C
https://shoshi-shinsui.com

ISBN978-4-910213-57-6 C0032